前言

服装消费已经进入品牌消费阶段，企业必须先做好商品企划，这是品牌建立与发展的基础——服装商品企划是品牌为王的基石。

未来服装产业发展的重点将指向服装商品企划、设计创意、品牌管理等具有高附加值的环节。因此，高等院校服装专业需要培养能够胜任服装商品企划、品牌营销推广等工作的专业人才，《服装商品企划》课程教材建设的意义日益凸显。

服装商品企划是一门综合性较强的学科，本书分四个项目、十二个任务讲述相关内容。项目一为服装商品企划的前期准备，概述服装商品企划基础知识、服装品牌创设、目标市场设定、环境分析与流行预测及市场调研。项目二为服装商品企划方案设计，系统讲述服装品牌理念风格的设定、服装商品企划的总体设计。项目三为服装商品企划的组织运作，是本书的重点和特色，共分四个任务，分别为服装商品采购与品类管理、服装商品波段上市组合、服装商品营销策略以及网络营销服装商品文案策划。此项目运用大量的实例分析，并辅以图片、模板，以全新的视角阐述服装商品企划的核心内容。项目四为服装商品库存管理及视觉营销，讲述服装商品库存管理与促销、服装商品视觉营销。此项目列举服装商品库存管理与促销的具体方法，给学生展示切实可行的服装商品视觉营销操作范例。全书以工作任务串联整个服装商品企划操作流程，强调服装商品企划环环相扣的时间性特征。

注重内容的可操作性是本书的宗旨。全书以大量的实例、图表辅助理论的阐释，力求内容生动实用、形式丰富多样，使理论对实践的指导意义更加凸显。

编著者张虹教授，主要从事时尚品牌传播、服饰文化与艺术的教学与研究，总结多年来在服装商品企划的教学实践成果，以及浙江省普通高校"十三五"新形态教材建设、"十四五"职业教育部委级规划教材建设、百门优质在线开放课程建设等项目成果，将教材、课堂、教学资源三者融合，实现线上线下结合的新形态教材。

本书得以顺利出版要感谢杭州职业技术学院以及同事们的帮助，感谢中国纺织出版社全体职员的辛劳工作，还要特别感谢出版社编辑对本书的把关与润色。《服装商品企划》教材建设任重道远，课程改革需要与时俱进。因编著者能力有限，本书错误或疏漏之处难免，敬请读者指正！

2021年8月

"十四五"职业教育部委级规划教材

浙江省普通高校"十三五"新形态教材

服装商品企划

张　虹　编著

中国纺织出版社有限公司

内 容 提 要

本书以服装商品零售市场为导向，以服装商品企划流程为主线，以服装商品营销策划为核心，结合国内外相关企业案例全面讲述服装商品企划。主要内容包括：服装商品企划基础知识、服装品牌创设、目标市场设定、环境分析与流行预测及市场调研、服装品牌理念风格的设定、服装商品企划的总体设计、服装商品采购与品类管理、服装商品波段上市组合、服装商品营销策略、网络营销服装商品文案策划、服装商品库存管理与促销、服装商品视觉营销。本书理论联系实际，富有可操作性，是服装商品企划综合性专业书籍。

本书为"十四五"职业教育部委级规划教材、浙江省普通高校"十三五"新形态教材，嵌入视频、课件、任务、拓展知识等数字资源，将教材、课堂、教学资源三者融合，是实现线上线下结合的新形态教材。本书既可以作为高等院校服装专业的教材，也可以成为服装商品企划专业人员的业务指南，还可供服装品牌策划、设计运作和营销管理等从业人员阅读参考。

图书在版编目（CIP）数据

服装商品企划 / 张虹编著. -- 北京：中国纺织出版社有限公司，2021.12（2024.10 重印）

"十四五"职业教育部委级规划教材　浙江省普通高校"十三五"新形态教材

ISBN 978-7-5180-9031-0

Ⅰ. ①服… Ⅱ. ①张… Ⅲ. ①服装企业－营销管理－高等职业教育－教材 Ⅳ. ① F407.866

中国版本图书馆 CIP 数据核字（2021）第 210260 号

责任编辑：朱冠霖　　责任校对：楼旭红　　责任印制：王艳丽

中国纺织出版社有限公司出版发行
地址：北京市朝阳区百子湾东里A407号楼　邮政编码：100124
销售电话：010—67004422　传真：010—87155801
http://www.c-textilep.com
中国纺织出版社天猫旗舰店
官方微博 http://weibo.com/2119887771
北京通天印刷有限责任公司印刷　各地新华书店经销
2021年12月第1版　2024年10月第4次印刷
开本：787×1092　1/16　印张：13.5
字数：270千字　定价：58.00元

凡购本书，如有缺页、倒页、脱页，由本社图书营销中心调换

目录

项目一　服装商品企划的前期准备

任务1　服装商品企划基础知识

项目名称	服装商品企划的前期准备	
任务标题	T1-1　服装商品企划基础知识	
授课学时	6课时	
知识目标	K1	了解服装商品企划的作用
	K2	理解服装商品企划的概念
	K3	掌握服装商品企划"六适"原则
	K4	熟悉服装零售商商品企划涉及的范畴
	K5	熟悉服装零售商商品企划流程与实施要素
技能目标	S1	能根据服装零售商商品企划流程分析服装商品企划工作任务内容
	S2	能根据服装品牌的整体决策进行服装零售商商品企划组织机构岗位设置
素养目标	A1	通过项目化的学习任务安排，培养学生养成企业人才培养要求的工作习惯
	A2	通过团队协作完成任务，培养学生团队合作能力、沟通表达能力和汇报展示能力，以及处理工作任务中的问题和解决合作冲突的能力
重点分析及解决措施	重点分析：服装零售商商品企划流程与实施要素	
	解决措施：课前线上预习本任务内容，课堂上教师讲述服装零售商商品企划流程与实施要素，引导学生进入服装企划师的角色进行主题讨论，教师针对性指导分析	
难点分析及解决措施	难点分析：服装零售商商品企划工作任务分析表的填写	
	解决措施：教师指导学生通过服装零售商商品企划工作任务内容获取服装商品企划相关信息	

一、服装商品企划的作用

服装商品企划是由多学科交叉形成的综合性学科，是服务于服装企业的一门应用性强的学科。主要涵盖基础概念、品牌战略、设计企划、产品企划、渠道企划、价格企划、促销企划、广告企划等知识，起着沟通企业、商品、消费者三者的桥梁和纽带作用（图1-1）。

图1-1 企业、商品、消费者三者的关系

服装商品企划在服装产业中占有重要地位，它是提高服装企业核心竞争力的关键。服装品牌的整体决策是服装商品企划的核心，它直接影响设计、生产和销售。服装商品企划随着服装产业的发展而变化，经历了从无品牌意识、品牌意识模糊到品牌意识强化的发展阶段，它始终以消费者为中心、以企业发展为目标、以树立品牌形象为宗旨，让消费者获取产品价值、企业获得利润。服装商品企划的重要作用主要体现在以下四个方面。

（一）以消费者为中心，满足目标消费者需求

"以消费者为中心"是服装商品企划的中心理念，是基于目标消费者的生活方式、审美趣味和价值标准为指向，通过提供产品及服务，营造服装卖场氛围，利用现代化科技手段进行广告传播，为消费者创造充分表达自我、享受生活体验、获得社会归属感的平台，并在此过程中得到精神上的愉悦。服装商品企划将特定的服装商品推向市场，计划和管理目标消费者，将最为适合的场所、时间、价格、数量的商品推荐给贵宾顾客或会员顾客（Very Important Person，VIP），从而实现营销目标。

（二）以企业发展为目标，实现可持续发展规划

服装企业的设计、生产、营销三个环节缺一不可，相辅相成。服装商品企划作为一种系统的组织运营方式贯穿了设计、生产、营销的全过程，它不仅为服装零售商提供精准的市场定位，把总体策划细化为具体实施方案，如策划适当价格的、适当数量的、适当时机的服装商品来提升销售业绩，对销售数据的解读、流行趋势的把控、市场信息的分析、商品结构的预测、营销策略的配合等有效控制库存、消化库存，合理优化商品结构等，将宏观概念逐步落实为实际行动，有目的、有计划地进行资源整合并进行优化配置，充分发挥一切跟企业目标有关的人力、物力、财力、社会及信息资源的积极因素。清楚地认识到：利润不仅来自销售，也来自商品企划与组织运营，从而实现企业可持续发展。

（三）以树立品牌形象为宗旨，全面展示商品形象工程

在市场竞争中，品牌形象以突出自我赢得顾客，成为服装企业经营的主旋律。从服装品牌的总体水平来看，我国服装企业处于品牌企划的初级阶段，正在进入品牌企划的中级阶段。服装商品企划能强化品牌形象，让消费者树立品牌意识、体验产品价值，从而有效增加服装品牌附加值，提升品牌溢价能力，使品牌确立市场地位，实现品牌资产的增值。如今，单纯靠广告和视觉形象识别系统（VI）设计的时代已经过去，随着"新零售"和"数字经济"时代的到来，消费服务愈加多元化，沟通将逐渐取代宣传，成为形象工程的关键概念。首先，沟通是一个全方位的概念，它体现在服装设计、包装设计、店铺形象、卖场氛围、导

购、促销和宣传等各个环节；其次，沟通是一个立场的概念，在全面展示服装商品的同时，更多的是采取倾听、理解、释疑的交流方式，绝不能强加于消费者，在自媒体时代消费者甚至能成为商品的"推销者"，企业或品牌的"代言人"。

（四）以互惠互利作基础，求得更大的共同利益

服装市场的高度细分，使任何一个企业或品牌都不可能形成垄断。在新的理念下，竞争应该呈现良性发展的趋势，互利是良性竞争的标志之一，也是体现互利的原则。互利并不是放弃利益，而是求得更大的共同利益。服装商品企划最终需要面对的是来自消费者市场的检验，把握市场需要、了解消费者实际购买需求、瞄准服装市场定位、精准运用符合品牌定位的时尚讯息展开季度产品开发，并将之投放于商品市场，为消费者提供结构合理、价格适中的商品来满足消费者的需求与期待，让品牌与消费者互惠互利，获得双赢。在服装商品企划方案的制订和运作中，所体现的是发展的原则，还应关注社会价值的体现，而非单一的经济指标，这具有十分重要的意义。

二、服装商品企划的概念
（一）服装商品的属性

马斯洛需求层次理论将人类需求从低到高分为五个层次，分别是生理需求、安全需求、社交需求、尊重需求和自我实现需求（图1-2）。

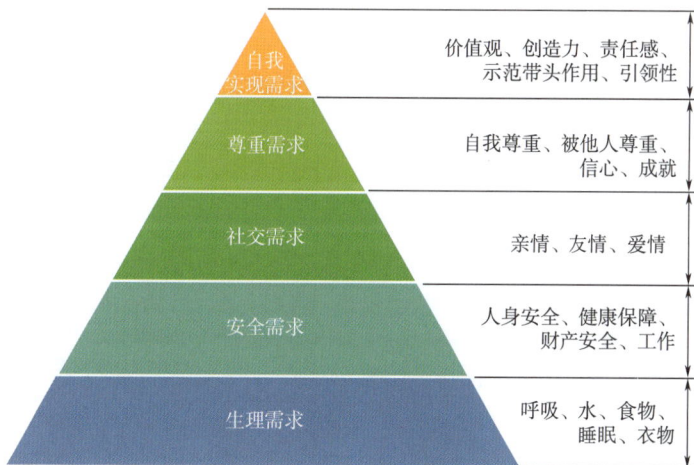

图1-2　马斯洛需求层次理论

人类穿着服装有两个目的：一是在自然环境中保护身体、维持生命，服装具有满足自然人适应自然环境的物性使用价值；二是满足自我表现的愿望，服装具有满足社会人适应社会环境的精神审美价值。在现代社会，服装对于消费者不仅是生理需求、安全需求，更多的是心理和社会特征的外在反映，具有向他人传达社会地位、职业、角色、自信心以及个性特征等形象功能。也可以说，服装已经是每个人装饰自己、保护自己、展现自己的必需品，是一个人生活态度、魅力展现、职业归属的象征品。服装从原始的遮蔽身体的实用功能，发展至现代的象征功能，经历了由功能需求到情感需求的过渡。见表1-1为服装商品的属性。

表1-1 服装商品的属性

概　念	服装商品	
针对环境	适应自然环境	适应社会环境
服装的属性	自然性	社会性
服装的价值	物用价值（抗寒、取暖、隔热、消暑、透气、耐用、舒适度等）	精神价值（审美、装饰、标识、象征等）
服装商品的特征	大众化商品	个性化商品（高感度商品）

知识链接

高感度商品：指推动卖场整体销售效果意义重要的商品，它们主要是具有光明前景的新开发商品，很有可能成为主力商品，容易引起消费者冲动性购买的商品，通常以主题销售的方式陈列在橱窗以及卖场导入区，以此带动整个服装卖场销售。

服装是自然性和社会性两方面属性的统一体。强调物性价值的往往是大批量生产、价格较为低廉的大众化商品，如夹克、风衣等服装。因此，性价比合理、规模化经营是这类商品企划诉求的重点，也是基础。随着商业社会的发展，人类生活中商品物质不断充盈，不可避免地带来了生产过剩的现象，这就促使消费者购买形式和消费观念发生转变，消费者的品牌意识增强，冲动型购买者日益减少。当消费者面临众多可供选择的服装品牌时不仅需要考虑价格、色彩、质量，往往也会考量服装所带来的情感感受。当服装商品形成品牌效应并形成巨大的社会产业链后会具备强大的社会价值，服装更加显示出消费者的社会归属感，让消费者获得产品实际功能之外的心理满足感，能够产生强大的品牌附加价值即品牌的溢价能力。服装商品企划的关键是充分考虑服装的社会属性。因而，服装商品企划就是以所处的时代为背景，将某种先进文化加以商品化的一个过程。

（二）服装商品的概念

"商品"是经济学领域接触最频繁的一个概念，是人类社会生产力发展到一定历史阶段的产物。早期的交换是简单的"以物易物"，这是商品交换的雏形阶段，后来发展到以货币为媒介的较高级的交换形式。货币的出现，标志着人类进入了以商品生产和商品交换为特征的商品经济社会。

服装又是一类特殊产品，在人类活动中，可能没有什么事物比选择穿着能更方便、更鲜明地反映人们的价值观念和生活方式了。因此，如果能在服装的物性价值（遮羞保护、遮风挡雨、隔热保暖、舒适耐用等）基础上，充分挖掘服装的精神价值（装饰、审美、标识、象征等），使服装成为反映着装者社会性的一种无声语言，服装商品就有了超越其使用价值的高附加价值。设计师品牌服装等个性化商品就是集中体现了这一特征。服装的精神价值是服装商品高附加价值的源泉，从这个角度来讲，服装商品价值观念的物化具有很强的社会渗透作用。

　　在服装营销领域，服装商品是服装营销活动的主体，整个服装营销过程都离不开服装商品。服装商品不仅指一种有形的物体，也包括无形的服务，即购买服装商品时所得到的直接或间接的、有形或无形的利益和满足感。从这个角度来理解，服装商品是通过市场实现交换，以满足人们对服装的物性价值与精神价值需求的劳动产品。

　　服装商品整体除了服装实体之外，还包括服装的品牌、包装、售后等无形服务。在这种概念下，服装商品整体包含三个层次，即服装商品的核心部分、形式部分以及附加部分（图1-3）。

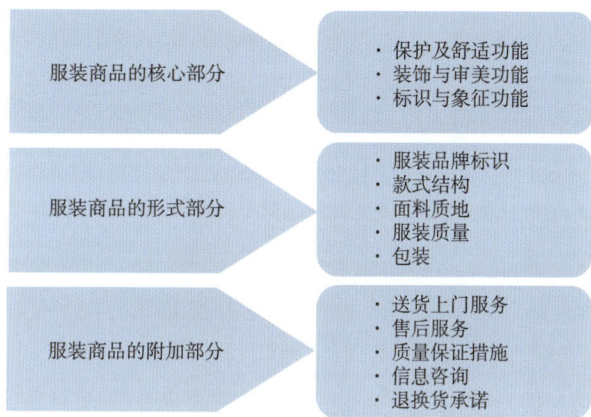

图1-3　服装商品整体的三个层次

1. 服装商品的核心部分

　　服装商品的核心部分（又称核心产品）是服装整体概念中最基础的层次，是指产品向顾客提供的基本功能和利益。服装商品所具有的满足某种用途（保护、舒适、装饰、审美、标识、象征等功能），是消费者购买服装商品时追求的实际利益。

　　第一，保护及舒适功能。服装能保护人体，维护人体的热平衡，在严冬可以起到抗寒、取暖作用，在炎夏可以起到消暑作用，以适应气候变化的影响。服装在穿着中要使人有舒适感，影响舒适的因素主要是用料中纤维性质、纱线规格、坯布组织结构、厚度以及缝制技术等。

　　第二，装饰与审美功能。一些特定场合更需要服装具有装饰功能，表现服装的美观性，满足人们精神上美的享受。影响服装美观性的因素主要是纺织品的质地、色彩、花纹图案、坯布组织、形态保持性、悬垂性、弹性、防皱性以及服装款式等。

　　第三，标识与象征功能。服装还可以体现所属的民族群体（如民族服装等）、所属的社会群体（如警察制服等），或表现社会运动的服装标志（如朋克风格的服装等）。

2. 服装商品的形式部分

　　服装商品的形式部分（又称形式产品）是核心产品借以实现的形式，即向顾客提供服装商品实体和服务的外在具体形式，包括服装品牌标识、款式结构、面料质地、服装质量、包装等与实体服装商品有关的要素构成。也就是说，形式产品是核心产品的载体，将顾客所追求的核心利益以这种独特的形式呈现给顾客。

3. 服装商品的附加部分

服装商品的附加部分（又称附加产品）指顾客在购买服装商品时所获得的与服装商品相关的附加利益和服务，如提供送货上门服务、售后服务（如洗涤服务、修改裤长服务等），以及质量保证措施、信息咨询、退换货承诺等各种服务。随着商业社会的发展，在同类或同质商品竞争中，服装商品的附加部分更有利于引导、启发、刺激消费者购买商品，成为服装企业重要的营销手段，也为消费者追求商品价值增值提供了保证。

（三）服装商品企划的概念

美国市场协会（The America Marketing Association，AMA）在20世纪60年代对商品企划（Merchandising，MD）进行了定义：企业为实现营销目标，采用最为有利的场所、时间、价格、数量，将特定商品推向市场所进行的计划和管理。还对服装商品企划进一步说明：制造商的企划包括选定要生产的所有制品，决定制品的尺寸、生产的数量、时期及价格等相关工作，有制品企划和制造管理等不同侧重形式。

企划是为实现企业目标而实施的创造性的思维活动以及将其具体化的操作。它要求以长远的眼光审视市场，进行商品开发。因此，仅靠已有的经验或直觉很难进行成功的服装商品企划。服装商品企划人员应当具有敏锐的市场观察力和准确的预测能力，并能从整体上把握人（消费者）和物（服饰商品）之间的联系，理解服装商品企划的概念。

1990年昆茨（Kunz）和格洛克（Glock）提出服装商品企划的概念为：针对目标市场来计划、开发和展示服装系列，并同时考虑价格、颜色、尺码分配比例、式样和时间安排等诸多因素。服装商品企划将背景文化和流行时尚商品化，对生活方式、品牌理念、社会生活环境动向、流行趋势、服装季节主题定位、推销和促销计划、商品类别确定、生产管理、成本控制、陈列展示及时装发布等进行统筹规划，最终实现企业营销目标。

三、服装商品企划"六适"原则

从美国市场协会AMA的相关定义中概括出"五适"原则，即适当的产品（Right Merchandise）、适当的场所（Right Place）、适当的时机（Right Time）、适当的价格（Right Price）、适当的数量（Right Quantity）。基于上述商品企划"五适"原则，立足服装商品特有的属性以及概念，依据服装零售商的商品企划目的，不仅以市场的动向为依据，还以满足顾客的需求为基本策划理念，本书将商品企划的"五适"延展为服装商品企划"六适"原则（图1-4）。

图1-4 服装商品企划"六适"原则

（1）适品（Right Merchandise）：适当的产品。

（2）适所（Right Place）：适当的场所。

（3）适量（Right Quantity）：适当的数量。

（4）适价（Right Price）：适当的价格。

（5）适时（Right Time）：适当的时机。

（6）适体（Right Fitting）：适宜于消费者穿着搭配的需求。

以上"六适"原则在服装零售商的服装商品企划中对应为：服装零售商根据服装品牌战略指向的目标消费者的需求来采购商品，以及根据不同的销售地域配货——适品；然后，确定目标消费者可能光顾的场所——适所，如大型一站式购物中心（Shopping Mall）、连锁专卖店（Chain Store），或快闪店（Pop-up Shop）；组配适当数量和价格的商品——适量和适价；锁定目标消费者有需求的适当时机销售给他们，并对穿着方式与搭配方式进行引导——适时和适体。

由此可见，服装零售商在零售店铺方面具体展开的过程是以服装商品为中心，包括进货、销售、售后服务的各种活动的策划。因此，服装商品企划的目标就是服装零售商企业能够销售消费者所需要的服装，根据不同的销售地域、场所、时机组配适当数量和价格的、适宜于消费者穿着搭配需求的商品，所进行的一系列策划活动。

四、服装商品企划的范畴

服装企业可分为生产型企业与销售型企业两大类，服装商品企划相应也就分为生产商商品企划和零售商商品企划，分别具有各自不同的目的：服装生产企业的商品企划目的为"商品化的产品计划"；服装零售商的商品企划目的为"商品采购或配货计划"。简单来讲，服装生产企业侧重于"生产出什么产品送到销售终端去销售"，而服装零售商则侧重于"将什么商品陈列在店铺中销售"。两者的共同点是以市场的动向为依据，以满足消费者需求为基本策划理念；不同之处在于两者的目的各自侧重，前者侧重设计与生产产品，后者侧重采购与销售商品。

服装生产商和零售商商品企划涉及的范畴和侧重点各不相同，但两者又相互联系。本书主要以服装零售市场为导向，依据服装零售商的商品企划目的展开服装商品企划，图1-5表明了服装零售商的商品企划范畴。

从宏观上讲，商品企划可以分为质的部分和量的部分。服装商品企划是以市场研究获得的信息为依据，设定基本的服装商品企划方针（质的部分），再决定服装商品的品类、品种、地点、数量、时间、款式等（量的部分）。

时装商品与一些市场相对稳定的商品不一样，次年的市场需求量通常难以准确预测，同时淡季和旺季的需求量差异很大。另外，当年的服装商品在次年的销售情况也是不确定的。因此，每一季都有必要制订不同的服装商品企划方案。服装商品企划的系统性越弱，开发服装商品的成功率越低、风险越大。

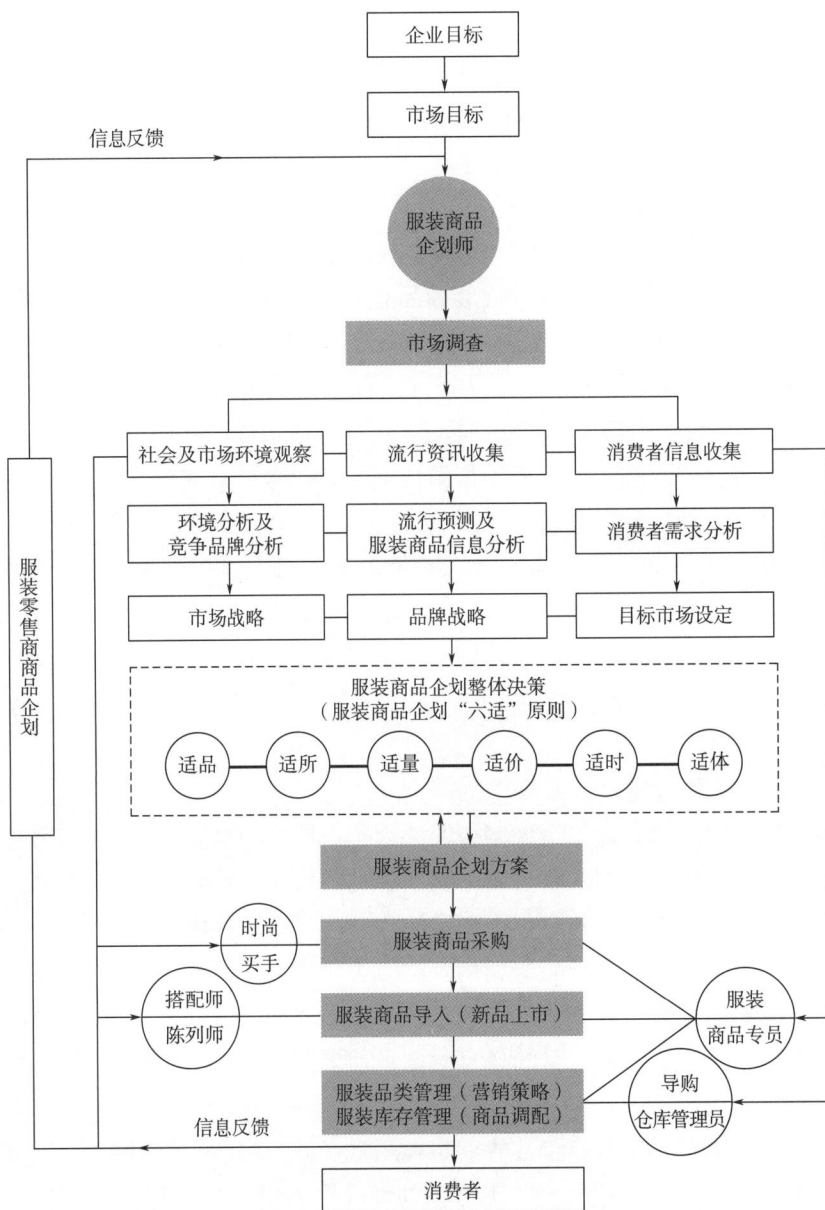

图1-5　服装零售商的商品企划范畴

五、服装商品企划流程与实施要素

（一）服装商品企划的原则与目标

服装商品企划开始之前，必须明确各阶段的任务、原则和目标，才能保证整个企划过程井然有序、顺利进行。一般情况下，服装零售商商品企划应坚持和达到分析判断符合实际、企划提案目标明确、全面策划决策定位、检查评估保证可行四个原则与目标。

1. 分析判断符合实际

在服装商品企划的准备阶段，要对市场进行全面分析，包括时尚情报、市场细分、竞争对手、营销模式、服务理念、价格规律、消费特点，以及服装面料、色彩、款式流行趋势，还包括供应链及加工成本等各个方面的情况，并对未来的趋势进行判断。同时，结合企业的服装商品结构和经营模式、投资和发展计划、资源状况等，明确符合实际的企业经营计划，并以此作为服装商品企划的提案。

2. 企划提案目标明确

根据服装商品企划提案，秉承可持续发展和可行性原则，明确企业下一季的市场目标，其中应包括定性方案和量化方案，以服装商品企划"六适"原则（适品、适所、适量、适价、适时、适体）为基础，明确服装商品企划的总体思路。

3. 全面策划决策定位

具体完成目标市场和品牌形象的定位，对服装采购计划、商品组合、商品导入（新品上市）、营销策略（市场展开）等进行全面策划，力求使各部分协调统一，并制订评定标准和管理办法，最终形成一套完整的商品企划案。

4. 检查评估保证可行

对初步完成的企划案要加以评估，检查各个环节是否存在原理、观点、方法等方面的误区，判定有无预见性，复核定性及定量指标的准确性，评价质量及安全标准的可靠性，分析整个企划案的可行性。与此同时，还要与竞争对手的情况进行比较并加以判断。最后，进行必要的修改、调整和测试，以保证企划案尽量达到优化和可行。

（二）服装商品企划流程与实施要素

服装商品企划的实施要素有：服装品牌创设/已有品牌评估诊断、目标市场设定、环境分析与流行预测、品牌理念风格设定、服装商品企划总体设计、服装商品采购与品类管理、服装商品营销策略、服装商品库存管理。这八项实施要素对应着服装商品企划八大工作任务内容，以下按图1-6所示的服装零售商商品企划流程介绍服装商品企划工作任务与内容。

1. 服装品牌创设/已有品牌评估诊断

从学习的角度，本书将服装品牌定位策划分为新品牌与已有品牌两方面展开，并以品牌创设为核心。工作任务内容包括以下两个方面。

（1）服装品牌创设：服装新品牌能够在众多同类商品品牌中脱颖而出，品牌的个性化命名是关键与核心，具有冲击力的命名对新品牌知名度的确立往往事半功倍。名牌的形成是各方面工作长期积累的结果，因而品牌命名是创设新品牌的第一步。

（2）已有品牌评估诊断：对大多数服装品牌而言，对上一阶段服装商品销售运作的评估诊断是一项前提工作。

2. 目标市场设定

目标市场设定是品牌理念风格设定、服装商品采购、服装品类组合构成、服装营销策略等工作的前提，目标市场设定是否准确与合理将关系到商品企划总体设计的成败。工作任务内容包括以下两个方面。

（1）设定目标市场：在新品牌立案的初期就必须设定目标市场，研究消费者的着装需求和生活方式是中心工作之一。

（2）制订服装商品企划方针：消费者的价值观和喜好时刻都在变化，市场环境也是瞬

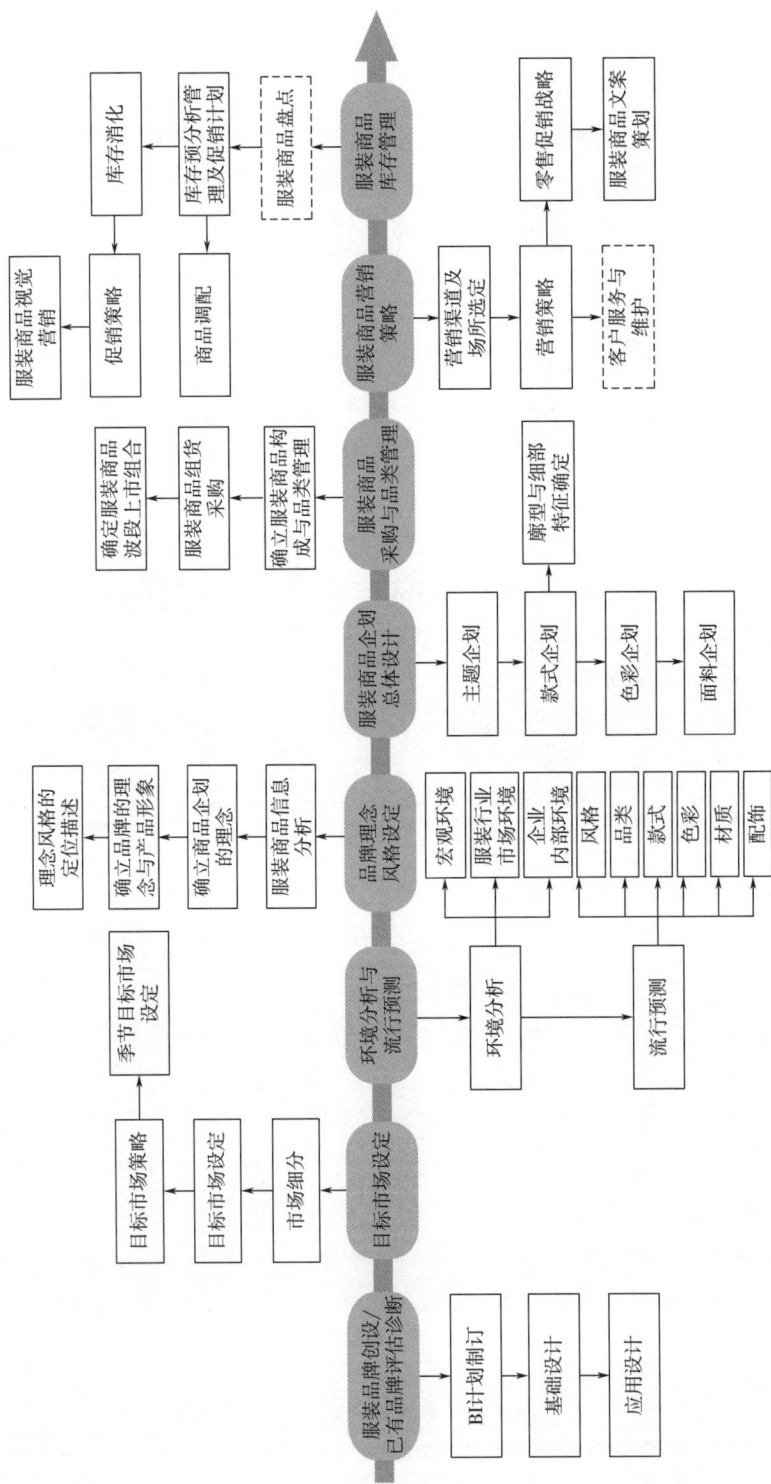

图1-6 服装零售商商品企划流程

息万变。例如"维多利亚秘密"内衣品牌的销售在近几年逐步下跌,究其原因是该品牌在时尚风向标变迁,以及消费者的价值观和喜好发生变化时仍故步自封,没有顺应市场环境所导致的。因此,必须制订与品牌目标消费者相匹配的服装商品企划方针。

💡 案例分析

维秘的"性感"内衣为什么越来越难吸引人了?

以凸显女性"性感"的维多利亚秘密(简称维秘)内衣品牌(图1-7),近几年热度消退,不仅大秀收视率逐年下滑,店铺销售额连续三年下跌。2019年2月28日,其所属的母公司L Brands宣布将会关闭北美53家门店,计划关闭的店铺数字占该公司全球1143家维多利亚秘密商店的4%,低迷的销售额让L Brands尝到了苦苦挣扎的滋味,曾被称为"内衣界的奥斯卡"的衰落已是不可逆转的事实。究其原因就要回忆一下维秘品牌的基因构成和时代审美的变迁。

图1-7　维秘门店形象

在维秘品牌创立之初,创始人罗伊·雷蒙德(Roy Roymond)的初衷是"以男人为中心的",在内衣还不能抬上桌面聊的20世纪70年代,为了缓解男性为妻子或情人选购内衣的尴尬,维秘最初是以邮购手册的形式出现的。维秘"取悦"男性的基因可以说是根深蒂固。

20世纪90年代开始出现每年的维秘大秀,童话世界一样的现场布置和撑起现场的超模,让这种取悦走向了性感经济的商业道路。为了打造男性心中"最性感"的女性形象,维秘起用的天使超模们不仅有着腰围24英寸、体脂不超过18%的完美比例,还有着无懈可击的理想容貌。女人们为了获得和超模们一样的性感错觉,不得不想办法把自己塞到那件并不舒适的内衣里。T台上的"天使"们对着镜头抛媚眼和热吻,这让男性消费者认定这将是送给伴侣最好的示爱礼物。不得不说这一套聪明的营销手段在过去的二十年里获得了其他内衣品牌难以望其项背的成功,2009年的维秘平均每分钟卖出600件内衣。

　　然而，这样辉煌的成绩并没有一直保持领跑，近三年女性平权在社交媒体上频繁发声，这让代表女性迎合男性的性感价值观的维秘受到重创，伴随互联网的发展和审美的变迁，许多主打便宜和舒适感的内衣品牌在亚马逊网站上卖得十分火热，类似American Eagle和Gap这样的亲民品牌加入内衣产品的竞争，再加上近年有数十个专注不同女性诉求的内衣初创品牌涌入市场，提高了各种消费需求的性价比，消费者面对空前丰富且多元的选择（图1-8）。

图1-8　American Eagle品牌广告中的女性模特形象

　　通过社交媒体的"病毒性"发酵，"自然""舒适""自我"成为现代女性选择内衣的关键词，相比多年不变的维秘，其单一的女性价值观显得"狭隘"和"苛刻"。 根据2017年CBN Data在《2017年线上内衣相关消费系列研究》显示，近年塑形和舒适度兼备的无钢圈内衣更受消费者的欢迎，其销量是有钢圈内衣的3倍之多。在美国一个调查里显示，有68%的受访女性表示，她们已经没有那么喜欢这个品牌了，超过一半的人觉得维秘的感觉"不自然"和"做作"。然而，在2019年财务报表中显示，平价的Pink系列已经连续两个月没有实现增长。每年开销过亿元的维秘大秀和之前扩张过于迅速的线下店铺都成为维秘的巨大负担，2019年"维秘计划关闭的门店数量是每年关闭门店数量的三倍以上"便不足为奇。

　　这一切审美理念和销售策略来势汹汹，仿佛把维秘"取悦男性的完美性感"价值观塑造成了时尚潮流的反面教材。维秘正在经历着所有老牌奢侈品都在经历的时代转型期，是输是赢还无法定论。在互联网的冲击之下，轻装上阵，关闭线下店未必是一个坏的选择。

（来源：搜狐网）

3. 环境分析与流行预测

　　服装商品企划的前期准备工作主要对流行趋势、市场资讯以及相关竞争信息加以收集与分析，联系采购部门、营销部门共同对市场需求情况、目标消费群和竞争者进行分析，同时对自身的品牌同类和生产能力进行评估，为服装商品企划的制订提供数据支持，是做好商品企划的基础。工作任务内容包括以下四个方面。

（1）关注流行趋势与市场资讯，通过网络、杂志、参考品牌等多种渠道收集符合品牌定位的信息，预测地区未来的流行趋势。

（2）清楚把握品牌定位，找准竞争品牌和收集竞争品牌信息。

（3）收集与分析目标消费群信息，反馈给设计团队，在设计前期参与互动。

（4）对历史销售数据进行收集、整理与分析，从气温、品类、色彩、价格等各方面得出新一季商品采购的参考依据。

在此阶段中，以准确分析品牌面临的各种环境态势为基础，工作的重点是提前对时尚潮流进行预测。为此，需要分析消费者群体的时尚喜好变化及销售的动态变化，收集必要的海内外流行趋势信息和时装发布会信息。

4. 品牌理念风格设定

在选定了品牌的目标市场和进行了环境分析与流行预测之后，品牌理念风格的设定成为关键工作。工作任务内容包括以下两个方面。

（1）对应一个中长期阶段，设定品牌的理念风格。

（2）对应某一季时段，将品牌的理念风格衍生扩展为季节形象主题。

5. 服装商品企划总体设计

在服装商品企划组织运作之前，服装零售企业将服装品牌的战略构成结果付诸实施需要进行服装商品企划的总体设计，包括服装商品主题企划、服装商品款式企划、服装商品色彩企划、服装商品面料企划。

6. 服装商品采购与品类管理

在服装商品企划的前期准备工作后，依据目标市场设定、时尚风格明确化，提出初步的服装商品企划草案。联系采购部门、营销部门共同研究服装零售商品企划方案，并进行服装商品采购。工作任务内容包括以下三个方面。

（1）分析历史销售数据以及下一季的销售预算，制订合理的商品采购金额及款式数量。

（2）对地区季节、消费习惯做出准确判断，并对历史销售数据分析，制订合理的上货时间及不同波段的商品结构，使服装品类合理配置。

（3）依据流行预测，对服装新品在款式、色彩、面料等方面的总体取向和特征进行甄选，准确制订服装采购计划（包括服装廓型与细节结构、色彩、面料、款式数量及采货金额等），提升销售中畅销款占比。

服装品类管理的工作任务是企划服装商品品类组合，即服装采购的商品进行品类化管理。服装品类组合构成的优劣对商品的销售产生直接影响。因此，这一工作任务的重点就是品类组合和面料选择。工作任务内容包括以下三点。

一是依据不同店铺的目标顾客群特点，把握服装商品畅销、滞销情况，进行服装商品采购与品类管理，合理优化商品结构。

二是与设计团队充分沟通，把握流行性、季节性销售情况，明确服装商品波段上市组合。

三是明确服装产品销售生命周期，应对服装产品生命周期各阶段进行营销策略。

7. 服装商品营销策略

服装商品营销策略的任务是按照所企划品牌的理念和商品的形象，对销售渠道、促销策略、零售店中的视觉陈列和展示方面进行规划。服装商品企划设计的模块化运作管理，是国内中小型服装企业一种行之有效的管理技术，强调依靠组织化体系来实施；同时也是服装设计及时尚信息实现计算机信息化管理的一个平台。以此为基础，不但可以快捷有效地传播、共享市场及流行信息资源，而且能促进服装快速反应体系（Quick Response System，QRS）的实施。

知识链接

快速反应的管理方法是从美国纺织服装业发展起来，指在供应链中，为实现共同目标，零售商和制造商建立战略伙伴关系，利用电子数据交换（EDI）等信息技术进行销售时点的信息、订货信息等交换，用高频率、小数量的配送方式连续补充商品，以缩短交货周期、减少库存、提高客户服务水平、对消费者需求做出快速反应，从而最大限度提高供应链管理运作效率。物流企业面对多品种、小批量的买方市场，不是储备"产品"，而是准备了各种"要素"，在获知用户要求后，能以最快速度抽取"要素"，及时"组装"，提供所需服务或产品。

快速反应实施通常有三个阶段：

一是对所有的商品单元条码化，利用EDI传输订购单文档和发票文档。

二是增加内部业务处理功能，采用EDI传输更多的文档，如发货通知、收货通知等。

三是与贸易伙伴密切合作，采用更高级的策略，如联合补库系统等，以对客户的需求做出迅速的反应。

服装快速反应体系的作用是通过信息技术提高在最近的可能时间内完成物流作业和尽快地交付所需存货的能力，使服装生产企业、服装零售企业能及时满足顾客的服务需求，同时还能减少传统上按预期的顾客需求过度储备存货的情况。

在欧洲、美国、日本等其他国家和地区使用不同的名词：商业快速响应（Quick Response，QR）、有效消费者反应（Efficient Consumer Response，ECR）或供应链管理（Supply Chain Management，SCM），但主要的意义皆是将买方与供货商联结在一起，以达到再生产与销售之间商品与信息的效率化的移动，以快速反应消费者的需求。

工作任务内容包括以下三个方面。

（1）了解每日、每周商品销售情况，把握服装畅销、滞销情况，及时进行商品物流调配，对断码、断色商品进行并码、并款等，以便快速反应消费者的需求。

（2）编制商品手册，在每波新货到店后对店铺员工进行商品主题系列、FAB法则（属性Feature、作用Advantage、益处Benefit）、USP理论（独特的销售主张）等培训，让店铺员工充分了解商品卖点。

（3）指导店铺员工进行商品的搭配及陈列，更好地展示商品的特性。

8. 服装商品库存管理

服装库存量不是越多越好，也不是越少越好，多了会造成货品积压，少了又会出现不能满足正常所需的供应。因此，保持合理的库存是为了在销售过程中能够保证服装商品销售连续进行。工作任务内容包括以下五个方面。

（1）按企业要求与规定，做好日营业结束后的服装商品清点与交接班的各项事务，达成账物相符的目的。

（2）按企业要求与规定，在月末进行月度服装商品的盘点，达到保证账物相符的目的。

（3）通过有效的采购管理、商品调配及促销策略的制订，执行跟踪，降低库存。

（4）及早对库存进行预分析管理，做好库存消化与促销计划。

（5）在指定时间，公司组织协调各部门在符合公司销售策略的情况下消化库存。

任务实施

情境设计：假如你是"D"公司服装品牌旗舰店店长，该旗舰店销售"D"公司旗下三个服装品牌，分别是：AS、THEME 、CSLR，请完成以下三个子任务。

任务1：绘制"D"公司服装商品企划流程图。

任务2：完成"D"公司旗舰店服装商品企划工作任务分析表。

任务3：根据服装零售商商品企划的整体决策，设置"D"公司旗舰店的商品企划组织机构岗位，要求各岗位设置合理。

任务2　服装品牌创设

项目名称	服装商品企划的前期准备	
任务标题	T1-2　服装品牌创设	
授课学时	8课时	
知识目标	K1	了解品牌的内涵与架构
	K2	了解服装品牌的分类
	K3	熟悉服装品牌的组织构成模式
	K4	掌握服装品牌形象的基础设计和应用设计
技能目标	S1	依据专业化的品牌命名和品牌形象设计程序，能够给服装品牌命名和品牌标识设计
	S2	依据对消费者的调研，能进行服装品牌形象的基础设计和应用设计
素养目标	A1	通过项目化的学习任务，养成遵守服装品牌形象设计标准的工作习惯
	A2	通过团队协作完成任务，培养学生善于合作的团队意识，进行良好的团队合作
重点分析及解决措施	重点分析：服装品牌的组织构成模式	
	解决措施：课前线上预习本任务内容，课堂上教师讲解品牌组织应具备的三个条件、四个系统，引导学生应从品牌名称、目标消费群、商品理念与特征、品类、价格、营销特征等方面进行服装品牌商品企划，教师针对性指导分析	
难点分析及解决措施	难点分析：服装品牌形象设计	
	解决措施：指导学生通过专业化的品牌命名和品牌形象设计程序进行服装品牌形象的基础设计和应用设计	

　　品牌的兴起让消费者能够做出区分和选择，并迫使生产者为他们的产品负责，让好的产品得到回报，不好的产品失去消费者，因此也就提升了产品质量。品牌营销实事上就是一种顾客和相关利益关系的建构。所不同的是，由于市场和传播渠道的原因，品牌与消费者之间是一种简单的线性关系，很大程度上品牌拥有某种主导权。由于品牌如同某些知识的替代品一样，它们的价值大小，取决于人们对产品、服务、价值的评价和认知程度。从消费者的视角来看，品牌的重要意义是商品综合品质的体现和代表；对企业而言，品牌可能是最大的资产，品牌不仅可以提高企业凝聚力、吸引力与辐射力，还可以提升企业文化与品牌价值传播力。

随着企业壮大发展，从低附加值向高附加值升级，品牌价值成为营销的终极追求。如今新媒介和市场多元化状态下，线性关系模式被多维互动形态所取代，品牌价值更多依赖于品牌关系的黏度。

一、品牌的内涵与架构

（一）品牌的定义

品牌（Brand）一词来源于挪威语"烧"，据说是从家畜身上烧烙印做记号发展而来。在物品上做记号最早出现于古希腊，陶器上的记号表明物品的产地及作用。后来品牌就逐渐成为不同类型产品表征的一种手段。

美国著名市场营销学专家菲利普·科特勒博士认为："品牌是一种名称、术语、标识、符号或图案，或是它们之间的组合，用以识别某个消费者或某个消费群体的产品或服务，并使之与竞争对手的产品或服务相区别。"

美国市场协会AMA对品牌的定义是："品牌是指与其他企业的商品、服务明显相区别的名称、语言、设计或象征。品牌的法律用语为商标（Trade Mark）。品牌是关于卖主的一个商品、商品群以至全部商品的独特性的表示。"

品牌也可解释为"表示商品的质量、档次、种类以及制造地、所有者等的图形、名称和商标"。也就是说，品牌应具有特定的称呼（Naming）、字体形式（Logotype）和标识徽记（Symbol Mark）。可见，品牌是企业与其他企业相区别的明确的标志，具有强化商品的特定性和独特性的作用。

服装品牌实际上可以理解为一种复杂的关系符号，它包含了产品、消费者与企业三者之间的关系总和（图2-1）。从服装企业的角度来看，"品牌是为识别某一企业或企业集团的商品或服务，体现与同行竞争商品的区别，而采用的名称、图案及其组合"。品牌不应单纯被看作是一个名称，服装企业应把它视为服装营销的核心，并努力将其培育成一个企业的象征。无论企业规模的大小，品牌都是企业与消费者进行沟通和消息传递的有效工具。

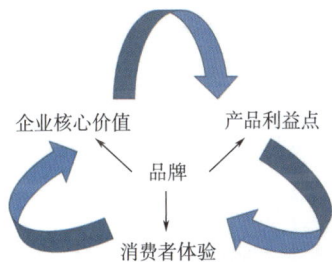

图2-1　品牌产品、消费者、企业三者关系示意图

从消费者的角度来看，品牌是具有某种共性（如风格、理念、商品特征、企业背景等）的一类服装产品集合体的代称，包含了对某种价值和特征的认可以及对产品的态度。

（二）品牌的内涵与价值

1. 品牌的内涵构造

品牌的内涵构造可划分为三个层次（图2-2）。

（1）核心层：作为物体存在的产品本身，即物品的价值，包括质量、性能、材料、规格、尺寸、价格等商品实用属性。

（2）中间层：即表现的价值，赋予产品的名称、语言、图形、符号、设计、象征、色彩等表现要素。

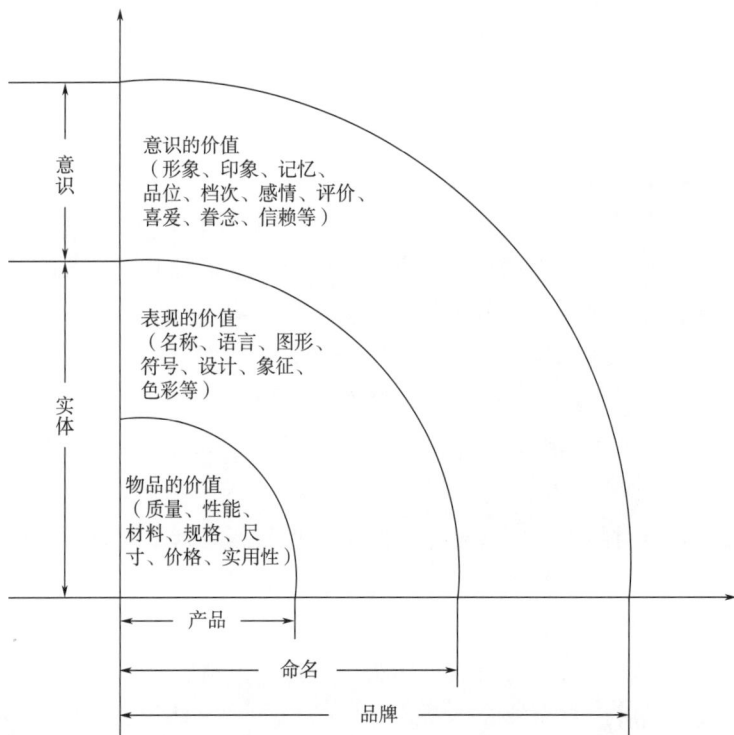

图2-2 品牌的内涵构造

（3）外延层：品牌形象，即意识的价值，包括消费者对品牌的形象、印象、记忆、品位、档次、感情、评价、喜爱、眷念、信赖等整体意识，即通常所称的品牌形象部分，也可称为意识的价值。

服装品牌创设、策划，核心层是基础，中间层是桥梁，外延层是目标，三者逐层递进。核心层与中间层易于实现，但是形成外延层——品牌形象意识的价值则是创设品牌的关键。外延层的形成与否、成功与否，在一定程度上反映了品牌的附加价值。

2. 品牌的意识价值

市场营销的目标之一就是提升品牌价值，培育意识上具有价值的品牌。没有意识上价值的品牌商品，仅是一件独立的物品而已。

品牌意识上的价值是指消费者与商品之间的某种精神联系，这种联系导致了消费者相应的消费行为。不同的意识价值暗示着消费者所持有的不同态度以及采取的不同行动。品牌意识上的价值甚至可以超越物质层面而在意识层面存在。

当与同属商品群共同要素相区别的意识与价值得到认同时，"从物品独立出来"的意识存在就开始形成，即商品开始意识化。这种商品意识化具有各种心理表现特征，对消费者行为具有重大影响。

首先，从商品拥有的"意识价值"开始，将逐渐过渡到最终的概念化、象征化，并与商品相分离而形成独立的价值。如路易·威登等国际知名品牌，即便没有物的存在，品牌也具有价值，这样的品牌就已成为意识的存在，或称品牌的无形化资产，即品牌从其商品所具有的特征、质量、设计等抽象而出发，形成综合的形象价值。

　　意识化的另一特征是超时间性。深刻意识化的品牌可以超越时代和流行而存在。因此，使服装品牌成为意识化品牌有长远意义。虽然产品款式甚至产品内容在不断变化，但品牌可以长期赢得人们的信赖与忠诚。品牌独立的意识价值得到消费者的认可后，自然会令消费者感到亲近与眷念。这种"伴随着情绪的意识"的形成，可能要经过一个漫长的阶段，但一旦形成，就会非常牢固。这种情结是品牌竞争的基石，也是品牌忠诚度的根本。

💡 案例分析

基于社会文化的品牌定位
——以奢侈品牌路易·威登为例

　　品牌的文化需要时间的积淀。用悠久的历史文化或社会背景作为品牌形象建设的素材更易获得人们的认可和信任。国际高端市场有一句名言：所有的奢华做到最后都是在经营文化。例如，奢侈品牌路易·威登（Louis Vuitton）、迪奥（Dior）、爱马仕（Hermès）等，它们都有自己的故事和文化，它们本身所代表的文化已经超越了企业本身。早在19世纪50年代，路易·威登靠极其优质品牌的皮具旅行箱得到了第一批消费者——一些王公贵族，一时间在上流社会成为度假远行必备的皮具箱，品牌依靠口碑很快传遍了整个欧洲贵族圈，同时也增加了品牌质感和消费者群体认同感。19世纪60年代，路易·威登的产品在当时的世界博览会中赢得大奖后，该品牌又迎来了一个更进一步的发展与转折，影响力倍增，随后便在海外开了第一家分店，奠定了全球化的基础。

　　19世纪，资本主义经济迅速发展，路易·威登品牌的业务也从旅行箱过渡到手提包。不仅满足了资产阶级新贵使用宫廷物品的愿望，用金钱得到身份的置换，还向他们提供了只有贵族才能享受的特别服务——特别定制。这种服务完全为消费者的个人需求而设计，在使用的方便性上可以最大限度地满足消费者需求；同时，每年只有数十件且价格昂贵的定制产品满足了目标消费者彰显其新贵族身份的心理需求。

　　"LV"商标的诞生对路易·威登具有划时代的意义。它使路易·威登开始作为品牌象征注入人们的观念，开启了路易·威登的品牌时代，成为路易·威登产品的符号代表。"LV"就是人们心目中的尊贵象征，拥有"LV"和渴望拥有"LV"在人的心理上形成了共同的价值取向和情感体验（图2-3）。

图2-3

图2-3 路易·威登品牌经典皮具

（三）品牌的功能

品牌代表了企业的声誉和服务，维护着消费者的权益，有助于建立消费者对生产者的信任度。

从生产企业来看，树立品牌便于目标消费者体现自我价值；容易处理与追踪产品，便于表现商品企划理念，树立良好的产品形象；根据商标及专利，可以防止产品被模仿侵权；可以从出租品牌使用权或转移品牌所有权中盈利；便于管理和整合销售渠道；利于稳定质量水平，树立良好企业形象，吸引该层次的消费者再次购买；便于实行产品价格差别化策略，利于制订市场计划，新品的开发也容易实施，有助于推进促销计划，实施视觉商品企划（Visual Merchandise，VMD）等。

从流通领域来看，品牌商品的特征明显，易于被消费者区分和选择；品牌商品具有高附加价值，便于管理。

从消费者角度来看，品牌是产品的形象和价值的反映，在质量、价格、服务方面感到安全、可靠；品牌商品更便于辨识并做出购买决定，使购买的商品符合自己的品位和社会地位；便于与其他商品的价格相比较；便于重复购买和使用；能指导下一季的服装购买；树立自信，便于获得社会认同等。

（四）服装品牌战略的作用

不断加剧的市场竞争，使采取品牌策略的企业更易建立比较优势。实施服装品牌战略，建立强势品牌的作用有以下七点。

1. 稳定销售量和保证营业额

强势品牌的持续成长，带来了巨大的规模效益。

2. 实现更高的附加价值与利润

对于同等质量的商品，强势品牌能以更高的价格销售。

3. 对竞争具有抵抗力

强势品牌在价格竞争中非常有利，在遇到其他竞争企业的促销挑战时损失较少，在促销竞争之后也能较快恢复。

4. 投资效率高

强势品牌在市场不景气时，比弱势品牌更能承受冲击。

5. 强有力的市场支配力

强势品牌在流通领域中具有较大的影响力。

6. 增强竞争力

强势品牌更利于开拓不同的地域市场。

7. 提升企业资产价值

强势品牌可较大程度提高企业资产价值。

二、服装品牌分类

服装品牌的分类，可以从品牌不同属性出发，目前没有统一的标准。一些行业协会或组织机构往往根据知名度、市场占有率、价格档次进行品牌的分类界定，如基于知名度的"名牌""驰名品牌"，基于品牌来源的"本地品牌""外地品牌""国外品牌"，基于价格档次的"高档品牌""中档品牌"等。

（一）法国服装品牌分类

在法国，综合服装的设计特征和生产特征，女装品牌分为三类：高级女装（Haute Couture）、高级成衣（Couture Ready-to-wear）、成衣（Ready-to-wear）。这三类品牌之间，尤其是高级女装，有着严格的界定范围。

1. 高级女装

高级女装以高度创意、度身定制为特点。经法国工业部下属的高级女装协会审定，有严格的条件，如必须为设计师品牌、每款服装件数极少且基本是手工完成、参加高级女装协会每年两次的时装展示活动。目前高级女装品牌只有十几家，如克里斯汀·迪奥（Christian Dior）（图2-4）、香奈儿（Chanel）（图2-5）等。

2. 高级成衣

高级成衣融合了高级女装的艺术创造性和成衣的批量生产性，这一层次品牌的确立带动了成衣业的发展。高田贤三（Kenzo）（图2-6）、唐娜·卡兰（Donna Karan，DKNY）（图2-7）都属于该类品牌中的佼佼者。

3. 成衣

成衣是工业化大批量生产的品牌，如贝纳通（Benetton）（图2-8）、鳄鱼（LACOSTE）（图2-9）等。

图2-4 克里斯汀·迪奥（Christian Dior）品牌标识

图2-5 香奈儿（Chanel）品牌标识

图2-6 高田贤三（Kenzo）品牌标识

图2-7 唐娜·卡兰（DKNY）
品牌标识

图2-8 贝纳通（Benetton）
品牌标识

图2-9 鳄鱼（LACOSTE）
品牌标识

（二）意大利、英国服装品牌分类

意大利、英国等都采用了与法国相类似的品牌分类法。按照商品的流通状况及运作特征，可以将服装品牌分为以下七种。

1. 国际品牌

国际品牌（International Brands）具有国际声誉，并且在多个国家销售。这样的品牌多在 *BAZAAR*、*VOGUE*、*WWD*、*ELLE* 等权威服饰报刊登载广告（图2-10）。

图2-10 *BAZZA*、*VOGUE*、*WWD*、*ELLE* 服饰报刊

2．特许品牌

特许品牌（Licensed Brands）是通过与知名品牌签订契约，支付使用费，获得生产经营许可的品牌。

3．设计师品牌

设计师品牌（Designer Brands）多以创牌时的设计师姓名为品牌名，由知名设计师领衔经营设计，强调设计师的声望。但设计师品牌并非都冠以设计师姓名，如日本川久保玲的服装品牌名称为"像男孩一样"（Comme Des Garcons）（图2-11）。同样，设计师品牌服装也不一定全由冠名设计师本人设计。

图2-11　川久保玲（Comme Des Garcons）品牌标识

4．服装生产企业生产经营的商品群的品牌

服装生产企业生产经营的商品群的品牌（National Brands）其销售范围及影响通常遍及全国。

5．零售商（企业）品牌

零售商（企业）品牌（Private Brands）是由大型零售商拥有并由特定的零售渠道经营的品牌，也称自有品牌。

6．店家品牌

店家品牌（Store Brands）通常是规模较小的零售商店经营的品牌。其雏形可以认为是在先于成衣工业时期的"前店后场"式服装加工销售。

7．个性品牌

个性品牌（Character Brands）的商品个性特征明显，是具有强烈差别化形象意识的品牌。如以"全色彩的贝纳通"（UNITED COLOURS OF BENETTON）为理念的贝纳通（BENETTON）品牌（图2-12）。个性品牌与设计师品牌共性颇多，常被结合起来称为D&C品牌（DESIGNER & CHARACTER BRAND）。

图2-12　全色彩的贝纳通

（三）按商品流通状况及特征分类

总体上来说，按照商品的流通状况及特征可以将品牌分为两类：制造商品牌和零售商品牌。

1. 制造商品牌

制造商将自己的品牌注明在商品上进行销售，消费者一看就知道该商品是由哪家制造商生产的，该制造商的生产能力和信誉也会成为消费者选择商品的参考依据。在我国当前的服装市场上，服装品牌多为此类，如雅戈尔（图2-13）、三枪（图2-14）等。大众化品牌通常都是制造商品牌。制造商品牌得益于生产制造商自身具备生产加工能力的优势，批量大、成本控制有保证，但不易实现品牌的高感度化和小批量快速化生产。

图2-13　雅戈尔

图2-14　三枪

2. 零售商品牌

零售商相对生产商具有比较好的优势：一是直接接触消费者；二是获取市场反馈信息迅捷、准确。当前女装品牌的附加价值主要由时尚性、生活方式的倡导性等非物性因素体现，因而零售商品牌在这方面更易使品牌增值、获取利润。零售商品牌是制造商品牌强有力的竞争对手。以商誉为后盾的零售企业处在市场第一线，拥有自己的零售网络体系，易于了解消费者需求，对市场发展变化也最敏感。如法国家乐福在上海大卖场中的自有品牌HARMONIE。

零售商品牌兴起的原因有五点：一是零售商熟知许多制造商的生产和经营情况，能从中选出适当的厂家，并以较低的成本投入生产，从而谋取高额利润；二是零售商有着直接面对顾客的有利条件，顺畅的相互交流使商家能更恰当地掌握消费者的需求；三是零售商以自己的品牌展开经营活动，易形成直观的联想，从而更容易招徕顾客；四是能及时跟进消费者需求的变化，调整店铺的销售布局，从而获得比制造商更多的销售机会；五是对于自身拥有的品牌，零售商可以更直接地提供销售服务，而且比制造商提供的服务更及时、更周到。

另外，从服装企业的角度，品牌有主次之分。主线品牌，又称主牌、一线品牌，是企业推出的主要品牌，产品往往特征明显，特色突出，品位及价格档次高。副线品牌，又称副牌、二线品牌，是与主牌有关联的次要品牌，在产品的时尚形象品位、价格档次等方面都逊色于主线品牌。一个主线品牌可附属多个副牌。例如Calvin Klein Jeans是卡尔文·克莱恩（Calvin Klein）的副牌（图2-15）。又如，KENZO旗下的服装分为三条品牌路线：KENZO PARIS是高田贤三创作的精髓，年龄层界定在20~45岁，高单价的第一路线；KENZO JUNGLE以"JUNGLE"为名，年龄层介于15~30岁的年轻副牌，不但用鲜艳大胆的热带丛林色彩，搭配特殊材质的配件，"重复花色"的灵活搭配，更为风格轻松的年轻服装创造出一种强烈的特色；KENZO JEANS则以愉悦丰富的想象力，针对年轻族群设计的系列牛仔服装，包括牛仔裤、T恤、夹克、衬衫、针织毛衣等，营造出一个简约舒适的穿着方式。

图2-15　Calvin Klein的副牌

三、服装品牌的组织构成模式

服装品牌的基本构成可分为两个部分，即物质文化部分和精神文化部分，二者分别代表了品牌的有形资产和无形资产（图2-16）。

从服装品牌的基本构成描述中，可以认识到服装品牌商品企划应从品牌名称、目标消费群、商品理念与特征、品类、价格、营销特征等方面进行。一般来讲，品牌组织要具备三个条件：一是完备的精神文化系统，二是在精神文化系统指导下的物质系统，三是基于精神、物质整合系统之上的市场行为能力。其中，品牌的精神文化又包含以下四个系统。

物质文化基础部分： 资金、场所、机械、设备、原材料……	精神文化基础部分： 品牌符号系统、品牌语言系统、品牌技术系统、品牌信息系统……
有形资产： 资金、股票、产品、硬件设施、厂房……	无形资产： 品牌信誉、品牌服务、品牌营销、品牌识别、品牌核心能量……

图2-16　服装品牌的基本构成

1. 品牌符号系统

利用平面、三维等手段为品牌创造的视觉识别系统。视觉识别（VI）在企业识别系统（CIS）具有主导的地位，通过具体符号的视觉传达设计，直接进入人脑，留下对企业的视觉影像。视觉识别系统包括基本要素系统和应用要素系统两方面。

（1）基本要素系统主要包括：企业名称、企业标志、标准字、标准色、象征图案、宣传口语、市场行销报告书等企业造型。

（2）应用要素系统主要包括：产品造型、办公事务用品、生产设备、建筑环境、产品包装、广告媒体、交通工具、衣着服装、旗帜、招牌、标识牌、橱窗、陈列展示等。

知识链接

企业识别系统（Corporate Identity System, CIS），20世纪80年代作为一套"品牌管理体系"引入国内，是当今企业管理对内对外文化、形象的基础理论，是狭义的"品牌"理论的实有构成部分，通过对理念、行为、视觉三方面进行标准化、规则化，使之具备特有性、价值性、长期性、认知性的一种识别系统的总称，可称为"企业统一化系统""企业自我同一化系统""企业识别体系"（图2-17）。

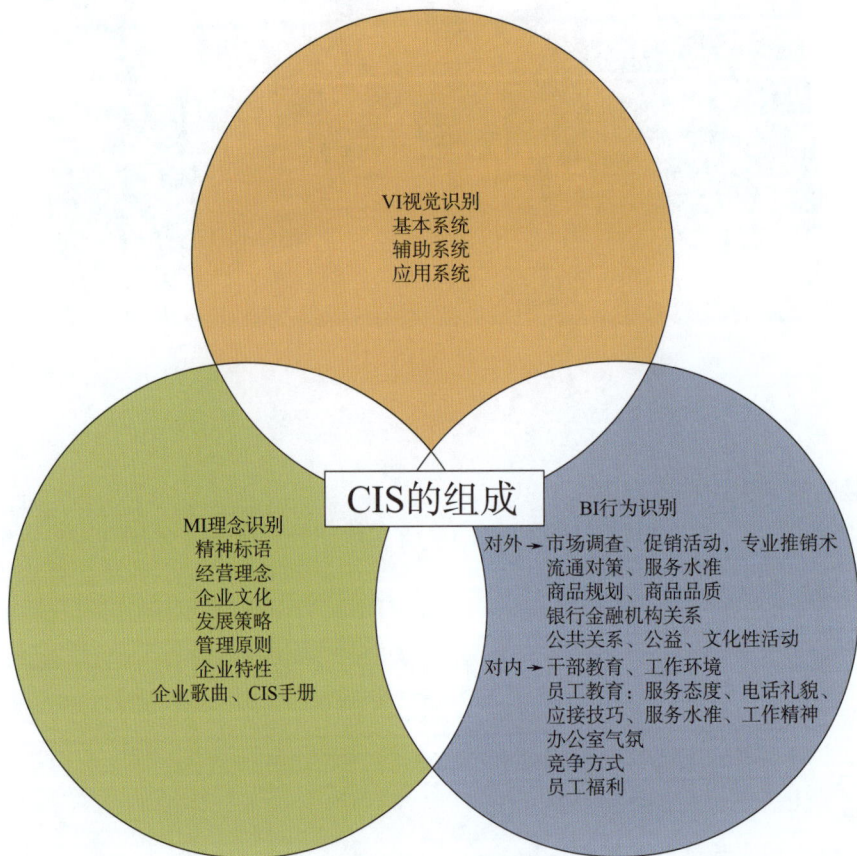

CIS的组成

VI视觉识别
基本系统
辅助系统
应用系统

MI理念识别
精神标语
经营理念
企业文化
发展策略
管理原则
企业特性
企业歌曲、CIS手册

BI行为识别
对外→ 市场调查、促销活动，专业推销术
流通对策、服务水准
商品规划、商品品质
银行金融机构关系
公共关系、公益、文化性活动
对内→ 干部教育、工作环境
员工教育：服务态度、电话礼貌、
应接技巧、服务水准、工作精神
办公室气氛
竞争方式
员工福利

图2-17　企业识别系统

CIS理论把企业形象作为一个整体进行建设和发展，主要由三部分构成：一是企业理念识别（Mind Identity, MI），二是企业行为识别（Behavior Identity, BI），三是企业视觉识别（Visual Identity, VI）。MI是抽象思考的精神理念，难以具体显现其中内涵，表达其精神特质；BI是行为活动的动态形式；VI用视觉形象来进行个性识别。其中核心是MI，它是整个CIS的最高决策层，给整个系统奠定了理论基础和行为准则，并通过BI、VI表达出来。所有的行为活动与视觉设计都是围绕着MI这个中心展开的，成功的BI与VI就是将企业富有个性的独特的精神准确地表达出来。BI直接反映企业理念的个性和特殊性，包括对内的组织管理和教育、对外的公共关系、促销活动、资助社会性的文化活动等。

视觉识别系统（VI）是运用系统的、统一的视觉符号系统，是静态的识别符号具体化、视觉化的传达形式，项目最多，层面最广，效果更直接。视觉识别系统属于CIS中的VI，用完整、体系的视觉传达体系，将企业理念、文化特质、服务内容、企业规范等抽象语意转换为具体符号的概念，塑造出独特的企业形象。

2. 品牌语言系统

品牌精神文化在语言上的反映，如广告部分、管理部分、营销部分，由此形成语言识别并构成品牌语言环境。

3. 品牌技术系统

品牌在相关技术上的运用与整合能力。

4. 品牌信息系统

一是内部信息，包括品牌短、中、长期目标及最终目标；二是外部信息，影响目标实现的相关信息的集合。

服装品牌是精神文化和物质文化的高度结合，二者密不可分。我们在消费某个品牌的服装时，不仅消费了它的物质部分，同时消费了服装品牌的精神文化。因此服装品牌的服务具有两重性：一是来自品牌自身的产品功能性服务，二是来自品牌的附加价值的服务，如个性、主张、造型、审美及有关销售、维护方面的服务，二者构成完整的品牌服务。

📝 知识链接

服装品牌的构成模式一：基本构成模式

日本在每年一次出版的《服饰品牌年鉴》中，从品牌与公司两部分描述服装品牌，提出其基本构成模式如下。

1. 品牌名称

包括：年销售额、品牌类型区分、服装品类、目标消费群、商品特征、材质、尺寸、中心价格、销售渠道。

2. 公司名称

包括：法人代表、年销售额、总部地址、分部、注册登记号、E-mail。

💡 案例分析

1. 品牌名称：高田贤三·童装（KENZO ENFANT）

（1）年销售额（1998年）：8.8亿日元。

（2）品牌类型区分：海外合作（法国）。

（3）服装品类：夹克、外套、连衣裙、运动服、衬衫、女衫、羊毛衫、裙子、裤子、T恤、包、帽子、泳装、袜子。

（4）目标消费群：针对3～12岁的男女儿童（穿着时髦、讲究打扮的25～35岁母亲的孩子）。

（5）商品特征：与巴黎的高田贤三共同合作经营的品牌，涵盖从上学到外出的整体服装，使孩子们在一个童话般的世界中成长。

（6）材质：机织物60%、针织物40%。

（7）尺寸：95、100、110、120、130、140、150。

（8）中心价格（日元）：夹克10000～20000、外套19000～30000、连衣裙6000～14000、衬衫5000～13000、羊毛衫9800～20000、裤子5800～15000、运动服3800～16000。

（9）销售渠道：百货店70%、专卖店30%。

2. 品牌名称：RIO SISTER

（1）年销售额（1998年）：21亿日元。

（2）品牌类型区分：原创品牌。

（3）服装品类：羊毛衫、运动衫、衬衫。

（4）目标消费群：16～18岁的女学生。

（5）商品特征：以美国休闲风格为主题的校园时尚。

（6）材质：针织物85%、机织物15%。

（7）尺寸：M。

（8）中心价格（日元）：针织衫2900～9800、机织衫3900～5900、编织衫3900～7900。

（9）销售渠道：专卖店70%、百货店30%。

📝 知识链接

服装品牌的构成模式二：要素描述模式

结合国内的服饰业市场情况，采用构成要素描述模式，可将服装品牌分为国外品牌与国内品牌两类。

1. 国外品牌

包括：品牌名称、品类类型、注册地、创始人/设计师、商品品类、目标消费群、品牌理念与商品特征、营销特征、联系地址。

2. 国内品牌

包括：品牌名称、注册地、创始人/设计师、目标消费群、品牌理念与商品特征、商品品类、材质、主导产品价格带、营销特征、联系地址。

💡 案例分析

1. 国外品牌：山本耀司

（1）品牌名称：山本耀司（Yohji Yamamoto）。

（2）品类类型：高级时装、高级成衣。

（3）注册地：日本东京（1972年）。

（4）创始人/设计师：山本耀司。

（5）商品品类：女装、男装。

（6）目标消费群：讲究服饰个性的中等以上收入阶层。

（7）品牌理念与商品特征：山本耀司的设计植根于日本文化，自然流畅，高雅洒脱。结构设计别出心裁，重视材质肌理之美，色彩以黑色多见，外观造型以非对称居多。

（8）营销特征：以价格适中为策略；专卖店、展销会。

（9）联系地址：略。

2. 国内品牌：雅莹

（1）品牌名称：雅莹（E.P）。

（2）注册地：浙江嘉兴。

（3）创始人/设计师：意大利和国内设计师。

（4）目标消费群：25～45岁的都市女性。

（5）品牌理念与商品特征：倡导时尚、自信、高雅的生活理念，以经典、雅致、舒适的时装设计，传递属于现代都市女性的优雅审美。不拘谨的雅致、自信、乐观、知性、智慧、温婉而有女人味，是雅莹呈现给现代都市女性的优质生活内涵。

（6）商品品类：日常装、运动休闲装、运动休闲装系列、JEANS系列。

（7）材质：机织物。

（8）主导产品价格带：春夏商品500～1500元、秋冬商品1200～20000元。

（9）营销特征：形成了覆盖中国内地的以专卖店、购物中心、百货店、时尚生活馆为一体的自营网络和加盟网络结合的营销体系。

（10）联系地址：略。

四、服装品牌形象的基础设计和应用设计

品牌名称具有将品牌（商品）相关的所有信息打包、压缩的功能。在市场竞争中，成功的品牌名称就是一面不倒的旗帜。品牌命名的工作是品牌形象设计（Brand Identity，BI）计划的组成部分（图2-18）。

（一）品牌形象设计计划

1. 品牌形象设计计划的概念

品牌形象设计（BI），由企业识别（Corporation Identity，CI）派生而来，为了将某种品牌的核心理念有效地传达给消费者，塑造一种消费者能够看到、感觉到或体会到的品牌特征。"Identity"一词强调了与众不同的特征，即个性。

BI计划是将品牌特征外在化的战略步骤。进行BI计划的根本目的是从形象上凝练和表征某一品牌存在的理由和理念，以便明确地贯彻到品牌设计、商品企划、促销等各方面。

服装品牌创设中品牌命名是第一步，品牌命名旨在让消费者产生

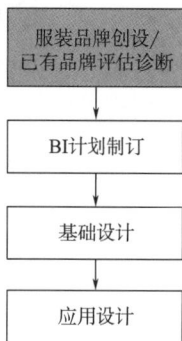

图2-18　品牌命名
工作流程

购买的联想，塑造意识价值，促成消费购买的行为。品牌名称的文字内容、形状、色彩、组合等的设计都会让人产生各种视觉的或寓意上的联想。实际的联想过程复杂而多样，消费者能够产生的联想大致可以分为12类（图2-19）。BI计划以对消费者的调研为前提，只有对产生联想的主体——消费者进行详细的调研之后，才能开展有效的BI计划，将消费者的联想引向认同和购买的轨道。

一般认为BI计划可分为两个步骤：基础设计和应用设计。

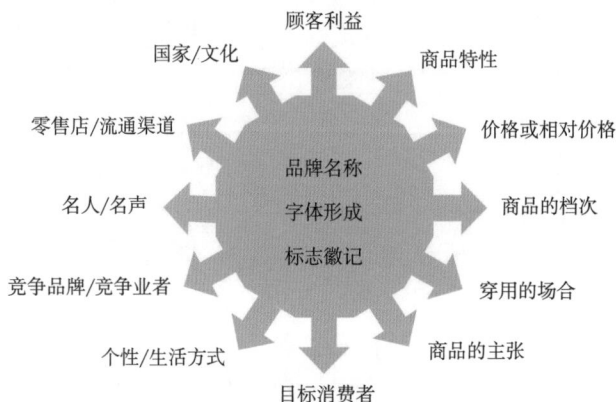

图2-19　与品牌名称相关的联想

2. 基础设计

基础设计是指用语言和视觉符号来表达品牌理念的过程，具体包括品牌命名和品牌标识（Logo）设计（图2-20）。

图2-20　国际品牌标识

3. 应用设计

完成BI计划以及基础设计后，要将已经完成的品牌名称或标识具体运用到商标、吊牌、广告、商品宣传单等所有体系中，并在其中保持标识风格的统一性和传达设计意图的准确性，这一过程称为应用设计。

在应用设计过程中，应当发挥商品的商标、吊牌及其他一些标识提示与产品相关信息的作用，如品牌名称、商品等级、材料、颜色、尺寸、价格、生产商、生产地、使用方法、维护方法等。

📝 知识链接

如表2-1所示为国际品牌标识与品牌介绍。

表2-1　国际品牌标识与品牌介绍

LOGO	品牌名称	注册地	品牌介绍
LAGERFELD	拉格斐尔 Lagerfeld	意大利	1927年创立 产品：服装、鞋包、配饰、眼镜、香氛等
VERRI	威利 VERRI Milano	意大利	1972年创立 设计理念：舒适而时尚的搭配，运用高级面料加以精良的裁剪做工而成 主要产品：男士服装
LANVIN PARIS	朗万 Lanvin	法国	1885年创始人珍妮·朗万在巴黎开设第一家朗万服装店，1890年成立朗万公司 产品：高级时装、童装、配饰、香水、化妆品等
LOEWE	罗威 Loewe	西班牙	1846年创立，西班牙奢华皮具品牌，采用卓越工艺，简约造型，精美材质，打造不同生活领域的时尚精品 产品：女士成衣、男士成衣、配饰和高端家居产品
LV	路易威登 Louis Vuitton	法国	1854年创立，总部位于法国巴黎香榭丽舍大道 产品：时装、首饰、箱包、化妆品、香水等
miu miu	缪缪 Miu Miu	意大利	1993年创立，注重优雅精致且不乏趣味，率性且充满实验风格，与Prada是同一设计理念的另一种表达方式 产品：成衣、皮具、鞋履等
MOSCHINO.	莫斯奇诺 Moschino	意大利	1983年创立，产品以设计怪异著称，风格高贵迷人，时尚幽默、俏皮为主线 主要产品：高级成衣、牛仔装、晚宴装及服装配饰等
PRADA	普拉达 Prada	意大利	1913年创立，意大利奢侈品牌 产品：男女成衣、皮具、鞋履、眼镜、香水以及量身定制服务
Salvatore Ferragamo	菲拉格慕 Salvatore Ferragamo	意大利	1927年创立，世界知名皮具品牌 产品：服装、鞋包、配饰等

续表

LOGO	品牌名称	注册地	品牌介绍
AIGNER	爱格纳 AIGNER	德国	1904年创立，品牌以独特的手工与优质用料著名 产品：男装、女装、包包、手袋、皮具、珠宝配饰、手表、眼镜和香水等 设计风格：简洁、和谐、亲和、自然
dunhill LONDON	登喜路 Dunhill	英国	1893年创立，从专营烟草转向男士系列用品的开发，已成为全球成功男士的首选品牌 产品：服装，配饰、皮具等
GIORGIO ARMANI	乔治·阿玛尼 Ciorgio Armani	意大利	1975年米兰创立 ARMANI分为： Armani Prive（高级定制） Giorgio Armani（高级成衣） Mani（女装成衣） EA：Emporio Armani（成衣） EJ：Armani Jeans（休闲服及牛仔服） EX：：Armani Exchange（休闲服）
a. testoni	铁狮东尼 A.Testoni	意大利	1929年创立，象征了意大利皮匠的专业和超凡品位 设计风格：精致、简约、流畅 产品：西装、T恤、衬衫、西裤、休闲裤、羊毛衫、皮草、领带、精品皮具等
BALLY SWITZERLAND	巴丽 Bally	瑞士	1851年创立 主要产品：鞋包、皮具、眼镜、时尚配件等 设计风格：精巧、摩登
BURBERRY ESTARLISNED	博柏利 Burberry	英国	1856年创立，总部位于英国伦敦 产品：男女装、配饰、手袋、鞋履、香水等
CK Calvin Klein	卡尔文·克莱恩 Calvin Klein	美国	1968年创立，总部位于美国纽约 以性感和极简风格为审美理念，旗下四大品牌： CK Calvin Klein（高级成衣） Calvin Klein Jeans（牛仔时装） Calvin Klein Underwear（内衣） Calvin Klein Performance（时尚运动）以及香水、腕表珠宝、眼镜等第三方产品

（二）品牌命名

1. 品牌命名的核心内容

品牌总是以其名称为直接代表。名称在某种程度上凝练了品牌的内涵，在品牌评价和品牌价值中占据重要地位。

品牌命名的核心内容有两点：一是品牌名称个性化；二是品牌名称长久适用。

2. 品牌命名的基本原则

（1）合法原则：品牌名称必须符合商标法的规定，才能向专利机构申请商标注册，才能得到法律上许可和保护。例如，商品品牌中不能出现与国家或组织名称、国旗、国徽等类似的文字及图案，不能用地理名称，不能与各地区的各项法律相违背。

（2）尊重地域文化原则：由于各个国家和地区的文化会有差异，在某一种文化背景里属于中性概念的词，到了另一种文化背景中，也许就会产生负面联想，所以，品牌在进入某个国家或地区时，应尊重当地的文化习俗，适应消费者的文化价值观念和潜在市场的文化观念，将自身的品牌名称与地域文化联系起来，必须认真考虑不同目标销售地区的民族习俗、社会道德标准等，不使品牌名称产生误解，无侮辱性或使用不快等副作用，进而减少品牌推广的时间和精力。

（3）简短而具有象征意义原则：品牌名称应简单、凝练，并具有特殊的寓意，以便通过各种途径在市场上流传。品牌名称太长或过于复杂，较难在消费者的记忆里留下清晰而深刻的印象，不利于品牌形象的建立。一些品牌名称只是一个词，甚至一个字。如Christian Dior被简化成"CD"。

象征性是指消费者能在品牌名称与某种特定的事物之间建立牢固的联想，可以直接或间接地传递产品的某些信息，使品牌能够被消费者理解和接受。这些联想可以是品牌具体服务对象、品牌经营理念、品牌文化、传统文化、美好的感情等正面联想。如法国拉科斯特（Lacoste）旗下世界著名时尚服装品牌"鳄鱼"，以直观的标志性"鳄鱼"polo衫而闻名。1923年Lacoste创办人，世界网球名将勒内·拉科斯特（Rene Lacoste）正在波士顿代表法国参加戴维斯杯。当时Lacoste与他的队长打赌，如果他在比赛中获胜，队长便要送他一个鳄鱼皮箱。虽然Lacoste没有赢得皮箱，但是他在比赛中像鳄鱼一样勇猛，故得到"鳄鱼先生"（Lecrocodile）的称号。回到法国以后，Lacoste一位朋友为他制作了一条鳄鱼标志，并贴于他的夹克上，一个流行于世的时装品牌标志从此诞生。

（4）易读写、易发音、易识别与记忆原则：品牌名称在字形上应让人一目了然，避免出现生冷晦涩的字，体现出易识别与记忆的特性；品牌名称不仅发音容易，而且在字音上应避免出现多音字和使人产生误解的词语，体现出易读写、易发音的特性。品牌名称只有易读写、易发音、易识别与记忆，才能高效地发挥它的识别功能和传播功能。

（5）可用性、易传播原则：品牌名称应当能够表现商品的优点、某些性能和特点，通过品牌名称的传播向消费者透露商品的相关信息，在预设的生命周期中，一直具有可用性，能够引导消费者认知商品特色，促进购买。

3. 品牌命名的方法（表2-2）

（1）人名命名法：根据真实的人物命名，往往是根据品牌的创始人、设计师和名人的姓名命名。例如"Dior""Chanel""Armani""Yves Saint Lauret""Louis Vuitton""Miu Miu""李宁"等。此外，由虚拟的人物命名，例如"达芙妮（Daphne）"是根据希腊神话人物命名的。

（2）地理命名法：根据真实的地理名称命名，往往是根据品牌的注册地和产地命名。例如"哥伦比亚（Columbia）""北面（The North Face）""鄂尔多斯""江南布衣"等。

（3）动植物命名法：一般以故事丰富、外观特征突出的动物和美好象征的植物来命名，以此来表达品牌的形象。例如"鳄鱼""啄木鸟""红蜻蜓""七匹狼""鹿王""骆驼""太平鸟""Mango""红豆""杉杉"等。

（4）品牌定位命名法：根据商品的特点命名，使消费者快速联想和认知商品属性和特点，对商品有清晰的定位。例如，德国时尚品牌雨果博斯（HUGO BOSS），消费者从品牌名称上就能感悟到该品牌定位成熟商务男士，该品牌也确实以西服套装著名。

（5）目标市场命名法：根据品牌的目标市场命名，将目标市场与品牌联系起来，获得目标市场社会公众的强大认同感。例如"好孩子""漂亮宝贝""十月妈咪""都市丽人"等。

（6）数字字母命名法：运用数字、字母或两者结合，或者运用中文和外文字母结合起来为品牌命名，给人新颖、独特的感觉，提升消费者的好奇心，引起消费者的兴趣，外文字母体现品牌的国际性，可增强消费者对品牌的信心，进而促进商品的销售。例如"I.T""b+ab""U2""COLOUR18""Only""G2000""Y-3""Ecco"等。值得引起注意的是有一些企业盲目使用外文名称，虽然在一定程度上促进了销售，但对我国服装品牌的发展和中国文化的传播是极其不利的。

（7）创意命名法：创意命名法是运用新颖独特的创新词汇，使品牌名称具有差异性，以满足消费者的个性求异心理，并以此表达一种酷炫的生活态度和生活方式。例如"izzue""欧时力（Ochirly）""播（broadcast）""速写"等。

表2-2　服装品牌命名法及代表品牌

品牌命名类型	品牌命名法	代表品牌
以品牌名称的来源确定	人名命名法	Dior、Chanel、Armani、Yves Saint Lauret、Louis Vuitton、Miu Miu、李宁
	地理命名法	哥伦比亚（Columbia）、北面（The North Face）、鄂尔多斯、江南布衣
从品牌名称的构成要素确定	动物命名法	鳄鱼、啄木鸟、红蜻蜓、七匹狼、鹿王、骆驼、太平鸟、叮当猫、袋鼠
	植物命名法	Mango、红豆、杉杉
联想型、传达寓意型	品牌定位命名法	雨果博斯（HUGO BOSS）、冠军（Champion）、劲霸男装（K-boxing）、金利来、回力
目标市场型	目标市场命名法	好孩子、漂亮宝贝、十月妈咪、都市丽人
创新词汇型	数字字母命名法	I.T、b+ab、U2、COLOUR18、Only、G2000、Y-3、Ecco
	创意命名法	izzue、欧时力（Ochirly）、播（broadcast）、速写
其他类型	昵称法	吉吉（CICCI）、丽丽（LILY）
	简称法	a.V.V.、ALD、CK

（三）品牌命名的策略

1. 新品牌开发

针对新品牌的开发，品牌命名的关键和核心仍然是个性化的问题，必须与竞争品牌形成差别，能够在众多同类商品品牌中脱颖而出。由于消费者接触到的同类商品品牌的信息纷繁复杂，差别化的品牌名称显然是向消费者传递商品信息最便捷、最有效的途径之一。

2. 品牌扩张

在企业对市场进行成功占据，已有的品牌成为强势品牌时，企业可进行品牌的扩张。对应品牌的扩张战略，品牌命名也有不同策略（图2-21）。

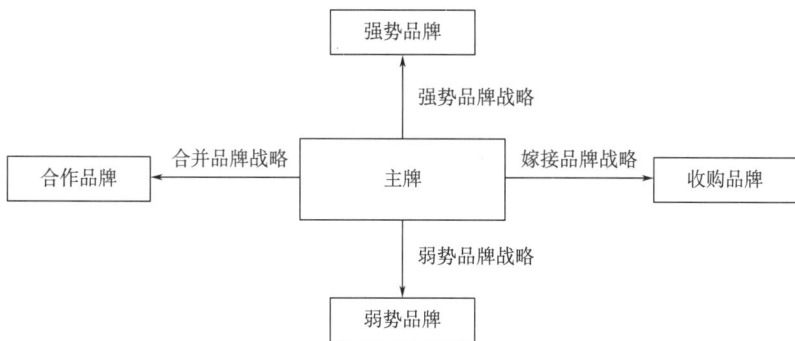

图2-21 品牌扩张时的品牌命名

（1）强势品牌战略的品牌命名：主牌名称的基础上加前缀或后缀，例如"New-""Hi-""Super-""Best-""Trans-"等，发展二线品牌。例如，KENZO品牌在原有品牌的基础上又开发了KENZO JEANS针对年轻族群的系列牛仔服装品牌。

（2）弱势品牌战略的品牌命名：沿用品牌原有名称的弱势品牌有两种扩张方法：一是改变品牌标志的色彩，例如，将原来主牌的红色标识改为黑色；二是在主品牌的名称中加入一些词，例如"Sport""Jeans"等，该方法可以增强主牌的特征。

（3）合并品牌战略的品牌命名：合并多个关联性强的品牌，利用同类品牌之间的互补性取长补短，增强品牌的竞争力。

（4）嫁接品牌战略的品牌命名：实施嫁接品牌战略，收购其他企业的品牌，再赋予新的品牌名称重新包装运作。

（四）服装品牌命名和品牌形象设计的程序

专业化的品牌命名和品牌形象设计应遵循以下程序：市场调研、制订品牌命名策略、品牌形象设计方案、法律审查和语言审查、测验分析、确定方案、申请注册。

1. 市场调研

在选取品牌名称之前，应该先对目标的市场情况、未来国内市场及国际市场的发展趋势、企业的战略思路、品牌的组织构成、消费者穿着服装后的感觉以及竞争品牌命名等情况进行调研。

2. 制订品牌命名策略

前期调研工作结束后，便要针对品牌的具体情况，选择适合自己的品牌命名策略。

3. 制订品牌形象设计方案

根据品牌命名的原则，收集能够描述商品的单词或词组，应充分利用发散思维，进行品牌命名的设计工作，也可以发动公司所有人或向社会公众征集，提高备选方案的可行性。

4. 法律审查和语言审查

审查包括法律审查和语言审查。法律审查是指由法律顾问对所有品牌名称从法律的角度进行审查，去掉不合法的品牌名称，确认需要注册的名称是否已被别人注册。语言审查是指由语言专家对所有品牌名称进行审核，去除有语言障碍或容易使人产生误解的品牌名称。由此审查筛选出合适的品牌名称。

5. 测验分析

将审查通过的品牌名称在目标消费人群中进行测试。分析测试结果，选择出比较受欢迎的品牌名称。如果通过测试分析显示消费者并不认同被测试的品牌名称，那么企业应考虑重新为品牌命名。

6. 确定方案

根据测试结果和企业定位策略，选定最合适的品牌名称。

7. 申请注册

确定品牌名称后，立即工商注册获得该品牌专利权，确保品牌名称受法律保护。

📊 示范作业

ZERO原创服装品牌形象设计（BI）方案
（历届学生作品）

1. 服装品牌创设说明

白衬衫并非一个小众的单品，并非职业装刻板的印象，几乎每个人衣柜里都会有一件白衬衫，它是经典款中的经典。ZERO原创服装品牌主打产品突破对白衬衫的界定，使之多元化、个性化，适穿人群广，适穿场合多。经前期市场调研，ZERO品牌创设恰好满足了消费者对白衬衫单品的需求，其品牌形象设计方案具有可行性。

2. 服装品牌形象的基础设计（图2-22）

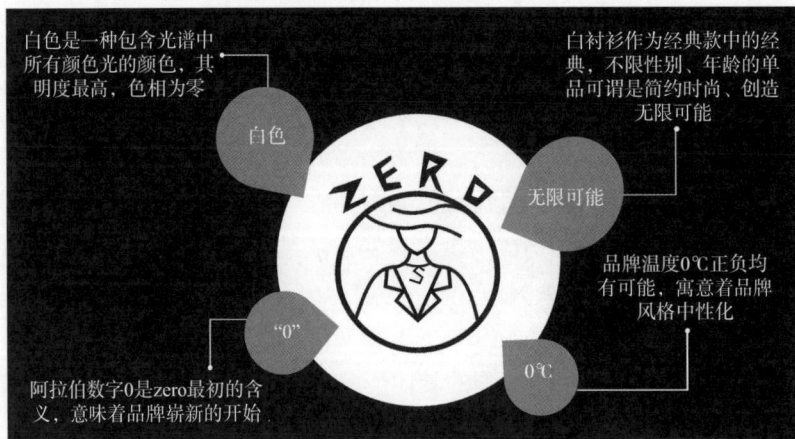

白色是一种包含光谱中所有颜色光的颜色，其明度最高，色相为零

白衬衫作为经典款中的经典，不限性别、年龄的单品可谓是简约时尚、创造无限可能

白色

无限可能

品牌温度0℃正负均有可能，寓意着品牌风格中性化

"0"

0℃

阿拉伯数字0是zero最初的含义，意味着品牌崭新的开始

图2-22　ZERO原创服装品牌创设——品牌标识（Logo）设计
（指导教师：张虹）

3. 服装品牌形象的应用设计

（1）吊牌设计（图2-23）。

（2）包装设计（图2-24）。

图2-23 ZERO原创服装品牌——吊牌设计
（指导教师：张虹）

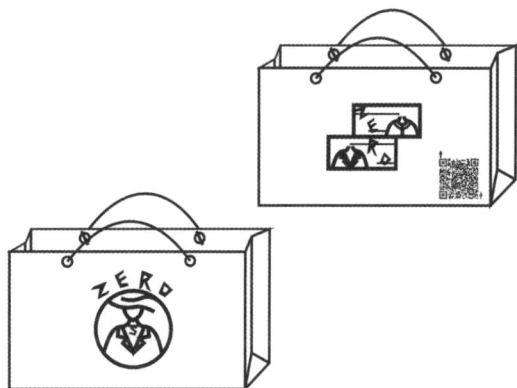

图2-24 ZERO原创服装品牌——包装设计
（指导教师：张虹）

任务实施

情境设计：请自主创设一个服装品牌，完成原创服装品牌形象设计（BI）方案，主要完成以下三个子任务。

任务1：对原创服装品牌进行服装品牌创设说明。

任务2：服装品牌形象的基础设计。包括原创服装品牌命名和品牌标识设计，并解读品牌标识（Logo）的图案、色彩等含义（参考示范作业图2-22）。

任务3：服装品牌形象的应用设计。包括原创服装品牌的吊牌设计、包装设计（参考示范作业图2-23、图2-24）。

任务3 目标市场设定

项目名称	服装商品企划的前期准备	
任务标题	T1-3 目标市场设定	
授课学时	2课时	
知识目标	K1	了解市场细分战略
	K2	理解选择目标市场的意义
	K3	掌握目标市场设定流程
技能目标	S1	能根据目标市场设定流程分析目标市场设定的工作内容
素养目标	A1	通过项目化的学习任务安排，培养学生养成观察消费者需求及市场状况的习惯
	A2	通过团队协作完成任务，培养学生团队合作能力、沟通表达能力和汇报能力
重点分析及解决措施	重点分析：市场细分战略	
	解决措施：课前线上预习本任务内容，课堂上教师讲解市场细分战略以及选择目标市场的意义，引导学生进行目标市场设定主题讨论，教师针对性指导分析	
难点分析及解决措施	难点分析：目标市场设定的工作任务	
	解决措施：指导学生通过目标市场设定流程分析目标市场设定的工作内容	

目标市场的设定是否准确与合理关系到服装商品企划整体工作的成败。它是品牌理念风格设定、服装商品采购、服装品类管理、服装销售策略等工作的前提。

在目标市场设定中，通过市场细分来充分分析和把握市场状态，并根据企业自身及市场环境情况选择合适的特定市场，最后对品牌的市场定位做出决策（图3-1）。目标市场的设定常常难以一步到位，应根据消费者需求及市场状况的变化不断修正、调整。

一、市场细分战略

在进行服装品牌企划时，必须将整体市场划分为若干个细分市场，细分的原因在于消费需求存在差异性和相似性，消费者由于所处的经济、社会、文化等背景条件不同，

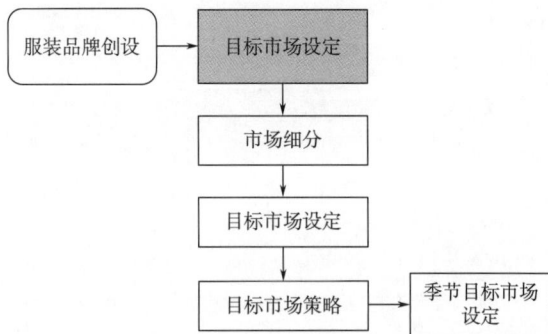

图3-1 目标市场设定工作内容

心理素质和价值观念也不同，消费者购买服装的目的也不尽相同，因而品牌若要把握这些要素只能去深入了解各个细分市场，这就是市场细分的必要性。虽然个体之间的需求都存在差异，但由于消费群体的需求具有一定的相似性，这就构成了市场细分的依据。市场细分实际上就是分析确定消费者需求的差异性和相似性，按照求大同存小异的原则，将一个错综复杂的市场划分为若干个，每一个部分就是所谓的细分市场，减少各个部分的内部差异性，使其表现出较多的同质性。

（一）基于消费群体的市场细分

在进行服装品牌商品企划时，对于市场的细分首先要基于消费者来分析，分别从社会文化群体和个体特征两个方面来展开。

1. 基于社会文化群体

若要将消费者进行市场细分，就需要考虑不同社会环境背后的社会群体。每个个体的存在都具有其不同的社会性，分析消费者的社会文化特征就是分析其所处的主流文化群体、亚文化群体、社会阶层、家庭地位等。不同的社会性也是直接决定了消费者所属的不同社会群体。

（1）主流文化群体：每个个体都处在某个文化群体中，不同文化群体接受着不同的价值观念、行为准则和风俗习惯。20世纪60年代起，流行文化在美国社会得到全面的发展，美国人民深受多元、开放、自由、享受等观念的影响，因此，美国品牌在当时一度撼动了以法国为中心的传统高级时装体系。简约、休闲的设计理念被深刻体现在服装产品中。著名时装品牌卡尔文·克莱恩（Calvin Klein）就是典型的美国文化的代表，品牌所倡导的简洁、休闲、性感已经成为美国时尚的标签（图3-2）。

图3-2　纽约时装周Calvin Klein色彩大爆发

（2）亚文化群体：在社会人文中，所谓亚文化就是指小众文化，然而越是小众的文化越需要尊重，这也是一个社会文明程度的象征，作为服装品牌当然也应该肩负起这样的责任。青少年一般来说比较敢于彰显自己的精神追求，是亚文化群体中的中坚力量，每个国家都有一部分青年，具有他们自己独特的生活态度和方式，这些自然而然也会投射到他们的消费观念、审美取向。

如20世纪60年代成长起来的"战后婴儿"一代，在经历过极度物质紧缺的阶段后开始面对物质充裕，他们开始强调自由和自我表达的时代风貌，以嬉皮士和朋克风格为首的亚文化在当时也对时装行业有着极大的刺激。其中激进的朋克风格在20世纪70年代出现，与同时代的朋克音乐一起，通过大胆和故意冒犯的态度吸引眼球。以维维安·韦斯特伍德（Vivienne Westwood）（图3-3）为代表的设计师站了出来，他们让那些对保守主义、唯物主义感到失望和沮丧的年轻人看到了知音。

图3-3　维维安·韦斯特伍德
（Vivienne Westwood）

近年来大行其道的嘻哈文化也是一种典型的亚文化，但当下能在高级时装界引爆强烈反响的一个最大原因，就是在这个时代正在成长起来的千禧一代，通过对社交媒体的统治，他们在这个社会的话语权逐渐加大，年轻人正在前所未有地关注自身，他们喜欢那些看起来又酷又帅气的事物。

（3）其他群体：在社会文化群体中，除了主流文化群体和亚文化群体外，还有很大一部分消费者的文化群体身份具有一种转换性，他们也许不会一味地坚持主流文化或者小众文化，在很大程度上，他们会随着条件的改变而随时转换自己的身份。如果将这个群体的消费者作为服装商品企划中的一个细分市场来看，这些消费者也许更加渴望拥抱多元化，他们既不否认主流文化，又会给予小众群体极大的关怀，甚至会在特殊时期应对某些情况来切换自己的立场。比如著名的国际时装大牌。博柏利（Burberry）曾在伦敦时装周发布了一场以GLBT（典型的亚文化）为主题的时装秀并大获成功（图3-4），一时间，该品牌这一季带有彩虹元素的商品成为时下最热的时尚单品，但也许追捧商品的消费者们并不是处于这个群体。

除此之外，有时候消费者随时转换自己消费立场的这种行为在某种程度上也是消费理念不稳定的表现。社交媒体时代已全面到来，智能信息化技术正在将整个商业体系卷入前所未

图3-4 博柏利（Burberry）GLBT主题时装秀

有的商业精算之中，借由大数据感知消费者的需求，实现精准的智能匹配与优化商品组合。

2. **基于个体特征**

个人特征主要分析消费者的年龄、性别、职业、社会阶层、学历、居住地、个性等特征。

（1）年龄：根据年龄，可分为少年、青年、中年、老年等细分市场。不同年龄段的消费者对服装的需求当然有着较大的差异，这是由于形象面貌、经济能力、社会认知的不同而不同。因其所经历的社会时期不同，所形成的生活观、价值观不同，也会直接影响到他们对服装审美、价值的判断与选择。因此，企业应掌握服装市场的年龄结构、各档次年龄占总人口的比例以及不同年龄消费者的需求特点。例如，在女装体系中，总有区别明显的熟女属性品牌和少女属性品牌，其中的风格、价格也必然大不相同。

（2）性别：目前的服装消费市场按性别分为男装市场和女装市场，两性对于服装特点的要求上有着显著的差异，并且两性的消费取向的差别也较大，所以在服装市场上，男装与女装经常被作为两个独立的商品体系来进行生产销售，甚至有的品牌只有男装或者只有女装。例如，我国著名男装品牌海澜之家（HLA）的目标市场就十分明确，从品牌建立以来只针对男性市场（图3-5）。

一般来说，女性在购买服装时比较注重服装的款式、搭配、做工等细节，消费观念很多情况下被感性因素所主导，因此，女装品牌生产的新款上架周期需要缩短。除此之外，品牌价值定位、导购员的表情语调评价、陈列的布置等商品外在因素也对购买决策影响较大。近年来，女性购买服装不再仅追求服装的质量，而是更重视搭配，以至于一个人身上可能同时穿着高级时装品牌的产品和平价单品。

（3）职业：不同职业的人群已逐渐形成一个又一个的文化群体，不同职业领域里的人

图3-5　男装品牌海澜之家（HLA）的橱窗设计

对于服装的选择也不一样，他们具有相似的收入水平、教育程度、生活方式，且工作的相近性使他们互相影响，因而逐渐形成相似的消费模式、消费观念、购买行为特征。比如，教师选择服装时就会避免过于休闲或者暴露，他们会比较注重服装是否稳重、得体；商务人士一般会倾向于购买偏正装的服装以符合在职场上的专业形象；从事艺术工作的消费者则会选择比较张扬个性和风格的服装；穿梭于写字楼里的职业女性们在工作日常中就需要穿着一些能够构建职业风范又不失女人味的知性女装。如图3-6所示，我国女装品牌江南布衣（JNBY）的主要目标顾客群就是知性女性一类的消费者，为消费者塑造一种具有自然、干练、知性的女性形象，适合女性在职场中树立得体的形象气质，为女性形象加分。

图3-6　女装品牌江南布衣（JNBY）的秀场

（4）社会阶层：社会阶层是指一个社会的相对稳定和有序的分类，是由于人的职业、收入、教育等方面存在的差异而形成的大众阶层、中高端阶层以及顶端阶层。不同社会阶层的个体，其衣着、说话方式、娱乐爱好等很多特征都不同，尤其在消费水平、消费结构、消费偏好等方面存在明显差异。因此，在现代消费社会中，个体的消费行为特征、消费物品的类别、消费价值取向等逐渐成为社会身份地位的象征，而且各个社会阶层的成员在长期发展过程中，已形成了某些具有自身特征的消费模式。例如，处于大众阶层中的消费者一般对于品牌的认知不会太过成熟，他们可能习惯于上网购买平价商品，有时候，快时尚也会成为他们的选择；至于中高端阶层的中产阶级，这些消费者内心一般具有品牌概念，甚至会从消费中去寻求自己的精神属性以彰显自己的身份符号；而顶端阶层的象征符号，也许是铂金包、私人别墅、私人游艇等，想要进入该阶层的人们就会努力追随和模仿这种消费模式。因此，服装品牌企划必须研究目标消费者处于哪一阶层，从而创造、引导这一阶层的消费模式，那么，相应的个体就会主动选择成为该品牌的消费者。

（5）个性：个性是指人在先天遗传因素的基础上，在社会条件的制约影响下，通过人的活动而表现出来的稳定的心理特征的总和。个性对服装消费偏好和购买行为都有很大的影响。例如，根据个性可将消费者划分为外向型和内向型两类：外向型消费者热情、开朗、善于交际，服装消费偏好与购买决策易受外界因素的影响，喜欢暖色调、色彩艳丽、对比强烈、大花纹的设计，并对服装有强烈的装饰倾向；而内向型的消费者内敛含蓄、较少言语、善于思考，购买决策不易受外界因素的影响，喜欢冷色调、对比弱、小花纹的设计，注重服装的协调性。另外，根据购买决策的理智与否，可区分出理智型、情绪型、意志型三类消费者；根据购买决策的独立能力，又可将消费者分为独立型与依赖型两类。

除以上因素外，还有个体的学历水平、居住地和生活方式等因素也会不同程度地影响个体的服装消费模式。

（二）基于消费者习惯的市场细分

着装一般会跟生活场景紧密联系在一起，这也是一种十分特殊但又极其重要的社会语言，消费者通常会应对不同的场景需求来选择消费不同类型的服装。但是更为本质的是消费者的消费习惯总是受着不同因素的影响，因此服装品牌企业需了解目标消费群体购买服装商品的习惯，包括购买时机、购买场所、购买方法、购买动机等，使消费者更快捷、更简便地得到更好的商品和服务。基于目标消费者不同的购买行为习惯，服装品牌可制订相应的渠道和推广策略。为更好地进行服装商品采购，需了解消费者选择本品牌服装的着装场合、穿着频率，以确定服装品牌的商品组合和进货数量。并且，服装零售企业可以从消费者着装目的和价值观等因素来分析他们的一些主要消费习惯。

但是事实上，在消费社会中，影响消费市场的因素往往并非单方面的因素就能一言而喻的，消费者的属性和消费习惯一般都会相互交织、相互影响，从而影响着市场细分。

1. **着装目的导向**

（1）生理因素：在日常着装中，功能性与实用性是服装最根本的属性，一是对人体生理机能的弥补，二是防止外来伤害的身体保护。由于自然环境、气候条件等的不同，服装就成为人们用于蔽体保暖的重要工具。服装的隔热性能、透气性能，服装材料的力学性能、可燃性、防静电功能、防水与防风功能、服装的合体程度、对身体的压力以及对皮肤的敏感等，都是对服装最基本的要求。人们的审美观不尽相同，但对服装的生理要求大同小异，唯有可以更好满足人们生理要求的服装才能得以流行和受到欢迎。

（2）心理因素：服装在满足人类生理的同时，很大一部分还是一种精神的诉求，人的各种复杂的心理需求对服装的流行产生了重要的推动作用。

第一，心理倾向。在影响服装消费的心理因素中，存在两种心理倾向，分别是求异心理与求同心理，它们可以说是服装流行产生的原动力。所谓求异心理是指追求新、奇、异的心理，尽管有些消费者并不是刻意而为之。因此，有一部分人确实喜欢通过着装来表达自我，在他们看来，服装也是一种语言，对于有经济实力的消费者来说，走量较少又富有设计感的独立设计师品牌就会成为他们的选择。而另外一部分人则抱着求同的心理，他们喜欢安于现状，不喜欢标新立异，希望融于大众，在习惯中获得安定感，所以往往会选择"网红爆款"或者商业品牌。不过事实并非绝对，如今很多大众商业品牌也都想要争夺媒体的关注，成为个性化、视觉化的标榜。例如，我国知名服装品牌李宁就在近几年尝试转型为国潮品牌（图3-7），引用青年文化来另辟蹊径并获得巨大关注。

图3-7 中国李宁的时装秀

第二，爱美心理。人们对美的追求是本能，从原始社会的刺面文身到现代文明社会的时尚打扮，无不体现着人们的爱美之心，这也正是流行普及的重要因素。不断变化的流行趋势正是体现了人们对于美的永不停歇地追求，每一季流行风尚都会吸引一大批追随者，他们是美与流行的积极追随者。装饰与美化是服装除功能性外的最大属性，适合的服装会为人们的形象加分，爱美心理是每一位服装消费者都无法否认的事实。这类服装是基于个人的主观要求被选择采用，是自由的、不受限制的。

第三，模仿心理。模仿是人类的重要心理现象，严格来讲，模仿是服装流行和审美过程中重要的传播方式，正是因为有了模仿，流行才能得以成为一种普遍现象。新鲜美好的事物往往容易打动人们的心，时尚的服饰装扮成为竞相追逐的风向标。人们就是通过流行时尚的模仿来获得追随的权利，以此来寻求一种心理上的平衡。

2. 价值观导向

（1）生活方式：生活方式是指人们根据自己的价值观念安排生活的模式，包括消费者的活动、兴趣和观念，即AIO（Activities行动、Interest兴趣、Opinions机会）。人们在选择服装时多遵循TPO（Time时间、Place地点、Occasion场合）原则，即根据时间、地点、场合来搭配选择服装，因此，生活内容不同、兴趣爱好不同、价值观念不同的个体，其着装的特性也不同，即选择的服装品类、款式、色彩、材料、品牌等都不同。

换言之，很多服装品牌背后都有自己的故事，这个故事一般都是某种文化意识形态的产物，也可以认为是倡导的某种生活方式。

与过去相比，现代生活的特征是生活内容丰富、生活趋于多元化，消费者越来越重视消费行为与自我投射之间能否形成桥梁，文化诉求能否在品牌中得到共振。因此，如今服装品牌企业已经刻不容缓地需要根据目标消费者的生活方式制订品牌计划与定位。

（2）购买意识：购买意识是目标消费者做出购买决策的影响因素，通过消费者市场调研可以获取此信息。影响消费者服装购买决策的主要因素有：品牌名称、卖场服务及环境、设计、廓型、材料、尺寸、品质、价格等，但针对不同消费者、不同产品类型，这些因素的重要性都会有所不同。一般来说，价格对于低收入群体相对重要，款式对于中等收入群体相对重要，而品牌对于高收入群体较为重要；女性消费者相对更注重产品的流行性以及卖场环境和服务，而男性消费者对品牌和品质更为看重。

影响消费者购买意识的主要因素，也正是服装品牌可以着重创造竞争优势的地方。例如，对于运动品牌，消费者最看重的是产品的舒适性与功能性，若品牌在此方面创立优势，那么在市场取胜就相对比较容易。

（3）价格认可：价格认可即目标市场的消费者可接受的价格范围。换言之，消费者的消费价值理念事实上是完全被消费者自身的阶级属性所决定的，这也是前面提及的，影响品牌市场细分的因素从来都是相互交织、相互联系在一起的。

不同层次品牌的定价方法是大相径庭的，一般大众服装品牌的定价基本采用成本定价策略，主要采取走量的方法获取盈利；而中高档以上的服装企业，服装产品的价格往往取决于品牌附加值，所以最终产品的定价会高出成本很多。早在20世纪初就有学者提出过，我们购买的不是产品，而是品牌兜售的信号。近年来，最为典型的案例应该就是奢侈品大牌将运动街潮风玩得大行其道，运动鞋开始成为各名牌的主打款，一时成为时下最热的单品。然而奢侈品运动鞋主要靠产品附加值产生的品牌溢价盈利，运动鞋制作成本低，研发成本进一步压缩，问题的关键之处在于"千禧一代"这一消费群体愿意为品牌溢价埋单，因为他们肯定的是品牌身份。例如，巴黎世家（Balenciaga）的Triple-s老爹鞋（图3-8）和路易·威登（Louis Vuitton）的运动鞋（图3-9）已经成为备受追捧的时尚产品。

如今的服装产品给消费者带来的精神价值远远大于物质价值，而精神价值难以估量，因此，目前市场上同类产品的价格差异很大。但价格毕竟是影响消费者购买的重要因素：价格太高，销量就会很小；而价格太低，单位产品的利润也会很低。所以，在消费者调查中务必了解目标消费者对于该品牌产品的价格认可范围，以此为依据，在价格与销量之间取得平衡，从而实现利润最大化。

LOUIS VUITTON

图3-8　巴黎世家（Balenciaga）Triple-s运动鞋　　　　图3-9　路易·威登（Louis Vuitton）运动鞋

（三）基于服装商品的市场细分

首先，可以按照服装商品品类来区分，可分为大衣、套装、裙装、裤装、针织衫、厚运动服、休闲健身运动服、内穿服装、家用纺织品等市场。

价格是常用的细分标准，可分为高档、中档、低档三个子市场。日本和美国又掀起了新的更细的分类：国际著名品牌、高档品、中档品、大众品、廉价打折品。

我国各地区四季变化明显，不同季节着装差异较大，通常将季节划分为春、夏、秋、冬四季，或初春、春、初夏、盛夏、夏末、初秋、秋、初冬、冬等市场。我国东北地区的冬季比较漫长，并且尤为寒冷，所以在服装商品企划时就应该配备相应数量冬款，以及比别的地区提早企划冬装。季节细分要根据市场所在地区的具体气候特征来确定细分为哪些市场。另外，节假日消费越来越受到关注，于是在季节划分时，新增加了一个假日市场，主要包括劳动节、国庆节、春节等法定节假日。

另外，可以根据品牌风格对服装产品进行市场细分，事实上这是一个极其庞大的话题，国际上存在着成千上万种服装风格，重要的是如何定位产品，常见的可分为中性化的、普通的、传统的、优雅的、奢华的、浪漫的、活泼的、成熟的、可爱的、精致的等服装风格细分市场。也可以根据时尚度高低分为时尚度低、时尚度中、时尚度高等子市场。企业应当根据具体市场的特性选择适当的变量进行市场细分。

服装消费市场本质是商品分类选购，由于构成服装商品的要素众多，而消费者的需求各有不同，因此，理论上的细分组合是无限的，但对于服装企业来说，细分的目的主要是选择有足够容量，有利可图，并且是可操作的目标市场。因此，在进行服装市场细分时，应广泛开展市场调研，收集消费者信息，听取店铺销售人员的见解，分析竞争对手的战略和策略，以及企业自身的能力，细分市场并确立企业的战略目标。

所以当某一品牌预计进入某一地区市场之前，首先一定会选定当地市场为调研对象，研究自身的品牌文化是否适应当地人文，更重要的是观察当地有无与品牌精神相契合的消费者群体。这不仅需要调查一些主要路线相似的服装品牌在当地市场的策略、经营模式、产品种类、价格档次和零售分布，还针对当地消费者对价格、面料、色彩、服装品类和款式的喜好做好市场调研，为最终确定细分市场和应对策略提供参考依据。

二、选择目标市场

（一）选择目标市场的意义

市场细分只是选择目标市场的前提和基础工作，通过确立目标市场才能有的放矢、实施有效的品牌战略。以品牌为单位的营销活动，在发掘出有市场机会之后，就需要结合本品牌的实际情况，选择适合渗透的目标市场。

目标市场战略有三种方式：一是全面营销，是以所有的消费者为目标对象，进行大量生产、大量流通、大量销售；二是产品多样化营销，指生产不同特征、风格、款型、品质、尺码的服装商品并进行销售，但并非针对细分化市场的消费者需求，只是向大众消费者提供更多的选择机会；三是目标市场营销，是从细分化的市场中选择适于本企业发展的目标对象市场，并进行市场营销组合开发。高感度、个性化服装品牌通常采用目标市场营销方式。

目标市场的设定是指企业为进入细分后的特定市场而做的目标决策，包括决定品牌所针对的特定目标顾客群体等。它是明确目标对象的过程，保障了品牌对特定市场的占领。

确立目标市场，可以使服装是为谁生产、在什么时候以及在什么场合穿着等要素得以明确，从而选择最适合的营销组合。这样就更容易掌握目标市场中的需求，商品企划战略的重点更明确，能更高效地进行计划、生产、销售活动，赢得更多消费者的支持。

（二）已有品牌目标市场的再定位

服装品牌的营销活动，通常以新品牌开发时设定的目标消费者为起点。随着时间的推移，品牌设定的目标市场与实际的目标市场之间会发生偏离，因此，需要每经过一定的时间段就对目标市场进行再确定和再定位。

例如，A品牌的原定目标消费者是18~22岁的时尚群体，数年之后，这一群体成为上班族，生活方式也相应发生很大的变化。此时，企业应该考虑是继续随着目标消费者的年龄增长将品牌转变为带有职业风格的服装，还是将这些已成长为职业群体的目标消费者转移至其他品牌来经营。假如A品牌原定的目标消费者现已转向购买B品牌的商品，表示A品牌的目标对象应调整为下一个年龄层的消费者。

即使服装品牌企划中的市场细分是以消费者的生活方式为基础而进行的，也应随着时代的变迁，对目标消费者进行再确认，以适应市场新发展的营销组合来展开服装商品企划。

三、目标市场设定流程

第一步，从营销战略的高度选出特定的消费群体，并从该消费群体中筛选出有相同时尚意识的类型。消费者的生活方式、心理需求不同，所属的时尚类型各不相同。例如，喜欢休闲的人和万事求稳、严谨、刻板的人，分属于休闲型和传统保守型两种不同的时尚类型，所喜好的服装也就截然不同。因此，拟设定目标市场不可能囊括该人群中所有的时尚类型，只能筛选出其中某一类型。

第二步，确定目标市场的时尚敏感度。时尚敏感度体现了消费者对时尚变化的敏感程度。根据时尚敏感度的不同，可以将消费者划分为五种类型的群体。

（1）创新者。是时尚的先锋。只要是时尚，他们就全盘接受，不在乎他人的意见。对时尚的推动，他们的作用较小。

（2）初期采用者。是时尚的倡导者。他们眼光独特，且有胆量，善于选择并采用那些适合自己的新时尚，经常成为人们效仿的对象，是时尚流行的推动者。

（3）初期追随者。是初期采用者的先期效仿者。属于稳定、理智但缺乏主见的一类。

（4）后期采用者。对时尚不太关心，属于随大流、从众的一类。

（5）后期追随者。顽固的、保守的一类。可能成为时尚流行的阻力。

这五种消费者群体相互间的大致比例关系如图3-10所示。设定了目标市场的时尚敏感度，就能对目标市场中不同敏感度的消费者采取有针对性的不同营销策略，使本品牌的商品逐步渗透到目标市场中去。

第三步，以年龄为依据，分析所选消费者群体各个人生阶段的不同需求。

第四步，通过市场调研，分析处于某一年龄段、具有某种时尚敏感度的消费者群体的生活方式。

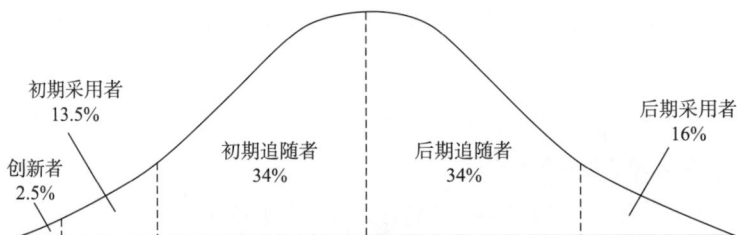

图3-10　不同时尚敏感度消费者群体所占比例

第五步，概括并具体描述出目标消费者的生活方式。实质上是抽象出目标消费者的特点，确定顾客群类型。描述生活方式的方法多种多样，目前常用的方法是在凝练、概括的文字后配以草图和照片作为例证来综合表达，其形象鲜明。描述的内容应以服装为中心，并从室内装饰、饮食等方面辅助说明。确定人们的生活方式是为发觉他们在服装上不同的倾向性。

任务实施

情境设计：请根据自主创设的服装品牌，完成目标市场设定任务，主要分析市场细分、选择目标市场、决策市场定位，并完成表3-1目标市场设定的工作内容。

表3-1　目标市场设定的工作内容

目标市场设定	工作内容
分析市场细分	（1）设立市场细分化的基础（开发独有的市场营销组合）
	（2）对细分化后的群体属性进行分析
选择目标市场	（3）分析每一群体的商业营销可能性
	（4）选择目标市场
决策市场定位	（5）确定目标市场竞争中的地位
	（6）确定市场营销组合

任务4　环境分析、流行预测及市场调研

项目名称	服装商品企划的前期准备	
任务标题	T1-4　环境分析、流行预测及市场调研	
授课学时	6课时	
知识目标	K1	了解环境分析的意义及流程
	K2	熟悉环境分析的范畴
	K3	掌握流行预测的归纳整理与表达
	K4	掌握市场调研与商品信息收集的内容与方法
技能目标	S1	能根据流行预测进行归纳整理并准确表达
	S2	能根据市场调研获取市场信息、竞争对手品牌信息及商品信息
素养目标	A1	通过环境分析与市场调研任务安排，培养学生具备时间有效管理的观念
	A2	通过项目化的学习任务安排，培养学生具备口头与文字表述专业知识的能力
	A3	通过团队协作完成任务，培养学生养成及时发现问题、团队协作解决问题的能力
重点分析及解决措施	重点分析：市场调研与商品信息收集的内容与方法	
	解决措施：课前线上预习本任务内容，课堂上教师讲述市场调研与商品信息收集的内容与方法，给定调研内容（女装或男装品牌）作为调研对象，引导学生根据市场调研要求进行服装商品信息主题讨论，教师针对性指导分析	
难点分析及解决措施	难点分析：流行预测的归纳整理与表达	
	解决措施：指导学生通过流行预测进行归纳整理，获取服装商品相关信息，引导学生准确表达服装流行趋势	

　　在环境分析中要求收集和整理与品牌运作环境相关的情报信息。根据环境分析得到的结论，可以确认和调整所设定的目标市场，并有助于制订正确的服装商品企划策略。在服装商品企划中，把握时尚消费市场是流行预测的起点。流行预测对某一时期服装商品款型风格的具体设定将产生直接的影响。同时流行趋势的预测，也有助于使服装总体设计和商品构成企划符合当前时期的时尚特征。"环境分析与流行预测"可与"目标市场设定""品牌理念风格的设定"等模块交叉进行，互相参照（图4-1）。

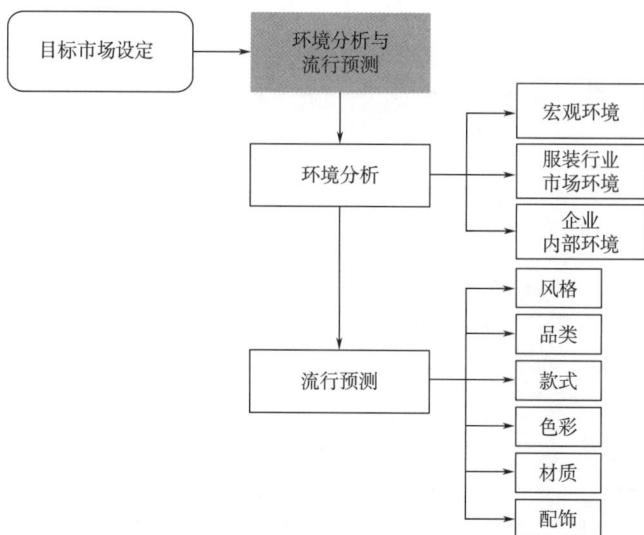

图4-1 环境分析与流行预测工作流程

一、环境分析的意义及流程

环境分析与流行预测的核心是获取与分析整理信息。信息在服装零售企业的商品企划中发挥着重要的作用，为市场营销决策提供了依据。建立完善而及时的信息管理系统，随着环境的各种变化调整服装企业内部的运营，这是服装企业建立高效的市场机制的基础，也是服装企业与竞争对手进行竞争的关键因素之一。

近年来，一些服装企业已经逐渐将信息收集单列为一项专门的工作来开展。基本任务是用科学系统的方法，对原始资料进行收集、整理、分类、分析，做成可供随时查阅的资料，针对服装品牌要求提出相应的信息服务。

服装企业的经营决策活动常常要面临两个问题：一是关于企业生存和持续发展的决策，二是关于具体的商业情况决策。这就要求除了收集与服装设计、生产等有关的专业信息外，还必须收集与长期经营相关的各类信息，如社会、经济、文化、经营状况等。在一定意义上，这种环境分析活动也是一种高精度的市场分析和预测活动。

环境分析活动的工作流程可简单表示为：分析信息资料→产生某种预测→提出新的设想或提案。由于服装信息包括定量的和定性的两大类，因此往往需要从定量和定性两个角度进行分析，但是基于服装商品企划的预测要求，最终落实到量化数据上。为了确保最后结论的可靠和准确，可以通过扩大信息量来提高预测结果的精度。

二、环境分析的范畴

服装商品企划中的环境分析包括宏观环境、服装行业环境、企业环境三个方面（图4-2）。

（一）宏观环境

宏观环境是影响服装市场和服装商务贸易的大环境（社会经济、文化动向、生活方式等）。

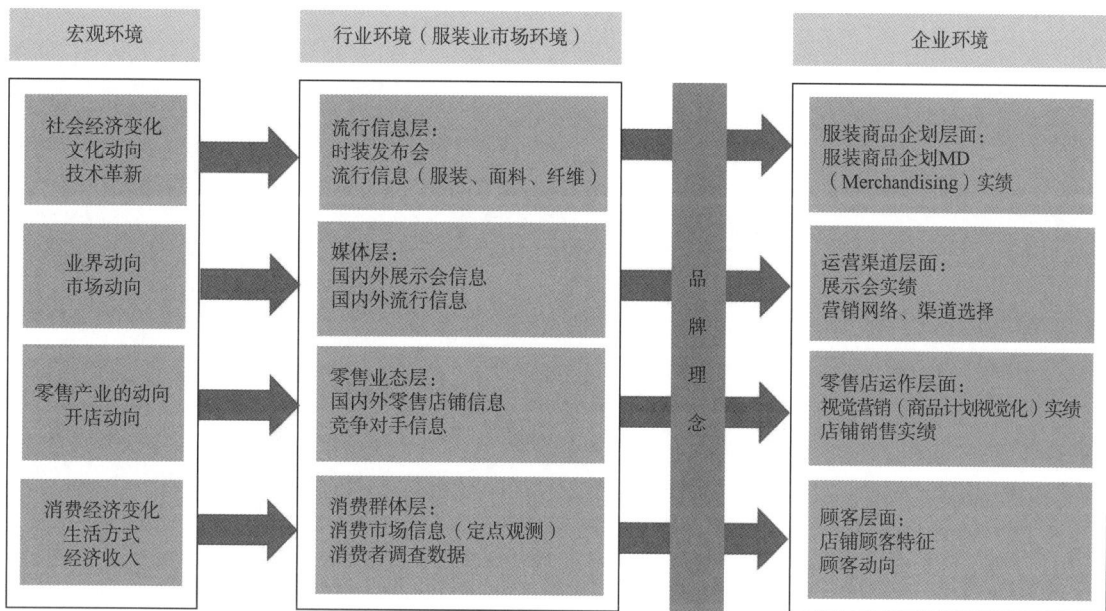

图4-2 服装商品企划中的环境分析要素

（二）服装行业环境

服装行业环境是影响服装品牌企划和销售的企业外部市场环境（流行信息、竞争企业信息、消费者调研等）。

（三）企业环境

企业环境是影响服装品牌企划和销售的企业内部各项实绩（服装商品企划实绩、营业实绩、顾客动向等）。

针对每一类环境的分析可从以下四个角度切入。

（1）服装商品企划层面：包括服装商品企划（Merchandising，MD）、设计、选材等。

（2）运营渠道层面：包括建立营销网络、渠道选择等。

（3）零售店运作层面：包括组货配货、卖场陈列、店铺销售促销等。

（4）顾客层面：包括顾客特征（生活方式、消费习惯、购买行为）、顾客动向等。

如图4-2所示横向流动的信息就是某一方面的环境状况。在整理相关信息的过程中，目标市场的特征将起导向作用，横向流动的信息将通过"品牌理念"的"过滤"作用，影响服装品牌商品企划的各个阶段，即图4-2中纵向的四个层面。

环境分析对随后展开的服装商品企划有很大影响，作用途径如图4-2所示的箭头指向，显示了环境分析的目的。

三、流行预测的归纳整理与表达

（一）流行预测的过程

流行是特定时期、特定群体的普遍风格。它是一种动态的集体历程，然而却以因人而异的方式，影响着个体的生活。在流行的历程中，新的风格被创造出来，然后被介绍给社会大众，并受到大众喜爱。

预测流行要解答两个主要问题：一是在不久的将来（如未来一年左右）会发生什么变化；二是在目前所发生的事件中，有哪些会对未来造成深远影响。预测工作就是把握流行趋势。

目前世界时尚流行信息源主要有以巴黎、纽约、米兰、伦敦为代表的世界时尚中心和流行面料信息发布机构两大类型。一方面，这些流行信息源提供的信息具有预测流行的价值；另一方面，由于消费者逐渐向高感度方向变化，追求个人时尚已逐渐成为一种消费方式，从这些流行信息中还可以发现消费者心理、消费行为的新变化。

在世界范围内，由于经济、文化、传统等方面的各种原因，不同地域、区域会产生不同的流行时尚。服装商品企划除了吸收国外信息外，还应基于销售地域对流行预测进行适当的调整。

随着消费者市场细分的进一步深化，服饰产业在逐渐高感度化的进程中，通过流行预测能反映出高感度消费者的时尚诉求。为此，首先需要充分了解国内服装市场中的高感度消费层，从他们的生活文化中寻找时代特征，从他们的时尚意识中发觉审美意识的新动向，进行整理与分析，再运用到服装品牌商品企划提案中。

预测和分析时尚潮流的关键是抓住整体的主流趋势。由于近来市场的高感度化倾向，把握消费者的时尚意识和审美意识显得尤为重要，由此确定时尚流行元素的主题。

（二）流行预测的归纳整理与表达

流行趋势的预测立足于整体市场，目的是将各种结论汇总整合成可付诸执行的计划。表4-1为流行趋势的七种元素分项归纳与表达。

表4-1 流行趋势元素的分项归纳与表达

核心元素	流行趋势的分项归纳与表达
廓型元素	服装的款式造型是构成服装外貌的主体内容，指的是服装的样式，主要包括廓型、造型结构比例以及细节设计等因素。其中，服装廓型是指服装正面或侧面的外轮廓线条，是决定服装整体造型的主要特征，主要有字母表示法（符合直线形廓型特征的A型、H型、T型、V型；符合曲线形廓型特征的X型、O型、S型，也包含特征鲜明的几何形态）、物态表示法（鱼尾型、灯笼型、蝙蝠型、喇叭型等）、体态表示法（挂覆式、缠裹式、包裹式、垂曳式、套头式等）等几类廓型分类表示法
色彩元素	色彩与图案纹饰总能给人以先声夺人的第一印象，尤其色彩的表征需要既多彩多姿又准确。在描述色彩时，应该对照色卡来进行。某个色系在每一季都可能会出现，但色调总有变化
面料元素	服装的面辅料即材质，从面辅料采用的纤维、肌理及质地的轻薄、厚重，图案纹样等方面来界定，即使是同样的款式，选择不同的面料也会形成不同的服装风格效果
细节特征	细节特征即指需仔细检视的服装细节装饰与裁剪特征。每一季的流行服装都有各自特色的细节，如领口线、袖子、腰线、腰带、裙摆、口袋、纽扣、垫肩、折边、缝迹、蝴蝶结等，都会或多或少地有所改变。不断重复出现的特定细节，如蝴蝶结若成为当季的流行焦点，便会被运用在套装、衬衫等各类服饰品中。因此，细节特征实际上就是该季服装流行的鲜明标志
服饰配件	服饰配件是修饰服装主体的配饰，主要指帽子、围巾、腰饰、鞋子、包袋、首饰等。通过服饰配件的造型、色彩、装饰等弥补了服装某些方面的不足，它使服装外观视觉形象与服饰风格更为完整，对服装主体起着装饰、烘托的重要作用。服装与服饰配件之间的关系是相互依存而发展的，不可避免地要受到社会环境、流行趋势、风格、审美等诸多因素的影响

续表

核心元素	流行趋势的分项归纳与表达
风格形象	除了分析服装款型、色彩、面料及细节特征外，还应重视流行服装的整体风格形象。服装风格主要有民族风格（中式、英伦、波希米亚等）、地域特征风格（西部牛仔、非洲等）、视觉艺术等艺术流派风格（极简主义、解构主义等）、音乐及电影艺术风格（朋克、嘻哈、洛丽塔等）、社会思潮风格（嬉皮士、雅皮士、田园等）、功能性风格（职业、学院等）等
品类	品类指流行服装中的主要种类，如衬衫、风衣、套装、连衣裙等

　　流行趋势的预测还需从定量的角度进行，分析服装的廓型、色彩、面料、细节特征、服饰配件、风格形象及品类等流行要素下属的各类元素的出现频率、所占比例等。为了能随时对数量做出最佳预测，最好能从特定少数到一般大众的顺序，全面了解各层次的流行消费群体，评估他们对流行趋势的接受程度，并结合市场信息，掌握零售业者对流行要素认可和支持的程度。

　　根据流行分析的结果，结合自身服装品牌定位和目标消费者的特征，就可以对企划的服装商品进行预测，并导出风格主题及廓型、色彩、面料、品类等内容（图4-3）。

图4-3　流行分析结果的表达

四、市场调研与商品信息收集
（一）信息的种类属性
信息按获取方式的不同，有以下三种分类方式。

1. 按信息是否经过处理分类
按信息是否经过处理可分为原始的信息和加工的信息，也称一手数据资料和二手数据资料，具体内容如图4-4所示。

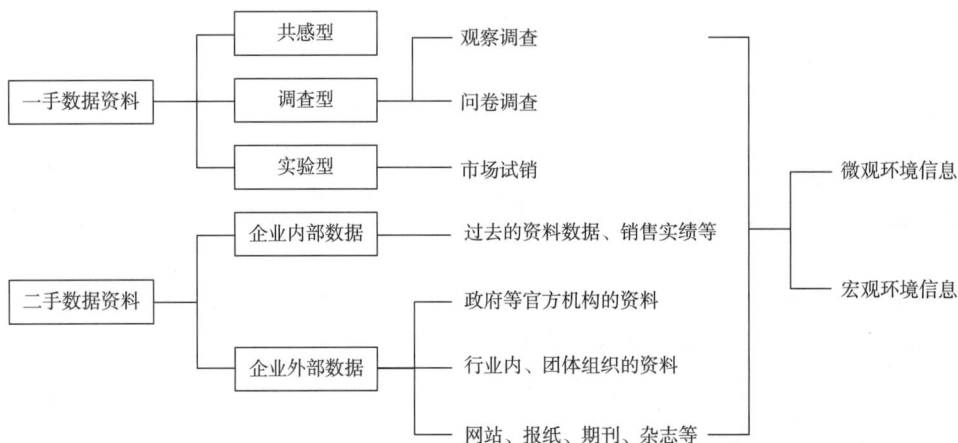

图4-4 一手数据资料和二手数据资料的范畴

（1）一手数据资料：指调查者通过现场观察记录取得的数据资料，又称实际调查数据资料，又可分为以下三种类型。

一是共感型，指调查者亲自到现场依靠自己的感觉获取各种信息，同时记录和整理对市场及消费者的感性认识。

二是调查型，狭义上指实际调查，利用问卷、拍照等形式来收集与分析客观信息。

三是实验型，通过将服装企业的产品提供给消费者使用，以获得消费者对该产品的反馈信息。

（2）二手数据资料：可分为企业内数据和企业外数据两类。

一是企业内数据，指服装企业营销部门过去的数据资料以及实际销售业绩等。例如，服装企业实际销售额、成本浮动等数据以及关于服装企业产品品质、质量状况等内容的记录资料。

二是企业外数据，指其他机构或调查者（如政府、团体、研究所等）编辑发布的数据资料，有时又称经过加工处理的数据资料。其中包括与服装企业的经营环境相关的信息，如市场整体形势、其他服装企业的境况、该领域内的先进技术以及专业领域相关的基础知识；与服装流行密切相关的信息可通过收集国内外的时尚杂志、专业期刊和网站、信息机构以及材料生产商提供的流行情报、发布会上的资料等。

一般来说，信息收集时应首先收集二手数据资料，再进入实际调查阶段。

2. 按信息来源分类

对于企业而言，按信息的来源可分为外部信息（外部的）和内部信息（内部的）两种。

3. 按信息属性分类

按信息的属性可分为定性信息（定性的）和定量信息（定量的）两种。在一些场合，服装商品企划可以从感性判断上获得决策的依据和支持，但最终的决策应基于以数据为基础的理性判断。

（二）市场调研的内容与方法

在营销活动中，收集和分析有关市场活动的各种信息称为市场调研。狭义上市场调研多指收集一手数据资料，广义上二手数据资料的收集与分析也可以包含在市场调研之内。

市场调研时收集影响服装企业经营环境的信息，并进行分析、整理，是服务于服装商品企划的一种有体系的活动。为了解经营环境的状况、创造新的市场机会，在制订营销活动计划及具体实施之前进行市场调研活动。

对于服装企业，市场调研分为消费者调研、商品服务及零售店相关的调研、营销实际情况调研、相关企业的经营状况调研等类型。

围绕竞争对手品牌卖场的市场调研，是获取市场信息及竞争对手品牌信息的一个有效方式。基于服装卖场（店铺）的市场调研的内容归纳见表4-2。

表4-2 基于服装卖场（店铺）的市场调研内容

调研项目	调研内容
卖场（店铺）位置	调查卖场（店铺）的具体位置，属于该区的主力卖场（店铺）区域还是附属卖场（店铺）区域，推测该卖场（店铺）可能发挥的影响和具体作用
卖场（店铺）面积	利用地砖、立柱等作为参照物，或者依据自己的步幅，推测卖场（店铺）的面积，并推测采用该大小面积的目的
品牌商品形象倾向及设计特征	调查服装品牌名称以及主力商品的风格形象、廓型、色彩、面料等，尽量具体化
商品数量	计算商品的数量，以每个龙门架或货架的数量来推测整体的数量，以及各种款型、色彩之间的比例，另外还要调查在整体商品数量中主力商品所占的百分比
价格带	调查各品类的价格范围，将商品之间的平衡匹配关系用图表等形式表示
中心价格	调查价格带中以哪一种价格为中心，以及它和商品量之间的平衡匹配关系
（目标市场）目标顾客 实际顾客	推测该卖场（店铺）针对何种目标对象市场，推测其服装商品企划方案；调查到卖场（店铺）来的顾客是何种消费者，目标顾客和服装商品企划方案之间有何种差异；实际顾客与目标顾客之间有何种差异
（卖场或店铺构成）销售方式 商品展示 销售人员	调查卖场（店铺）的布置、布局等卖场状况、销售方法以及是否重视销售方式等；调查橱窗、广告、POP、照明等导入状况，服装商品陈列道具、展示方式、装饰等状况；调查销售人员的人数、服务态度以及掌握商品知识程度等

任务实施

情境设计：给定调研内容（女装或男装品牌）作为调研对象，根据下列市场调研要求收集服装商品信息，完成该品牌服装商品市场调研数据采集（表4-3），以及该卖场（店铺）畅销服装商品调研报告（表4-4）。

表4-3 ××品牌服装商品市场调研

品牌名称及产地（注册地）	
竞争品牌	
卖场（店铺）信息收集	卖场（店铺）地址及位置信息：
	周围环境分析： □商圈　　□社区　　□超市　　□其他（　　）
	卖场（店铺）面积： □50m²以下　　□50~80m²　　□80~100m²　　□100~200m²　　□200m²以上
品牌商品信息收集	品牌风格形象（可多选）： □欧美　　　□日韩　　　□嘻哈风格（街头风格） □朋克　　　□英伦风格（学院风）　　　□波希米亚（民族风） □洛丽塔风格（萝莉风）　　　□森系（田园） □OL风格（行政、商务）　　□混搭风格　　□简约　　□其他（　　）
	商品品类（可多选）： □衬衫　□西装　□风衣　□针织衫　□半裙　□连衣裙　□背心（马甲）　□T恤 □长裤　□中裤　□短裤 □包　　□鞋　　□丝巾　　□饰品　　□化妆品、香水等
	商品结构（填写品类）： 主力商品（流行款、畅销款）： 辅助商品（基本款、长销款）： 关联商品（服饰品）：
	主销款商品规划： □时尚款占（　　）%　　　□形象款占（　　）% □核心款占（　　）%　　　□促销款占（　　）%
	主力商品的色彩与图案描述：
	主力商品的面料描述：
	商品数量（仅营业区）：（　　）件 剩货调查（过季商品）：（　　）件
	价格带（服装商品的中心价格）： □100~300元　　□300~500元　　□500~800元　　□800~1000元 □1000元以上
顾客信息收集	顾客群年龄： □18~24岁　　□25~30岁　　□31~35岁　　□36~40岁　　□40岁以上
	消费习惯（购买服装时考虑的重要因素，可多选）： □最近潮流趋势　□自身风格与气质　□服饰品牌知名度 □服装款式　　　□服装色彩　　　　□服装质地 □购物环境　　　□价格优惠折扣　　□其他（　　）

表4–4 ××卖场（店铺）畅销服装商品调研

畅销商品信息	款式（廓型）（附实拍照片）	品名	色彩与图案	面料	价格	商品卖点（细节特征）描述
TOP1						
TOP2						
TOP3						
TOP4						
TOP5						
TOP6						
TOP7						
TOP8						
TOP9						
TOP10						

项目二　服装商品企划方案设计

任务5　服装品牌理念风格的设定

项目名称	服装商品企划方案设计		
任务标题	T2-1　服装品牌理念风格的设定		
授课学时	2课时		
知识目标	K1	熟悉服装品牌定位的基本构成要素	
	K2	理解服装品牌理念设定的意义	
	K3	熟悉服装品牌理念的细分评价体系	
	K4	掌握服装品牌理念风格的定位表达	
技能目标	S1	能根据服装品牌理念的细分评价体系评价服装的风格倾向	
	S2	遵循服装商品企划中的理念，能用文字及图片准确表达服装品牌理念风格及理念定位	
素养目标	A1	通过项目化的学习任务安排，培养学生用口头与文字表述专业知识的能力	
	A2	通过团队协作完成任务，培养学生的团队合作能力，以及处理工作任务中的问题和解决合作冲突的能力	
重点分析及解决措施	重点分析：服装品牌理念的细分评价体系		
	解决措施：课前线上预习本任务内容，课堂上教师讲述利用八种基本风格类型建立品牌理念细分评价描述体系，引导学生通过评价分值对品牌、服装或流行时尚形象进行分析，教师指导服装品牌理念细分评价体系的定性与定量分析		
难点分析及解决措施	难点分析：服装品牌理念风格定位的表达		
	解决措施：指导学生遵循服装商品企划的理念，用文字及图片准确表达服装品牌理念风格定位		

在服装商品企划中最为核心的一个环节就是市场细分与品牌定位，这两个环节是相互联系的，中心理念有着异曲同工之妙，总的来说都需要品牌立足市场去为服装商品做规划。其中，市场细分就是根据目标市场，将一个错综复杂的市场划分为若干个；品牌定位是表达品牌流行、风格、文化价值、经营理念、社会角色的标识象征，并能被消费者认知或认可。品牌定位的目的是将产品转化为品牌，以创造不同之处，使之与竞争对手区别开来，在激烈的市场竞争中为自己寻找适合生存的空间，并在消费者心中占据独特而具有价值的地位。

一、服装品牌定位的基本构成要素

服装品牌在狭义上是指服装的商标，是区别服装商品归属，经过工商登记注册的商业性标志。它是一个具有认知代表意义的非物质状态的产品符号。但是从更广泛的角度上来看，品牌是指企业通过各种营销手段在消费者心中所实现的产品形象，是产品内在精神与外在特征的综合反映。

品牌定位表达品牌主要的形象风格与文化价值观，更进一步地说是消费者社会角色的标识象征，最终能被消费者认知或认可，但这一切都建立在严谨的市场细分的基础之上。正是因为有了具体的市场细分之后，服装品牌就能明确一个清晰的目标顾客群和品牌定位。品牌定位是企业对其文化取向和个性差异上的商业性决策，决定了企业的竞争力与发展空间，直接关系到企业的生存与发展。企业在经营过程中所做的一切都是在实施其商品定位。

（一）基于服装商品的品牌定位

所谓服装商品的品牌定位是商品在潜在消费者心中占有的位置。重点是针对潜在消费者及其需求做足准备。为此要从商品特征、包装、服务等方面做研究，并考虑竞争对手的情况。服装商品定位一般包括服装商品元素定位、服装商品价格定位、服装商品风格定位等。表5-1是基于服装商品本身的品牌定位要素。

表5-1 基于服装商品本身的品牌定位要素

要素层面	核心出发点
服装商品元素定位	款式：服装款式特色明显，同时期的服装企业并未将其作为核心的商品款式
	色彩与图案：面料本身的色彩与图案的特殊性，或者对其进行面料再造，或者图案的形成采取特殊工艺
	面料：多数服装商品采用这种面料，并且企业一直在为这种面料的研究升级做努力
	工艺：服装商品在制作过程中采用先进的制作工艺、特殊的设备等
	品质：从服装商品的所有要素整体出发，强调物有所值但非低价，以不变的品质吸引消费需求
服装商品价格定位	主要从定价上来进行品牌定位，品质上体现物有所值，服装品牌价格定位应考虑目标市场的消费水平
服装商品风格定位	取决于服装商品的风格类型：中式、英伦、波希米亚、朋克、嘻哈、洛丽塔、嬉皮士、雅皮士、田园、职业、学院风格等

1. 服装商品元素定位

服装商品元素定位的目的在于该商品在消费者心目中的价值定位。服装品牌实现盈利必须依靠具体的商品，而商品的销售又取决于消费者的需求。因此，流行趋势以及服装市场需求决定了服装商品的核心元素，应将某类服装商品固有的独特优点和竞争优势，连同目标市场的需求特征和消费欲望等综合在一起考虑，以分析商品本身及竞争者所销售的商品。作为服装企业在创新服装产品的核心元素时，除了依据市场对服装商品的需求以及自身企业经营的特点外，还应该使用其他手段来弥补服装产品开发的不足。

2. 服装商品价格定位

服装商品的价格直接决定了该品牌的层次。服装商品的价格定位往往与品牌想要服务的目标市场以及针对的细分市场密不可分。就现今的服装体系来看，依旧分为大众层面、中高端层面以及高端层面，主要有大众商品品牌、独立设计师品牌、高级成衣和高级定制时装等，这些不同层面的品牌类型，其价格定位当然也具有一定差距。

服装商品的价格定位与企业的利润率有关，同时也与企业的市场定位有关。例如，设计师品牌服装的利润空间较大，高档价位服装的利润空间较大，中档价位服装的利润空间中等，低档价位服装的利润空间较小，折扣价服装的利润空间最小。

3. 服装商品风格定位

服装商品风格是服装品牌中极其显著的视觉营销（VMD）元素，其中包括服装商品表现出来的设计理念和审美趣味。服装品牌应及时、准确地把握当下的流行风尚与消费者当下所热衷的事物，这是服装商品风格定位的关键。适当地了解消费者的生活方式可以帮助服装企业准确描述消费者的消费习惯和消费态度，透过消费者个性特征的表象去深入了解他们的消费动机、需求、喜好、品牌意识及品牌忠诚度等，从而进行准确的服装商品风格定位，建立独特的品牌个性。

在明确目标市场之后，服装品牌还必须清晰地向消费者展示该品牌为哪种生活方式的消费品牌风格。消费者的认同和情感共鸣是服装品牌风格定位的关键，服装品牌的风格要与目标消费者的个性气质及生活方式相一致，即提供符合上述目标消费群体需要的设计和服装产品。从服装品牌风格定位的过程可以看出，成功完成品牌风格定位的关键在于找准目标客户群并准确描绘目标客户群。

（二）基于目标市场的服装品牌定位

目标市场定位的实质是使本品牌与其他品牌严格区分，使消费者明显感觉和认识到这种差异，从而在消费者心目中占有特殊位置。经过市场细分之后，服装企业便会面临众多不同的细分市场，服装企业必须仔细从中选择自己的目标市场，以便集中全部市场营销能力更有效地为这些目标市场服务，从而获得相应的经济回报。

目标市场是指企业在市场细分的基础上，根据市场潜能、竞争对手状况、企业自身特点所选定和进入的特定市场。目标市场选择是指企业根据一定的要求和标准，选择其中某个或某几个目标市场作为可行的经营目标的决策过程。目标市场选择是市场细分的直接目的。一旦确定了目标市场，企业就要集中资源，围绕着目标市场发挥其相对优势，来获得更佳的经济效益。因此，选择目标市场是企业制订市场营销战略的基础，是企业经营活动的基本出发点之一，对企业的生存和发展具有重要的现实意义。

1. **目标市场的服装品牌定位类型**

　　服装品牌选择的目标市场的范围不一样，服装商品企划的策略也相应有差别。品牌的目标市场选择策略大致分为以下几种类型（表5-2）。

表5-2　基于目标市场的品牌定位类型

类型	核心出发点
无差异性目标市场策略	指服装企业把整个服装市场看作一个大的目标市场，认为企业只向市场推出单一的、标准化的品牌产品，并以一种统一的销售方式来销售，仅仅只从价格上获得优势，无法为消费者创造需求。这是品牌定位中最为低端的目标市场策略，显然这种大众化的营销手段为开拓市场的作用是很有限的，且只有常规的品类，如中低档价位的均码T恤衫、衬衫、休闲裤等
密集型目标市场策略	指服装企业把全部力量集中在某个或某几个细分市场上，企业针对细分市场的消费需求的差异，选择某一个具有较大发展潜力又占据一定优势的市场，设计、生产、销售目标顾客需求的品牌产品，并且制订相应的营销策略，优点是企业可以集中全部力量为一个或少数几个细分市场服务，容易掌握消费者的反应和要求，了解市场的竞争动态，扬长避短，在市场上处于有利地位。由于在较小市场上进行生产，营销专门化的服装企业可以节省经营费用，加快资金流转，提高投资效益，从而增加盈利。这种策略的优点在于，该市场领域中的目标客群经济独立，且对生活品质有审美和文化追求；缺点是由于目标市场比较集中，一旦市场情况发生突变，企业可能立即陷于困境，造成严重经济损失，所以企业应该重点提高服装质量和不断提升设计理念，以吸引并留住更多的消费者
差异性目标市场策略	指服装企业在对整体市场进行细分的基础上，针对每个细节市场的需求和特点设计、生产不同品牌产品，制订并实施不同商品策划方案。该策略试图以差异性的产品满足差异性的市场需求。优点是服装企业针对市场和顾客需求，确立多个目标市场，为每个目标市场设立一个品牌，这样既可扩大经营领域和销售的潜力，又不会造成目标市场混乱和市场定位差错。这样的服装企业通常会成立各个品牌专门的部门，即一个服装品牌下设立其产品线，每个品牌都有品牌经理负责设计、生产、促销管理，这种由多目标市场的多元化商品而形成多品牌共存和品牌负责制能充分发挥平衡发展，从而避免单一目标市场的竞争风险
单一市场集中化	即只选择一个细分市场，比如有的时尚品牌基本只针对一个商品品类进行销售。例如潮牌MLB（图5-1）以美国职业棒球联盟为主题，只销售棒球运动风格的产品，但是该品牌企业很擅长运用这种独特的文化语言，让原本只作为单一的棒球职业装被美式文化的火花点燃。这一策略的优点是该品牌所针对的目标客群十分明确，品牌对于产品的风格比较容易统一把握并且集中优势建立牢固的市场地位，但经营风险较大，一旦此目标市场反响不好则整个服装企业都会受到影响
选择性专业化	即选择进入几个不同的细分市场。服装品牌必然是面向大众的，所以明确哪类产品可以在消费者中获得大众市场是十分必要的。在调研女性市场细分时发现，无论哪个年龄段，都有很大规模的消费者偏好中高档且时尚度适中的服装，于是选择了每个年龄段市场中的中高档、时尚度中等的市场部分。这一策略便于避免经营风险，但由于各子市场特征差异较大，对于企业经营能力和水平都提出了较高的要求
服装商品专业化	即服装企业同时为几个细分市场生产和销售一种产品。如著名的美国运动服饰品牌新百伦（New Balance）在近年来让失传已久的"老爹鞋"再次重回流行服装市场（图5-2），为消费者们提供了更为丰富的运动鞋品类。这一策略的优点在于可帮助企业形成在该产品上的生产和技术优势，在该领域树立形象，但该产品一旦出现替代产品，企业将面临极大的挑战

图5-1 潮牌MLB服饰搭配

图5-2 New Balance定制款老爹鞋

2. 目标市场的细节定位

针对服装品牌的目标市场进行细节定位的方法主要有以下几种。

（1）根据服装商品特色定位：即根据构成服装商品的某些特色因素进行定位，如款式、做工、价格、性能等。比如全球户外运动服装品牌北面（The North Face）生产以经过运动测试探索、适应各类户外需求的商品为主，所以服装商品的保暖性与防寒性等功能性是该品牌更注重的层面（图5-3、图5-4）。

图5-3 北面（The North Face）秋冬系列

图5-4　北面（The North Face）与Supreme的联名款

（2）根据服装穿着场合和用途定位：即根据服装所适应的生活场景进行定位。服装品牌可基于工作、学习、休闲、运动、旅行、居家等基本的生活场景和通常的着装方式进行创新改革，引导新的生活方式。比如我国本土内衣品牌安莉芳（图5-5），主要就是向消费者提供内衣和睡衣商品，以满足消费者居家时刻的选择。

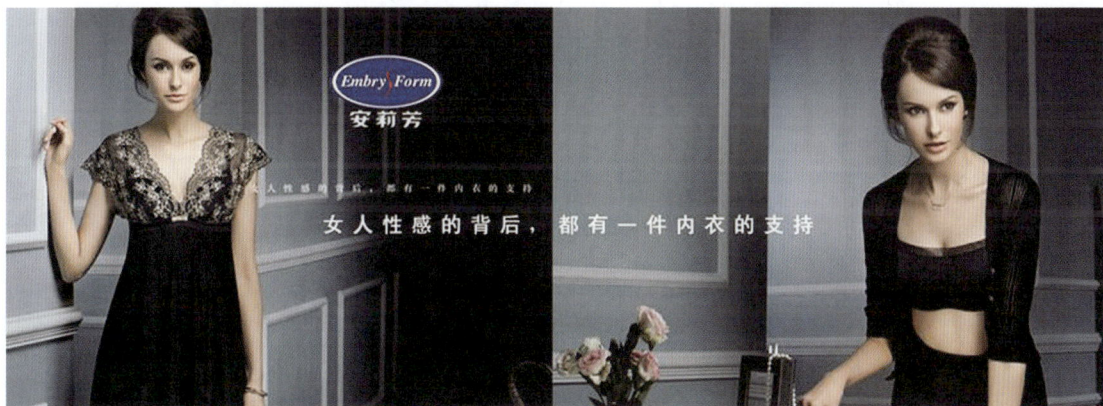

图5-5　安莉芳内衣平面广告

（3）根据消费者类型定位：即根据服装商品的消费者类型对品牌进行定位，往往这一定位都能体现出该消费者的突出形象特征。比如著名国际时尚品牌迪奥（Dior）曾经就是围绕高知女性而展开品牌定位的，在国际上该品牌的这一理念早已深入人心（图5-6）。

3. 根据目标市场服装品牌定位的步骤

为准确进行市场定位，服装企业往往将定位建立在自身的优势方面，定位最终的目标是让消费者认可，因此，最好还要将定位准确地传达给目标顾客。目标市场定位的基本步骤如下。

图5-6　迪奥（Dior）橱窗设计

（1）调查研究影响服装企业市场定位的因素：调查了解影响消费者购买此类商品的重要因素，然后考察基于这些因素，消费者对于本品牌和竞争品牌的评价与印象，最后找出对本品牌发展、定位有利的因素。

（2）选择定位策略：在上面确定的定位因素基础上，结合服装品牌自身特征和优势，选择定位策略，确定定位理念。

（3）准确传播品牌的定位理念：服装企业做出定位决策后，应采取有力的宣传手段，将服装品牌的定位理念准确传播给消费者，为推出服装商品做好铺垫。

（三）基于竞争对手的目标定位

即根据竞争者的定位，采取"应对定位法"或"避让定位法"来确定本品牌的定位。通常来看，现代的服装品牌在定位时，更多的是着眼于生活方式和文化价值等方面。因为服装品牌不再仅是识别的工具，而是由于突出的个性、带给消费者的精神利益而成为消费者购买的理由，服装商品逐渐成为消费者生活和个性的象征，消费者对于服装品牌的要求越来越高。如今，能体现目标消费者生活方式，甚至能影响生活方式改善的服装品牌越来越受欢迎。

服装企业选择目标市场时，如果不考虑竞争者状况及其采取的策略，就难以生存与发展。一般说来，服装企业的目标市场策略应与竞争者有所区别，甚至有时候反其道而行之。如果强大的竞争对手实行的是无差异性市场策略，则服装企业应实行密集性市场策略或更深一层的差异性市场策略。如果服装企业面临的是较弱的竞争者，必要时可采取与之相同的策略，凭借实力击败竞争对手。如在运动品牌市场竞争激烈的情况下，很多品牌开始采用"避让定位法"，比如范斯（Vans）定位的运动街头品牌，着重发展滑板文化，使该品牌取得了成功（图5-7）。

（四）基于情感导向的服装品牌定位

消费者消费品牌商品的理由之一，是希望通过品牌的符号价值来表达其社会属性、审美趣味、自我个性、生活品位等可以产生自我满足和自我陶醉的心理感受。因此，服装企业往往通过对消费者心理的影响，制订相应的宣传策略，来赢得消费者的心理共鸣。情感定位是将人类情感因素以任何可以察觉的方式融入品牌形象和产品中，使消费者在欣赏、购买、使用产品的过程中获得这些情感的体验，从而唤起消费者内心深处的认同和情感共鸣，最终获得对品牌的喜爱和忠诚。

图5-7　范斯（Vans）冬季加绒滑板鞋

（五）基于设计师风格的服装品牌定位

所谓设计师风格的品牌定位一般多形容独立设计师品牌的定位方向。独立设计师品牌就是设计师对自己的品牌拥有较大的自主权，可以以设计师本人的品味和理念决定品牌的走向，并且基本以人员规模较小的工作室的形式进行，设计的自由度往往更高。

从以往实践中看，设计师品牌规模成长到一定程度，就会面临如何在继续保持稳定的业绩增长的同时坚守个人设计理念的挑战。比如当受众群体较小时，设计师的个人风格比较容易找到有共鸣的群体，而随着业绩的增长就意味着消费受众群体的扩大，这就需要更加宽泛地走入公众视野去考虑消费者的着装品位与消费习惯，建议设计师在坚守个人风格的前提下追求商业上的可持续发展。

品牌的设计师风格是产品在消费者心中形成的总体印象，是品牌设计理念的表现。著名服装设计师香奈尔说过："流行稍纵即逝，唯有风格永存。"服装风格往往受设计师影响，表现设计师独特的创作思想与艺术追求，具有鲜明的时代特色。设计师在设计服装时，可以不断地为品牌注入新的活力，但应注意服装风格与品牌风格相符合。风格不是固有的，而是可以创造的。风格一旦形成，其影响力会长期传承和向世界范围的延伸。每个品牌都应有自己独特的风格。确立成熟稳定的品牌风格，是企业永葆青春的决定性因素。

（六）基于社会文化的服装品牌定位

在描述社会文化群体的市场细分时就已经做了一定的分析，所以对现阶段受文化因素影响的品牌定位有着很好的铺垫，可以更有方向地把握自身品牌文化。品牌文化是服装企业在长期经营活动中创造出来的物质形态和精神成果，是服装企业和消费者共同作用下形成的对品牌的价值评价，是体现企业精神、满足消费者需求的重要内容。品牌是文化的载体，文化是品牌的灵魂。品牌价值的核心是文化，品牌拓展的空间也在于文化，品牌文化发展的最高层次是在消费者心目中形成一种信仰。

通过传达特有的品牌文化特点形成一定的品位，成为某一层次消费者文化品位的象征，从而得到消费者认可，使他们获得情感和理性的满足。

品牌的文化需要时间的沉淀。用悠久的历史文化或社会背景作为品牌形象建设的素材更易获得消费者的认可和信任。国际高端市场有一句名言：所有的奢华做到最后都是在经营文化。例如，奢侈品品牌路易·威登（Louis Vuitton）、迪奥（Dior）、爱马仕（Hermès）等，它们都有自己的故事和文化，品牌本身所代表的文化已经超越了企业本身。

时间是最好的广告，品牌是经过时间沉淀与消费者考验的，所以其质量与服务是值得信赖的。品牌具有差异性的文化定位能够大幅提升品牌的品位与档次，并且能够带来巨大的产品附加值，使品牌长期屹立不倒。

二、服装品牌理念设定的意义

理念是指概念或形象、风格，较为抽象，通常以服装设计师和服装商品企划人员的主观审美意识为基础。品牌理念风格的创意与稳定，是形成消费者对品牌忠诚度的前提，也是品牌高附加值形成的基础。服装品牌的理念与风格定位是服装品牌企划的核心工作，服装商品企划是对品牌理念与风格的具体表现（图5-8）。

如今，服装企业的设计开发能力都有了较大提高，以至于出现这样的状况：即使最有经验的零售店采购员，若一件件地对服装进行单独比较，也很难辨别出不同服装商品缝制品质的优劣。这说明服装的生产加工水平已普遍上升到较高的水准，或者说是处于短时间内难以大幅度提高的阶段。因此，若要体现出与同行业其他企业的品牌的差别化的特征，单纯强调或盲目追求缝纫加工品质的优良已不太可行（有时甚至会功能过剩），以品牌理念作为切口是一个成功率较高的有效途径。

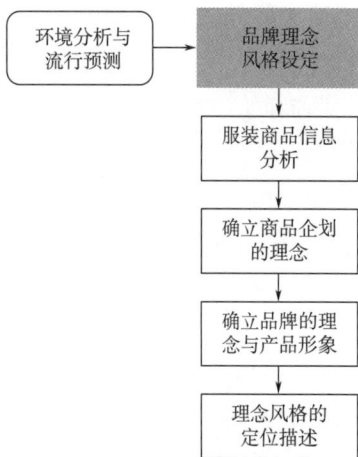

从消费者的角度来看，如果某品牌的商品与自己的喜好或审美意识很吻合，特征比其他品牌更加明显，消费者显然会考虑购买这种类型品牌的商品。因此，服装商品企划时应该注意提高品牌理念的说服力。品牌理念不仅对色彩、面料、款式的选择与设计有指导作用，而且在促销时也是一个很有说服力的沟通工具。

为了有效地进行服装商品企划，应预先明确产品的品牌理念与商品企划的整体关系，从而确立与品牌理念相吻合的服装商品企划理念。服装商品企划理念可以理解为"向哪些对象，对应何种生活场合，提供何种内容（包括服装商品的功能和性能），以及企业如何运作"。理念作为一种指导思想，贯穿于服装商品企划的整个过程，应当用一种易于理解的方式来表达。这种考虑产品的根本观念，即形成品牌理念的方法最早出现在美国，发展至今只有短短几十年的历史，目前已被我国的一些服装企业采用。

图5-8　品牌理念风格设定的工作内容

三、服装品牌理念的细分评价体系

（一）理念、风格、形象的语言描述

品牌的理念、风格、形象都是事物对消费者形成印象冲击而在精神层面上产生的共鸣和反应。传达和交流服装"理念、风格、形象"最常用的方式是语言文字。

（二）服装品牌风格形象分类

服装在发展的历史过程中形成了很多约定俗成、相对稳定的风格形象类型。在漫长的历史发展进程中，服装风格不计其数，有的过眼云烟，有的昙花一现，只有那些经典的服饰风格一直活跃在时尚舞台上。我们可以按时代特征、民族、地域特征等分类方法把具有代表性的服装风格形象分类（表5-3）。

表5-3　服装风格形象的类型

类型	服装风格形象
时代特征	古希腊风格、哥特式风格、洛可可风格、帝政风格（新古典主义）、浪漫主义等
民族	中国风（中式风格）（图5-9）、英伦风格（图5-10）、波希米亚风格（图5-11）、阿拉伯风格、日本风格、韩国风格等
地域特征	西部牛仔风格、非洲风格、土耳其风格、地中海风格、西班牙风格等
以人名命名	蓬巴杜夫人风格、香奈尔风格等
特定造型	克里诺林风格、巴瑟尔风格等
视觉艺术（艺术流派）	极简主义风格（简约风格）（图5-12）、解构主义风格（图5-13）、欧普（视幻艺术）风格、波普风格、立体主义风格、超现实主义风格、未来主义风格等
文化体特征	骑士风格、吉拉吉风格等
音乐、电影艺术	朋克风格（图5-14）、嘻哈风格（图5-15）、迪斯科风格、洛丽塔风格等
社会思潮	嬉皮士风格、雅皮士风格、田园风格（图5-16）、中性风格、坎普风格、波波风格、小资风格、可爱主义风格、NONO族风格等
功能性	职业风格（OL风格）（图5-17）、学院风格（图5-18）、运动风格、军装风格、工装风格、礼服风格、戏剧风格等
混搭	混搭风格（新混搭BOHO风）、运动时尚风格等

图5-9　中国风（汉服）服装

图5-10　英伦风格服装

图5-11　波希米亚风格服装

图5-12　极简主义风格服装

图5-13　解构主义风格服装

图5-14　朋克风格服装

图5-15　嘻哈风格服装

图5-16　田园风格服装

图5-17 OL风格服装

图5-18 学院风格服装

（三）服装品牌理念的细分评价体系

从前述品牌理念风格中归纳出使用频率较高、涵盖范围广、针对性强的八种类型。这八种类型品牌理念风格可以分为四组，每组包含风格迥异的两类。利用四对坐标轴（即八种基本风格类型）建立一个评价描述体系（图5-19）。将每一坐标轴等分为五个阶度值，通过评价分值就可以对品牌、服装或流行时尚形象进行定位，做出定性、定量的分析（表5-4）。

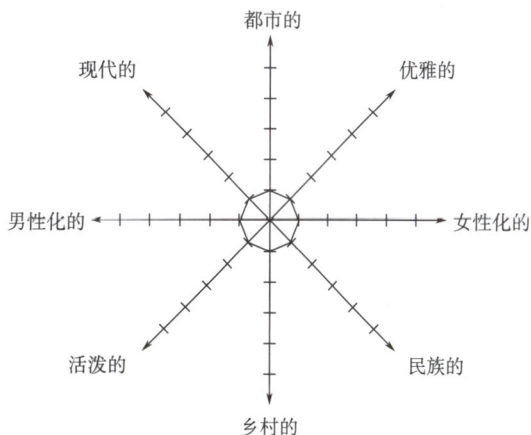

图5-19 服装品牌理念风格评价体系（雷达图）

表5-4 服装品牌理念细分评价体系的定性与定量分析

品牌理念风格设定	评价描述	阶度值
都市的	充满都市味的、时髦简洁和洗练的知性情感，如欧美风格等	没有 少许 一般 很 非常 1——2——3——4——5
乡村的	富有乡土气息的色彩、纹样、面料，给人自由、随和、恬静、温馨的感觉，如田园风格等	没有 少许 一般 很 非常 1——2——3——4——5
现代的	款式、色彩、结构、设计细节等方面体现出时尚、摩登、现代的风格，如解构主义风格等	没有 少许 一般 很 非常 1——2——3——4——5
民族的（或质朴的）	以民族风格的图案、纹样体现民族文化、习俗，如中国风、波希米亚风格等	没有 少许 一般 很 非常 1——2——3——4——5
优雅的	采用高档面料，精致的做工、裁剪表现出穿着者的高雅、优美，如OL风格等	没有 少许 一般 很 非常 1——2——3——4——5

续表

品牌理念风格设定	评价描述	阶度值
活泼的	多为高明度、亮度色彩，多用功能性好的面料体现动感、轻松活泼，如学院风格等	没有 少许 一般 很 非常 1——2——3——4——5
女性化的 （浪漫的、 可爱的）	常用蕾丝、雪纺等面料，以及缎带装饰、碎褶、流苏等手法表现出女性的浪漫或可爱，如洛丽塔风格等	没有 少许 一般 很 非常 1——2——3——4——5
男性化的 （冷峻的、 儒雅的）	直线条廓型、沉稳冷调色彩，再加之男性化的设计细节表现出男性的洗练、冷峻、儒雅，如英伦风格、雅皮士风格等	没有 少许 一般 很 非常 1——2——3——4——5

服装品牌理念细价评价体系的作用有以下三点：

一是细分评价已有品牌的目标市场，帮助服装企业明确定位品牌理念风格。

二是为新创设的服装品牌确立适宜的市场定位，寻找目标消费群。

三是确定某一服装的主要风格倾向。

图5-20所示为某服装品牌理念风格倾向。

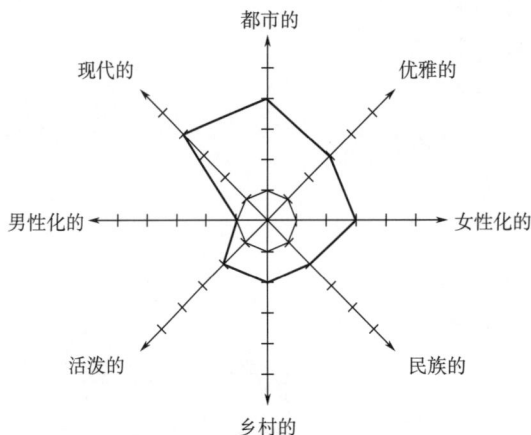

图5-20　某服装品牌理念风格倾向（雷达图）

四、服装品牌理念风格的定位表达

（一）确定服装商品企划的理念

服装企业遵循服装商品企划的基本战略确定各种理念。有了这些理念，服装商品企划才能整体向前推进。

（二）确定服装产品形象和理念风格

具体确定作为产品背景的产品形象和设计思想，例如，产品形象是属于冷峻的、男性化的，还是属于亲切的、女性化的，或者是有某种民族特色的。有两种确定设计思想的方法：一是不受市场上新时尚潮流的左右，由服装企业或服装商品企划人员确定，这种方法有利于开拓、渗入潜在市场；二是紧随时尚潮流，通过环境分析和流行预测来确定服装要体现的形象。两种方法都要求对消费者的特征进行抽象、归纳，再用标准化的形式表达。将流行信息预测和分析结果与企业的服装商品企划理念相结合，再加以筛选，绘制成理念风格图（即用草图或照片等资料表现生活场景、产品形象等）。

（三）根据目标消费者的生活方式和活动场合进行调整

确定目标对象的生活场合并进行分类。确保产品的特性，切合目标对象顾客的实际生活与着装习惯。

（四）用文字及图片表达服装品牌理念风格的定位

用文字及图表形式来表达品牌风格理念要注意两点：一是掌握本品牌所处的环境，包括社会状况、市场情况、目标顾客的生活方式及活动场合、品牌在市场中所处的地位；二是掌握与产品性能相关的理念，包括服装商品组合、品类、风格形象、廓型、色彩、面料、搭配展示效果等。品牌理念风格定位表达如图5-21所示。

图5-21　某服装品牌理念风格定位表达示意图

任务实施

情境设计：依据调研的服装品牌所采集的服装商品市场调研数据，以及该卖场（店铺）畅销服装商品调研报告，请完成有关该服装品牌理念风格设定的两个子任务。

任务1：完成该服装品牌理念风格倾向雷达图，并对服装品牌理念细分评价体系进行定性和定量分析（图5-22）。

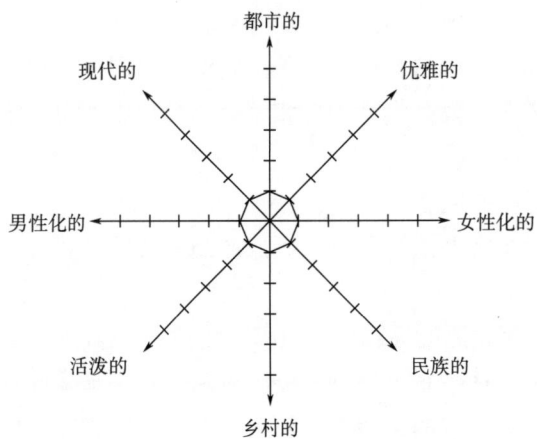

图5-22 品牌理念风格评价体系（雷达图）

任务2：用文字及图片表达该服装品牌理念风格定位表达示意图，要求遵循服装商品企划的理念，服装产品形象、品牌理念风格定位表达准确。

任务6 服装商品企划的总体设计

项目名称	服装商品企划方案设计	
任务标题	T2-2 服装商品企划的总体设计	
授课学时	4课时	
知识目标	K1	了解服装商品企划总体设计内容
	K2	掌握服装商品主题企划内容
	K3	掌握服装商品款式企划内容
	K4	掌握服装商品色彩企划内容
	K5	掌握服装商品面料企划内容
技能目标	S1	能根据服装商品企划总体设计的要求，完成服装商品主题企划
	S2	能根据服装商品主题企划的目标，完成服装商品款式企划、色彩企划及面料企划
素养目标	A1	通过项目化的学习任务安排，培养学生一丝不苟、耐心细心、认真负责的工作态度
	A2	通过团队协作完成任务，培养学生的团队合作能力、沟通表达能力和汇报展示能力，以及处理工作任务中的问题和解决合作冲突的能力
重点分析及解决措施	重点分析：服装商品主题企划	
	解决措施：课前线上预习本任务内容，课堂上教师讲述服装商品主题企划的目标与内容，引导学生进行主题讨论并完成服装商品企划主题板，教师针对性指导分析	
难点分析及解决措施	难点分析：服装商品款式企划、色彩企划和面料企划	
	解决措施：课堂上教师讲述服装商品款式企划、色彩企划和面料企划内容，指导学生考虑不同款式、色彩、面料质感与服装商品企划之间的关联性，达到服装商品主题企划的目标	

在服装商品企划运作之前，服装零售企业将服装品牌的战略构成结果付诸实施需要进行服装商品企划的总体设计，包括服装商品主题企划、服装商品款式企划、服装商品色彩企划、服装商品面料企划（图6-1）。

一、服装商品主题企划

以季节性来推出系列服装产品是品牌服装惯有的推向市场的形式，这有利于在消费者心中增强品牌形象以及满足消费者个性化的需求。所谓系列产品往往需要一个明确的主题企划来确立，主题企划通常具有风格鲜明、元素显著、搭配统一等特点（图6-2）。服装产品系列相互联系、满足不同需求是不同系列产品之间完成市场化的基本要求。

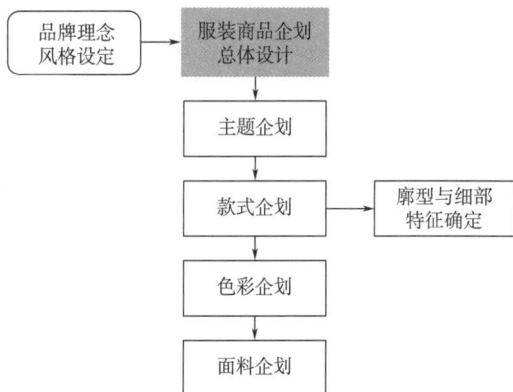

图6-1 服装商品企划总体设计的工作内容

主题往往建立在品牌理念风格定位或商业理念基础之上，它受不同灵感的启发而产生，因此，服装品牌的设计思想与设计灵感一般会作为主题蕴含在产品系列的设计内容中，设计师会结合某种艺术形式去表现与呈现出来。服装品牌通常每季推出一个核心主题，然后从中划分出一些相关主题，从而形成几个服装系列。

服装品牌的主题通常以各种设计风格命名，比如中国风、嘻哈风格、学院风格等，又如有些设计师会从生活中捕捉自然元素或社会文化现象作为灵感为服装产品系列服务，如田园风格、中国山水元素、异域风情等。对于一些大众品牌会在每年根据不同的季节推出一些新的服装系列产品，并且会给予各主题性的内涵来应对不同市场的需求变化。为了提升服装系列产品的形象化，服装产品系列的主题往往有一个形象型的名字。

主题企划处于整个服装商品设计规划的核心地位，时刻需要围绕服装品牌定位、结合市场提出主题企划方案，既要反映时下潮流，又要能够符合消费者的消费理念，既要新颖又要成熟。

图6-2　服装商品企划主题板

二、服装商品款式企划

服装款式配比规划表、款式设计元素图是服装商品款式企划需要完成的两项内容。款式是一种服装造型特征，用于描述服装廓型与细部结构的组合，廓型与细部特征也是款式在服装上的体现。服装款式企划是以规划好的服装商品主题作为基础，选定当季款式使用的主要廓型和流行的领型、袖型等细部结构特征，为后期的服装商品色彩企划、面料企划提供基础（图6-3）。

（一）服装的款式造型

服装的款式造型是构成服装外貌的主体内容，指的是服装的样式，主要包括廓型、造型结构比例以及细节设计等因素。

图6-3 服装商品款式企划板

1. 服装廓型的概念与分类

服装廓型是指服装正面或侧面的外轮廓线条，是决定服装整体造型的主要特征，是服装款式造型的第一要素。廓型设计和完成需要设计师赋予最大的注意和精力。迪奥曾在20世纪50年代推出一系列字母造型时装，分别用A、H、X等英文大写字母来比拟服装设计作品的廓型。主要有以下几类廓型分类表示法。

（1）字母表示法：是以英文字母形态表现服装廓型特征的方法。其中，A型、H型、T型、V型符合直线形廓型特征，而X型、O型、S型符合曲线形廓型特征，也包含特征鲜明的几何形态。

① A型（图6-4）特征：1955年迪奥首创A型裙，腰部收紧，下摆宽松，呈现上小下大的三角形外部廓型。上衣和大衣以不收腰、宽下摆，或收腰、宽下摆为基本特征。上衣一般肩部较窄或裸肩，衣摆宽松肥大；裙子和裤子均以紧腰阔摆为特征，用于女装给人产生华丽、飘逸的视觉感受。多适用于年轻女装，表现可爱的服装造型。

② H型（图6-5）特征：H型服装呈直筒状、宽腰式的廓型，它遮盖了胸、腰、臀等部位的曲线，能使服装与人体之间产生空间，在运动中隐见体型，呈现轻松飘逸的动态美，舒适、随意。上衣和大衣以不收腰，肩、腰、臀、下摆宽度大体上无明显差别为基本特征。裙子和裤子也以上下等宽的直筒状为特征。H型服装可掩盖许多体型上的缺点，并体现多种服装风格。

③ T型（图6-6）特征：T型服装特征在于整体呈英文字母T字状，尤其在左右两臂张开伸平时效果最明显。上衣、大衣、连衣裙等以衣身呈直筒状，不收下摆为特征，不仅适合女装，更适合男装造型特征。T恤就是典型的T型服装廓型。

④ V型（图6-7）特征：V型服装以夸张、强调和修饰肩部，收紧下摆为主要特征，上宽下窄，呈倒三角形，故V型也可称倒三角型。V型服装与T型服装最大的区别在于V型服装肩部更为夸张，且下摆收紧。

⑤ X型（图6-8）特征：X型服装通过肩、胸部和衣裙下摆做横向的夸张造型，使整体外

形呈上下部分宽松、夸大，腰部收紧的造型效果。上衣和大衣以宽肩、收腰、扩大下摆为基本特征。裙子和裤子也以上下肥大、中间瘦窄为特征。X型服装与女性形体的优美曲线相吻合，可充分展示和强调女性魅力，显得富丽而活泼。因此，它是现代女装的主要造型。

⑥ O型（图6-9）特征：O型服装夸大腰部，强调肩部弯度以及下摆收口，使服装外轮廓出现不同弯度的弧线，呈灯笼形、橄榄形、茧形，整体风格圆润可爱。裙子（灯笼裙）和裤子（灯笼裤）也以下摆收口，外轮廓弧线圆润为特征。

⑦ S型（图6-10）特征：S型服装最能体现人体的本来面貌，使一些接近于"理想体型"

图6-4　A型服装

图6-5　H型服装

图6-6　T型服装

图6-7　V型服装

图6-8　X型服装　　　　　　　　　图6-9　O型服装　　　　　　　　　图6-10　S型服装

的人充分显露人体美。收腰、贴合身体曲线是S型主要特征，从侧面看外轮廓线条呈S形，充分显示女性婀娜多姿的曲线美，适合性感、成熟的服饰形象设计。

（2）物态表示法：是以大自然或生活中某一形态相像的物体表现服装廓型特征的方法。

① 鱼尾型（图6-11）特征：鱼尾型服装窄臀紧身，裙摆长及地且呈鱼尾形，显示女性曲线美。常用于女装晚礼服，体现女性优雅、高贵的魅力。

② 灯笼型（图6-12）特征：灯笼型服装也称O型服装，躯干部位的外轮廓呈弯度的弧线，强调下摆收口，整体圆润可爱。常见的有灯笼裙、灯笼裤。

图6-11　鱼尾型服装　　　　　　　　　　　　图6-12　灯笼型服装

③ 蝙蝠型（图6-13）特征：蝙蝠型服装也称蝴蝶型服装，肩袖连接，袖窿深及腰节附近，袖子造型如蝙蝠（蝴蝶）翅膀张开状，上装下摆收紧。其袖型具有遮挡手臂的功能，而且流畅的廓型线条比较美观，廓型兼具观赏性与功能性。

④ 喇叭型（图6-14）特征：喇叭型的裙子和裤子均为紧腰、下摆宽松，呈现上小下大的喇叭形外部廓型；喇叭型的上衣一般肩部较窄或裸肩，衣摆宽松肥大。

图6-13　蝙蝠型（蝴蝶型）服装

图6-14　喇叭型（喇叭袖）服装

图6-15　挂覆式服装

（3）体态表示法：是以服装与人体的关系及状态表现服装廓型特征的方法。

① 挂覆式（图6-15）特征：挂覆式是以肩为支点，将服装面料披挂于身上的形式。如披肩、斗篷、坎肩等服装样式均属于挂覆式。

② 缠裹式（图6-16）特征：缠裹式是将服装面料把身体缠裹起来的服装样式，基本没有服装结构，如没有肩袖、裤腿，印度沙丽就是典型的缠裹式服装。

③ 包裹式（图6-17、图6-18）特征：包裹式服装是一种前开式、有肩袖的连身衣，左右襟相压，把身体和双腿一起包裹起来。如汉服、和服、浴衣等。

④ 垂曳式（图6-19）特征：垂曳式服装是一种上下连体的连身衣，裙摆垂下来的服装造型，一些女性华丽的礼服通常采用垂曳式来展现女性优雅的气质。

⑤ 套头式（图6-20）特征：套头式服装也称贯头式、钻头式服装，日常穿着的T恤、套头毛衫就是套头式。

图6-16　缠裹式（印度沙丽）服装　　图6-17　包裹式（汉服）服装　　图6-18　包裹式（和服）服装

图6-19　垂曳式服装　　　　　　　　　　图6-20　套头式服装

2. 细部结构

细部结构是指为充分完善和塑造服装的廓型，在局部予以充实、协调、呼应的一些造型特征，包括服装的袖型、领型、袖长、衣长、门襟、口袋、省道、分割线、褶裥等。这些细部结构通常随着季节和时尚的交替变换而改变。

对塑造服装廓型及风格发挥重要作用的细部结构主要有三类：领口线、领型和袖型。

（1）领口线（图6-21）：也称领窝线，是围绕着颈部经过胸、肩、背形成的封闭曲线，用于塑造领型。领口线由于靠近脸部，既能强调脸部个性，也可能暴露缺点。需根据脸型大小、颈部的粗细、长短，肩部的倾斜度和宽度等加以选择，并利用直线、曲线的特性进行合理的组合设计。另外，领口线的形式与服装穿着地域的气候也有很大关系。

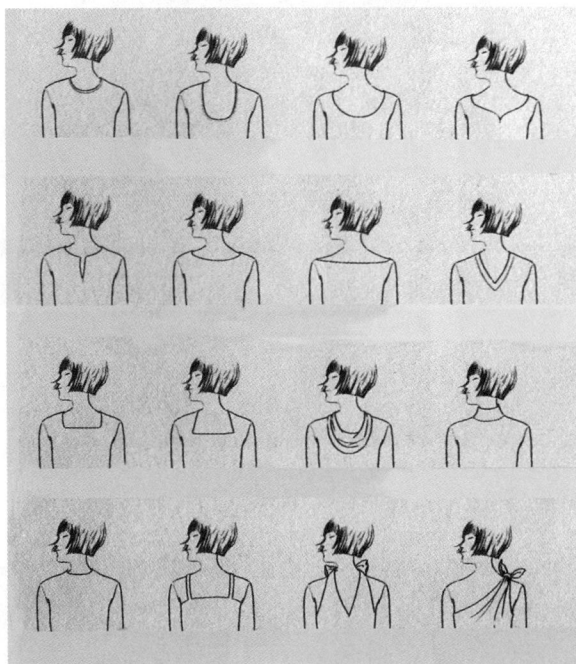

图6-21　领口线

（2）领型（图6-22）：因衣领的形状、大小和高度不同可形成不同的领型。与领口线一样，因靠近脸部而备受注目，需要从整体协调平衡的角度选定。

图6-22　领型

（3）袖型：袖子是服装中覆盖手臂的部分。根据装袖位置、大小以及袖长的不同，袖子可分为许多类型。人体的肘部和胸部在手臂活动时旋转和屈伸量很大，因而通常对袖子都有较高的功能性要求。舒适的服装要求袖子有合适的宽松量和相应的运动功能性。

袖子的造型和宽松量与服装整体的和谐是设计的重点。不同的袖型能体现出不同的风格，如泡泡袖（图6-23）、喇叭袖（图6-24）、花苞袖（图6-25）、插肩袖（图6-26）等曲线造型的袖子柔和优雅，装袖（图6-27）和肩章袖（图6-28）等直线型的袖子充满了阳刚之气。

知识链接

插肩袖：衣服袖子的裁片和肩膀相连，也称"连肩袖"。插肩袖的裁剪方法和平常穿的衣服有所区别，袖子和衣身的剪裁是从肩肘处斜着剪。

装袖：衣身和衣袖分开裁剪后再缝合，也称"接袖"，其形态是根据人的肩部和手臂的结构，设计符合肩部造型，立体感强。

图6-23　泡泡袖

图6-24　喇叭袖

图6-25　花苞袖

图6-26　插肩袖

图6-27　装袖

图6-28　肩章袖

3. 廓型与细部结构的组合

服装的款式变化无穷，如何选定款式、如何选对畅销款是一门学问。首先，要对款式做分析，选定廓型，再从细部结构等方面具体展开分析。

设计师通常进行系列服装设计，系列设计实际上是一个多种元素组合的过程，组合的要素有限，但组合的形式无限。单是选择廓型、决定腰部的分割线位置、确定领口线与袖型等细部结构展开就能生成百万种不同组合的款式。然而，这种组合过程还要考虑服装本身特点的制约：一是所选用的组合形式符合人体的静态造型与动态活动特点，二是工艺上能够实现，三是组合形式需适应的材料和服装类型。在系列设计中，应避免出现设计特征凌乱的情况。若系列服装变化的要素太多，不但难以产生设计丰富之感，消费者难以理解设计者的意图，而且工业化生产难度也较大，易造成生产上的混乱，难以实施有效的管理。

（二）服装款式配比企划

款式配比企划即确定所策划的服装商品款型的构成比例，主要包括以下三个方面的工作内容。

一是确定服装商品构成类型。

二是确定服装品类构成比例。

三是确定各品类下属的商品款型比例。

1. 主力商品、辅助商品、关联商品

服装商品群是依照服装商品观念所集合成的服装商品群体，是服装卖场（店铺）商品分类的重要依据。服装商品群构成类型（图6-29）及配比如下：主力商品占组货70%，是整盘货的代表，能创造较高的销售纪录；辅助商品占组货25%，衬托主力商品的销售，有中等的风险度；关联商品占组货5%，利润虽高，但风险也较大。

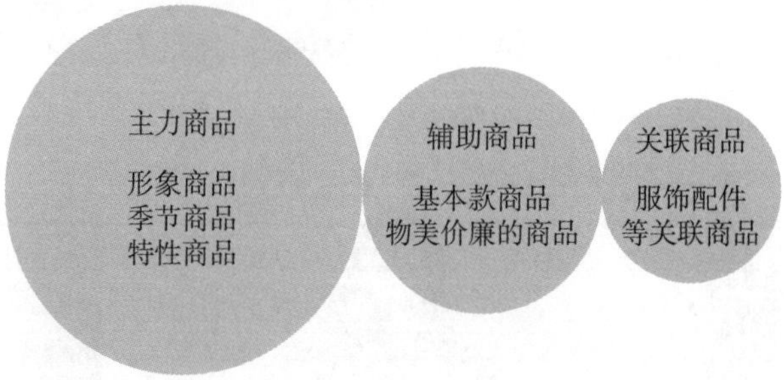

主力商品
形象商品
季节商品
特性商品

辅助商品
基本款商品
物美价廉的商品

关联商品
服饰配件
等关联商品

图6-29 服装商品群构成类型

（1）主力商品：流行款、畅销款，无论是数量还是销售金额均占主要部分的商品，体现了服装卖场（店铺）的经营策略和经营特色。主力商品的经营效果决定着服装卖场（店铺）经营的成败：主力商品销售好、周转快，取得较好的经营成果；反之，就很难完成销售目标。

主力商品的选择体现了服装卖场（店铺）在市场中的定位以及服装品牌在人们心目中的定位，掌握了主力商品的变化趋势，就等于掌握了经营的主动权。主力商品一般包括以下三类。

一是形象商品，在商品的设计、格调上都要与品牌形象相吻合并且予以重视。

二是季节商品，配合季节的需要能够多销的商品。

三是特性商品，也称选购性商品，是与竞争者相比较时易被选择的商品。

（2）辅助商品：基本款、长销款，衬托主力商品的销售，是对主力商品的补充，并不要求与主力商品有关联性。辅助商品可以衬托主力商品的优点，成为顾客选购商品时的对比对象，不但能刺激顾客的购买欲望，还可以使商品种类更加丰富。服装卖场（店铺）经营的商品必须有辅助商品与主力商品相搭配，解除单调的感觉，增加顾客光顾的频率，促进主力商品的销售。

辅助商品可以与主力商品没有关联性，一般包括以下两类。

一是基本款商品，这是服装卖场（店铺）需要常备的商品，对于季节性、流行性方面可能不太敏感，但顾客很容易接受而且立即想买的商品。

二是价廉物美的商品，在商品的设计、格调上可能不太重视，但对于顾客而言，价格较为便宜，而且实用性强。

（3）关联商品：与主力商品具有相关性或有密切联系的服饰配件商品，例如西服与领带、腰带等都是关联商品。关联商品重点包括以下三类。

一是配备关联商品，方便顾客购买。

二是适应顾客购买时图方便的消费心理，这是服装连锁店铺经营中的重要原则。

三是增加主力商品的销售，扩大商品销售量，关联商品有助于进行服饰搭配，以此提升销售业绩。

2. 主题商品、畅销商品、长销商品

服装商品按销售状况还可以分为主题商品、畅销商品、长销商品三种类型。

（1）主题商品：比较常见的主题商品就是一些服装品牌每季上新的"海报款"，一般会成为品牌门店里的"主打商品"；另外常见的也有表现品牌某季设计理念主题的"秀场款"，主要突出体现时尚流行趋势，经常只作为展示的对象，以及用于宣传和推广。

（2）畅销商品：经常是以往在销售中销售量比较高的一些商品，在历史销售数据中，销售始终占优势的款式，并且不断结合时下，融入当前的时尚流行趋势，经常会被品牌热推以及作为促销商品提升销售业绩，也可以理解为服装商品的"爆款"。

（3）长销商品：可以理解为服装商品中的基本款，长销商品是长久以来都被消费者所需要，长期具有稳定的销售量，不容易被流行趋势所影响，指百搭或者一年四季可销售的款式。特别是品牌价值感比较强的品牌，一年四季总会有的畅销款。服装零售企业在款式企划中可配比较大比例的长销商品以促进销售的稳定性。

三、服装商品色彩企划

色彩是服装的核心要素之一，是塑造品牌风格形象的有效手段。从服装商品企划的角度来分析色彩的实际效用，服装商品企划的目的是通过品牌商品这一手段来吸引某一类消费者，满足他们的着装需求，最终导致既有利于服装零售商的销售，又有利于消费者的购买。服装零售商的商品企划本质并不在于策划生产什么样的商品，而是解决到什么地方去销售。如何找到需求（或潜在需求）某种服装商品的消费者，并通过一系列服装商品企划活动吸引这群消费者。购买行为最终是否发生，取决于服装商品的品质（包括对色彩的把握运用）、顾客的喜好程度、销售渠道的组织管理。是否能使消费者对该品牌商品一见钟情，很大程度上取决于服装的色彩冲击力与服装卖场（店铺）形象。服装商品色彩企划在品牌的经营活动中发挥着至关重要的作用。

（一）色彩企划流程

色彩企划是服装商品企划设计活动中的一个环节，在服装零售企业的商品企划运作中，色彩企划与管理也是一项重要的组织活动。结合服装商品企划总体设计的统一要求，服装商品色彩企划与管理流程有以下四点。

1. 收集和分析信息

根据所确定的品牌理念风格收集有关色彩的各种信息资料。色彩信息分为两类：一是对上一季不同色彩的服装销售情况的总结；二是流行色预测机构发布的流行色信息。

2. 确定色彩理念并选色

服装色彩企划是根据设计要求进行的兼具功能性和艺术性的活动。要求在参考流行色信息和市场信息的基础上，根据品牌的理念、目标市场的特性，材料的倾向、商品的品类等来设定色彩理念、色彩主题及进行基本配色和图表化表现。按主题理念、商品品类选定服装商品的具体用色，包括基调色和主题色。基调色指消费者普遍接受的、稳定而热卖的颜色；主题色指从品牌形象出发推出的颜色。运用时，应考虑两者之间的平衡，将各种色彩进行合理组合搭配。

3. 推广色彩理念和内容

（1）面料确定：以色彩主题为依据，针对棉、麻、丝、毛、化纤等不同种类的面料以及其厚薄等，决定选配何种颜色。服装的色彩应随纤维种类（棉、麻、丝、化纤等）、纱线结构、织物组织、表面肌理、后整理工艺等的不同而变化。不同品类的商品，对应于不同的用途，色彩的应用条件也不相同。例如，在羊毛衫上使用效果很好的颜色，在裤子上就不一定适用。另外在配色上，色彩与色彩之间的分量、比重以及对比的不同也会产生不同的视觉效果。

在面料色彩搭配时的考虑要素：一是提示色，也可以称为呼应色、协调色，就是面料中包含的颜色，如花连衣裙和半裙，是由灰色、蓝色为主色，辅以紫色、咖色、深灰色组成，那么这五个颜色都可以作为该款连衣裙搭配的提示色。二是深浅配色或亮暗配色，指的是搭配时，如果指定款是深色，那么找浅色和它搭配，如深蓝色可以搭配白色、米色、黄色、粉红色等浅色，由于深蓝色是暗色，还可以搭配红色、橙色、绿色等亮色。三是主角与配角。主角指的是在一套搭配中占主要地位的角色，主角只能有一个，色彩面积大的作为主角登台，色彩面积小的起点缀作用，这种情况下，一般需要一个中间色来调和。主角与配角不仅可以用于纯色搭配，还可以用于花型面料来搭配，一款抢眼的花型面料作为主角，就不能搭配同样抢眼的条纹、图案、亮色产品，同样不能去搭配很抢眼但和花型不和谐的饰品。

（2）海报宣传：应用色彩主题，在品牌的海报宣传中有效地运用品牌的主题色彩发挥功用。

4. 色彩信息的记录和保存

建立服装品牌的色彩资料信息管理系统，利用计算机可对每日的销售情况进行信息的记录与管理。不仅将销售的服装数量等数据输入计算机，还应将销售服装的色彩输入信息管理系统。尽管可以利用一些市场上销售的色卡来进行市场调查、采购、订货等，但在进行服装商品企划时，还要根据服装色彩企划要求准备服装商品企划的色彩手册。

（二）服装商品色彩企划板

服装商品色彩企划要求服装商品企划师运用自己的敏感和特有的方法将消费人群的需求和从技术方面合理可行的商业战略实现匹配，因此就需要收集相关的数据进行分析和归类，最终转变为清楚的色彩信息，然后去指导选配服装色彩，并且需要保证得出的色彩信息、品牌理念以及服装商品主题企划之间存在着严密的契合度，这个色彩信息不仅能够吸引消费者，还能够推动服装销量。按确定的色彩理念，选择基调色和主题色，由此形成服装商品色彩企划板（图6-30），主题板大多以重组后的故事板呈现。

图6-30

图6-30　服装商品色彩企划板

四、服装商品面料企划

面料是服装商品企划总体设计的三大要素之一。服装市场的成熟度与高感度趋向，材料在塑造服装风格形象与商品差异化方面的重要性日趋突出，这使面料逐渐成为开发服装新品的核心要素；另外，不少国内服装品牌采用国外的面料，材料的独特性与新颖性几乎等同于品牌的盈利性。从这个角度来讲，当前的服装业正处于"材料时代"。

服装材料涉及的范围很广，包括纤维制品、皮革制品、塑料制品和金属制品等。当然，服装面料主要针对纺织品。

（一）服装商品面料企划的依据

服装商品面料企划时应符合设定的品牌理念、风格形象及适合不同品类服装的要求。

在面料甄选时有六项考虑要素：一是适合性，与本品牌的理念风格以及季节主题等的吻合程度；二是功能性，运动功能、气候适应性、生理卫生功能、防护功能、穿着舒适性等；三是经济性；四是造型要素，色彩、图案的表面肌理感、风格等；五是缝制加工要素，可缝性、褶裥成形性、立体造型性、衬料的配伍性、熨烫的条件和温度等；六是物流要素，物流运输、最小批量、成本、品质保障等。

（二）服装商品面料分类

选择面料是服装商品企划的重要部分。服装商品企划人员必须具有丰富的服装面料知识，能辨别面料的纤维成分、结构、组织、性能，以及产地、色彩、图案、风格，并能把握何种类型的消费群体喜爱什么样的面料，什么样的流行趋势，什么样的品牌理念需要什么样的面料来表现等。

了解面料的分类有助于把握面料运用的规律，比较不同面料之间的差异，分析不同的消费群体对面料的需求，便于面料的管理工作。

对面料的分类可以从客观和主观两个角度进行，前者包括面料的纤维属性、纱线结构、织物组织、化学物理性等客观特性；后者指面料对人的感性刺激，即从人的主观感受进行分析。

1. 客观角度的面料分类

面、辅料等纺织品性能按生产加工特点有四个决定要素：纤维原料种类及构成、纱线的结构与特征、织造的组织与工艺、染整后处理方法。四个要素不同形式的组合决定了产品的最终性能，它们是服装面料常用的分类依据。

（1）纤维分类：服用原料的品种很多，如纤维、金属、橡胶、毛皮、化学品等，其中用量最多的是各种纤维原料。服用纺织纤维有很多种类，每种纤维还有许多具体品种。

（2）机织物分类：机织物分类通常基于织物的生产和使用的角度。例如长纤维有蚕丝和化纤长丝，短纤维有棉、麻和合纤混纺、兽毛或与化纤混纺等。

（3）针织物分类：纱线被弯成线圈，按一定的规律一行行或一列列的相互串套，形成各种针织物。根据线圈的走向不同，可分为经编织物和纬编织物。根据线圈的结构形态和相互间的排列方法，可分为基本组织、变化组织和花色组织，基本组织是其他两类组织的基础。按生产流程可分为直接成形和裁剪成形两类，采用直接成形方式的通常是高级羊毛衫等；运动服、内衣等常用裁剪成形方式。针织物通常质轻柔软、伸缩性好，生产流程简单，广泛应用于夏季的T恤、童装、运动服、内衣及围巾、袜子等品类。

（4）图案分类：服装面料图案大致可分为色织条格、印花及织造图案等类型（表6-1）。

表6-1 服装面料图案

条纹		点条、块条、阴影条、双线条、渐变条、人字纹
格子		色织格、棋盘格、犬牙格、错格、块格、地板格
印花	点纹	小圆点、中圆点、大圆点
	花卉图案	小花、中花、大花；折枝花、缠枝花、团花
	具象图案	动物、交通工具、建筑、太阳、月亮、星星、文字、日用品
	抽象图案	现代绘画、波普艺术风格、欧普艺术风格
	几何图案	圆形、三角形、矩形、菱形、波纹形、不规则形
	民族图案	各民族的特色图案
其他	织造图案	小提花图案、大提花图案

（5）后整理加工方式分类：面料在后整理加工中，通过物理或化学方法改善面料的外观、质感以及服用性能（表6-2）。

表6-2 后整理加工方式分类

目的	加工种类	
改善风格质感	树脂整理	
	柔软整理	
改变外观特征	绉缩整理	
	定型整理	
	丝光整理	
	烂花整理	
赋予特殊的性能	防缩整理	普通防缩整理
		树脂整理
	防皱整理	
	洗可穿整理（W&W整理）	
	耐久定型整理（PP整理）	
	防水整理	
	拒水整理	
	抗静电整理	
	吸湿整理	
	防污整理	
	易去污整理	
	防蛀防霉整理	
	卫生整理	
	阻燃整理	
新型材料	静电植绒	
	涂层整理	
	镀膜整理	
	蓬松整理	

2. 主观角度的面料分类

从主观角度对服装材料进行分析评价，描述材料的风格，可用轻盈、硬挺等形容词，依靠人们的视觉、触觉来感知。不同人对相同的面料，也可能得到不同的结论，产生不同的印象。服装材料方面的专业人员，凭借知识与经验，根据材料的各方面特征，对材料做出比较客观、准确的评价。服装商品企划师也应具备这方面的能力。如图6-31所示说明了服装商品企划时应考虑的10种不同面料质感与服装商品企划10个条件之间的关联性。

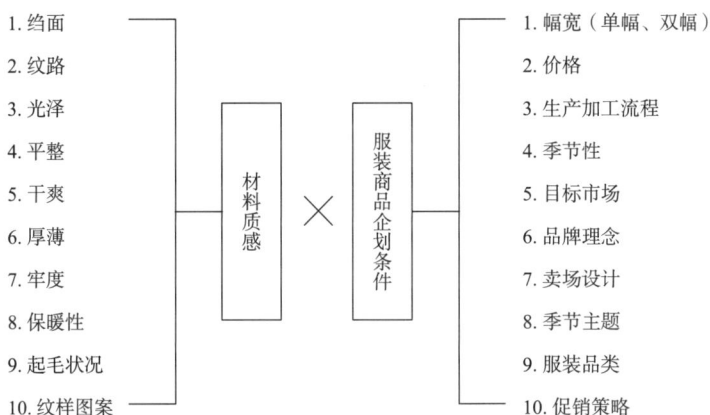

1. 绉面			1. 幅宽（单幅、双幅）
2. 纹路			2. 价格
3. 光泽			3. 生产加工流程
4. 平整			4. 季节性
5. 干爽	材料质感	× 服装商品企划条件	5. 目标市场
6. 厚薄			6. 品牌理念
7. 牢度			7. 卖场设计
8. 保暖性			8. 季节主题
9. 起毛状况			9. 服装品类
10. 纹样图案			10. 促销策略

图6-31　面料质感与服装商品企划条件

织物风格指织物经过一定的加工处理后，表面呈现出光泽、起毛、起绒等特殊的视觉、触觉效果。与根据原料属性结构组织、后整理加工等客观特征对材料品种进行分类不同，从主观角度进行面料分类的难度在于选择具体标准来定义不同面料的不同风格。如图6-32所示是对一些常用面料按风格定位的示例。

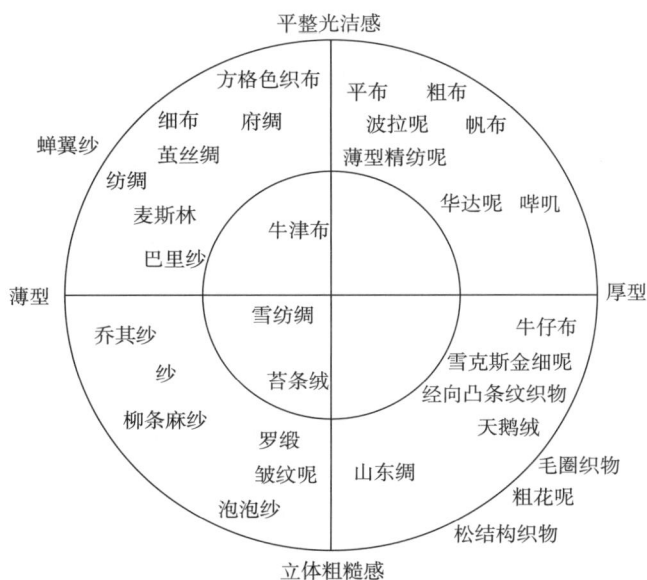

图6-32　常用面料按风格定位的示例

（三）服装商品面料企划管理流程

服装商品面料企划是进行个性化品牌商品企划的重要环节，植物原料种类、纺织工艺、组织结构、图案纹样、后整理方式等的不同都会使服装商品具有不同的风格。面、辅料的企划管理分为以下六个阶段。

1. 确认理念

确认服装品牌的整体理念、产品理念和计划实施的可行性。

2. 收集面、辅料信息

为了做出切实可行的服装面料企划，应根据既定的服装商品企划方针和内容，收集与分析必要的信息，首先深入分析和充分把握当前市场的面料流行趋势，重视相关企业发布的新面料信息。

巴黎、米兰、纽约、东京是目前世界的时尚中心，每季都会发布最新的服装材料信息，可对这些材料有关的信息进行定性和定量分析，制订面料企划的策略。不能仅凭感性选择面料，还需利用充分切确的信息及相关的定量分析结果来决定面料企划中的问题。

另外，对于某种服装采用何种面料最合适，不仅取决于面料的风格特征，还取决于它与衬料、里料等辅料的配伍性、可缝性、物理机械性能、拉伸强度、色牢度、耐热度、起球起毛性以及洗涤性等各方面，因此应收集面料的全面信息。

3. 确定面、辅料甄选原则

根据面、辅料信息分析的结果，确定面、辅料的甄选原则，与服装品牌的整体理念以及色彩企划的理念保持一致。

4. 确定面、辅料企划设计的内容

以前述三点为基础，确定面、辅料企划设计的具体内容。

5. 质量检测

对决定采用的面、辅料进行质量检测。经验证明：服装售后所发生的问题或赔偿纠纷多由面、辅料引起，由缝制不当引起的质量问题只占少部分，因此应对面料质量进行严格的检测。

后整理加工所赋予面料的风格改变值得特别关注。既要了解后整理加工对面料的光泽度、垂坠性等造成的影响及其程度，还应了解顾客穿着和洗涤时应注意的问题，以及后整理加工可能对健康及环境造成的影响。

6. 服装商品采购及面、辅料信息的记录和保存

服装商品采购后，对面、辅料管理过程中的所有数据资料都要进行收集、分类、存档以备用。

任务实施

情境设计：依据调研的服装品牌所采集的服装商品市场调研数据，以及该卖场（店铺）畅销服装商品调研报告，请完成有关服装商品企划总体设计的两个子任务。

任务1：根据服装商品企划总体设计的要求，用文字及图片表达服装商品主题企划。

任务2. 根据服装商品主题企划的目标，完成服装商品款式企划、色彩企划及面料企划，要求用文字及图片准确表达。

项目三 服装商品企划的组织运作

任务7 服装商品采购与品类管理

项目名称	服装商品企划的组织运作	
任务标题	T3-1 服装商品采购与品类管理	
授课学时	4课时	
知识目标	K1	掌握服装商品组货的要点
	K2	了解品类管理体系
	K3	掌握服装商品款号的编码规范
	K4	熟悉新开店的服装商品采购流程
	K5	熟悉已开店的服装商品采购流程
技能目标	S1	能根据服装商品组货的要点进行新开店服装商品采购
	S2	能根据服装商品组货的要点进行已开店服装商品采购
素养目标	A1	通过项目化的学习任务安排，培养学生一丝不苟、耐心细心、认真负责的工作态度
	A2	通过团队协作完成任务，培养学生的团队合作能力、沟通表达能力和汇报展示能力，以及处理工作任务中的问题和解决合作冲突的能力
重点分析及解决措施	重点分析：新开店的服装商品采购	
	解决措施：课前线上预习本任务内容，课堂上教师讲述服装商品组货的要点，引导学生进入服装企划师的角色进行新开店的服装商品采购，教师针对性指导分析	
难点分析及解决措施	难点分析：已开店的服装商品采购	
	解决措施：指导学生通过对已开店的销售目标、商品组合、订货宽度与订货深度、服装规格尺码、服装面料等分析与选定，进行已开店服装商品采购方案讨论，教师指导分析	

服装商品采购与品类管理是服装商品企划组织运作阶段的开始，即将服装商品企划方案付诸实施（图7-1）。

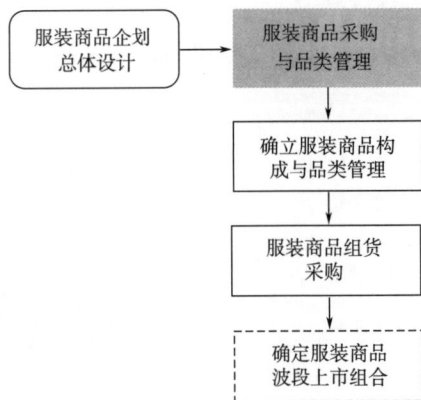

一、服装商品组货与品类管理

服装商品采购也称"组货"。对于新开店而言，服装商品的组货采购与品类管理尤为重要。

（一）服装商品组货要点

服装商品组货应考虑服装商品组货的深度、宽度、量度和关联度四个方面。当下的顾客已不满足于接受挂在货架上的衣服，他们更加注重的是具有冲击力的视觉表现，顾客需要更加多样化的服装组合。因此，从顾客及服装行业的发展角度来说，商品组货需要更多的逻辑性、多样性和差异性。

图7-1 服装商品采购与品类管理的工作内容

1. 组货宽度

服装商品组货宽度也被称为组货广度，表现为服装企业经营的产品类别，即生产或销售多少条不同类别的产品线（表7-1）。

表7-1 服装商品组货的宽度与深度

序号	组货宽度	组货深度
1	衬衫系列	A1长袖：A11长袖翻领、A12长袖立领 A2短袖：A21短袖翻领、A22短袖立领
2	T恤系列	B1长袖：B11长袖翻领、B12长袖立领 B2短袖：B21短袖翻领、B22短袖立领
3	背心系列	C1套衫：C11套衫翻领、C12套衫连帽、C13套衫无领 C2开襟：C21开襟翻领、C22开襟连帽、C23开襟无领
4	针织衫系列	D1精纺：D11套衫、D12开襟 D2粗纺：D21套衫、D22开襟
5	夹克系列	E1厚款：E11翻领、E12立领、E13无领、E14连帽 E2薄款：E21翻领、E22立领、E23无领、E24连帽
6	裙装系列	F1半身裙：F11直筒裙、F12喇叭裙、F13百褶裙、F14塔群 F2连衣裙：F21无袖连衣裙、F22短袖连衣裙、F23长袖连衣裙
7	裤装系列	G1休闲裤：G11短裤、G12中裤、G13九分裤、G14长裤 G2牛仔裤：G21小脚口、G22直筒、D23微喇、D24喇叭裤
8	配件系列	H1领带、H2鞋类、H3皮带、H4包类、H5围巾、H6手套、H7帽子、H8袜子、H9太阳镜、H10手表

2. 组货深度

商品组货深度是指每一品类线上有多少个不同的款式类别，也就是常说的款量，单款单色为一款。在一个品类线上，不同的款型、颜色、面料、图案组合成多种款式，其组合元素越多就代表商品组合深度越大（表7-1）。T品牌商品组货构成及比例如图7-2、图7-3所示。

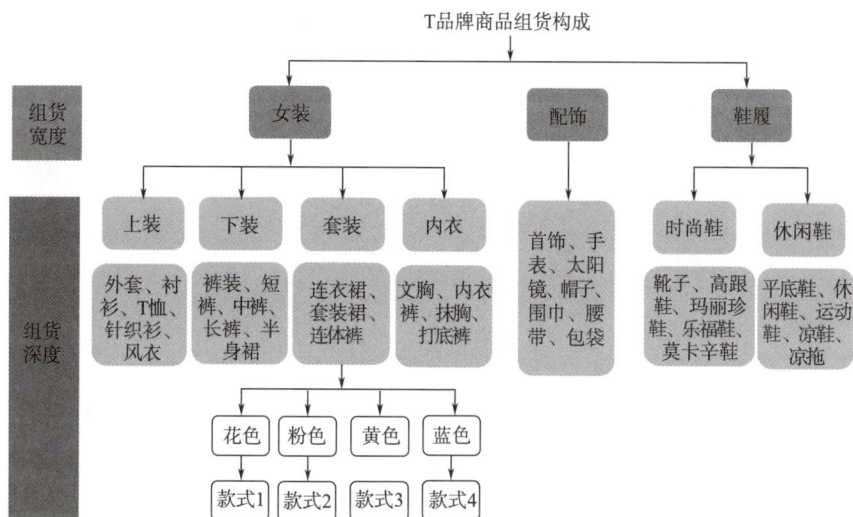

图7-2　T品牌商品组货构成

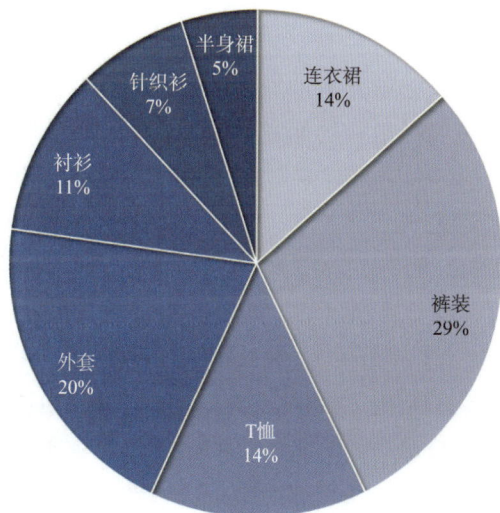

图7-3　T品牌商品比例

　　总体来说，增加服装商品组货深度可提高消费者选购的空间，但是不能任意增加。服装商品组货深度若是过大，过多细微细节上的变化，会让消费者产生款式雷同、视觉疲劳的直观印象。

3. 组货量度

　　商品组货量度是指对每一品类中的每个款式进行尺码、价格、生产数量及上市计划这四个与销售密切相关的要素进行量度的组合。表7-2是服装商品组货ABC分类法，其中A级商品是主力商品，B级商品是辅助商品，C级商品是关联商品。表7-2中的服装商品组货为标准型，是比较理想的组货量度，将近1/3的商品贡献了70%的销售业绩。标准型特点在于明确的服装商品管理，品牌能更好地对服装商品进行进货、管理、陈列或促销。

表7-2　服装商品组货ABC分类法

属性等级	占销售额的比例	商品性质
A级商品	70%	主力商品、主题商品、畅销商品
B级商品	25%	辅助商品、长销商品
C级商品	5%	关联商品

4. 组货关联度

商品组货关联度是指服装品类组合中的各类服装商品在生产条件、最终用途、目标市场、销售方式以及其他方面相关联系的程度。总的来说有以下四点。

一是商品组货的宽度代表服装商品品类（产品线）的数目。

二是商品组货的长度代表服装产品研发项目的数量。

三是商品组货的深度代表服装商品品类线上的款式类别数目。

四是服装商品组货关联度表示服装商品品类线在最终用途、生产条件、分销渠道等方面的密切相关程度。

商品组货宽度与深度结合有四种形式：加宽加深、加宽减深、减宽加深、减宽减深，分别适合不同的商业时机。服装商品组货的加宽加深适合于大型购物中心，减宽减深适合于服装精品店，减宽加深适合于单一品类服装专卖店，加宽减深适合于快时尚服装品牌。

（二）服装商品品类的定义

品类管理（Category Management，CM）指企业根据服装产品品类进行的品牌管理，通过分析消费者对品类的需求后，制订品类目标，如商品组合、库存管理及促销活动等。

品类的定义是指品类的结构，包括大类、中类、小类等。品类的定义不能与信息系统脱节。不少零售商都清楚品类的结构，但信息系统中没有相应地做维护，当需要知道中类、小类的销售情况时，系统只能打出品类所有单品的信息，员工需手工计算中分类或小分类的销售数据。这种情况极大地制约了品类管理的实施。另外，品类定义会随消费者购物习惯的变化而改变，如为方便怀孕的妈妈或为新生婴儿购物的人群，所有的孕妇与婴儿用品集中陈列，出现了育婴街、宝宝屋等购物区域，一个新的品类——母婴用品品类应运而生。

1. 按服装商品大类划分

（1）商品性别类别划分：男装/女装（Male/Female）。

（2）商品年龄类别划分：男成衣/女成衣/儿童（Men/Women/Kids）。

（3）商品季节类别划分：四季/两季/单季。

（4）商品系列类别划分：A功能分类、B设计分类。

2. 按服装商品小类划分

（1）服装可以分为外套、衬衣、长裤、连衣裙、短裤、半身裙、T恤等。

（2）配件可以分为帽子、围巾、腰带、手套、袜子、鞋子、包、香水、化妆品等。

3. 按服装的功能划分

（1）礼服：指用于出访、迎宾或婚丧喜庆，参加宴会、晚会，出席庆典等各种正式礼仪活动所穿的服装。

（2）生活服装：指日常生活中穿用的服装，分外出服、家居服。

（3）工作服装：包括办公服、标志服、防护服三类。

（4）运动服装：分竞技服装、运动便装。

（三）品类管理体系

1. 线分类法

线分类法也称层级分类法，是指将拟分类的商品集合总体按所选定的分类标志逐次分为相应的若干层级类目，并排列成一个有层次的、逐渐展开的分类体系（图7-4）。

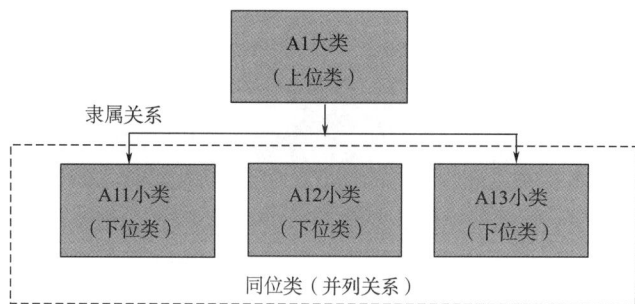

图7-4 线分类法示意图

线分类体系的一般表现形式是按层级分为大类、中类、小类和细目等不同级别的类目，并逐级展开。分类体系中各层级所选用的分类标志可以相同，也可以不同。

适用范围：大型超市（食品类、日用类商品）。

优点：结构简单、信息容量大、层次性好、逻辑性强，既适合于手工操作，又便于计算机处理。

缺点：结构弹性差，分类结构一经确定则不易改动，所以，采用线分类法编制商品目录时，应预先留有足够的后备容量。

2. 面分类法

面分类法也称平行分类法，是将拟分类的商品集合总体按不同的分类标志划分成彼此之间没有隶属关系的若干面，每个面都包含一组类目，由此排列成一个由若干面构成的平行分类体系。

适用范围：服装商品、时尚产品。

服装商品本身固有的属性与特征更适合采用面分类法，分成若干面，每个面都包含一组类目，这些类目可以按风格、色系、系列、主题划分，由此排列成一个由若干面构成的平行分类体系。

服装商品的面分类法可以是彼此之间没有隶属关系的若干面：女服、男服、童装、婴儿服，在女服下又可以分为若干个独立类目，如外套、裙子、裤子等。

此外，服装商品还可以按不同主题场景的面分类法，每一种主题场景之间形成没有隶属关系的"面"，每个"面"对应一个主题场景，例如下午茶场景的分类组合包括时尚女装、时尚男装以及周边时尚产品等；休闲运动场景的分类组合包括运动时尚风的男装、女装以及运动配饰等；海边度假场景的分类组合包括女裙装、男沙滩装、儿童泳装以及周边防晒用品等（图7-5）。

图7-5　服装商品面分类法示意图

优点：结构弹性好、容量扩充空间大、适应性强，分类结构面的调整不会影响其他结构面的稳定性，不必预先确定好最后的分组，可实现按任意面的信息进行检索，以便于计算机分类处理。

缺点：分类组合复杂，不便于手工处理。

二、新开店的服装商品采购

新开店服装商品采购是在店铺选址、装修，以及服装陈列道具、模特等全部入场之后，服装商品专员根据给定店铺面积、陈列道具的平面图及未来的销售目标，到新开店现场测算并配置合理的服装商品数量及金额，完成新开店服装商品采购预算与规划。

（一）新开店服装商品进货预算（商品容量）

新开店进货预算时除了需要考虑店铺营业区面积有多大、陈列道具有多少以及未来的销售目标外，还需要解决以下三个问题。

1. 店铺营业区的服装商品陈列容量

首先清点店铺营业区陈列道具的个数，再根据陈列道具的容量，预算出店铺营业区可以陈列服装商品数量，由于春夏季、秋冬季服装厚度不同，因此预算不同。

常见的七种服装陈列道具有：长90cm、120cm、150cm的货架，长方形、圆形陈列台，三层组合层板，模特。下面介绍这些陈列道具的容量（饰品不计算在内），以疏密合适原则为准则，即陈列服装时衣架之间保持基本相等的间隔距离。一般考虑春夏薄款6~8cm间距、秋冬较厚款10~12cm间距，以此明确春夏装、秋冬装的陈列容量标准（表7-3）。

表7-3　陈列道具的服装容量标准

陈列道具	道具尺寸规格	图例	春夏薄款容量标准	秋冬厚款容量标准
短杆货架	长90cm		◆侧挂薄款12～15件 ◆建议只有侧挂	▲侧挂中厚款9件 ▲侧挂如羽绒服等厚款7件左右
中长杆货架	长120cm		◆侧挂薄款15～20件 ◆正挂4件+侧挂12件	▲侧挂较厚款12件 ▲正挂4件+侧挂7件
长杆货架	长150cm		◆侧挂薄款18～25件 ◆正挂4件+侧挂17件	▲侧挂较厚款15件 ▲正挂4件+侧挂10件
长方形陈列台	160cm×80cm		◆每栋叠装5件 ◆叠装8栋，共40件左右	▲每栋叠装2件 ▲叠装8栋，共16件左右

陈列道具	道具尺寸规格	图例	春夏薄款容量标准	秋冬厚款容量标准
圆形陈列台	直径140cm		◆每栋叠装5件 ◆叠装8栋，共40件左右	▲每栋叠装2件 ▲叠装8栋，共16件左右
三层组合层板	长120cm		◆每栋叠装5件 ◆每层板叠装3栋 ◆三层组合层板共9栋，共45件左右	▲每栋叠装2件 ▲每层板叠装3栋 ▲三层组合层板共9栋，共18件左右
模特	站姿模特 （一般2～3个模特一组）		◆每个模特穿着春夏装1～3件，一般2件	▲每个模特穿着秋冬装2～3件，一般3件

2. 店铺仓库储备服装商品数量

在预算店铺营业区的陈列服装商品数量之后，再计算店铺仓库库存量。一般情况下，仓库库存量是店铺营业区陈列量的1.5～3倍，具体要看商品周转的速度。

商品周转特别好的情况下，仓库库存量可以是店铺营业区陈列量的3倍；商品周转比较慢的情况下，仓库库存量建议是店铺营业区陈列量的1.5倍，甚至更少；销售一般的情况则以店铺营业区陈列量的2倍来计算，对于新开店服装仓库的库存量建议是店铺营业区陈列量的2倍来计算。

3. 整店订货采购的服装商品数量

明确了店铺营业区陈列服装商品数量以及店铺仓库的库存量之后，就能预算整店服装商品订货采购数量了。整店订货采购货品数量即店铺营业区陈列服装商品数量与店铺仓库存货数量之和。

（二）新开店服装商品采购规划（组货构成）

服装商品采购企划需要对服装商品组货构成进行合理配比，规划合理的组货采购比例尤为重要。

服装商品组货构成有形象款、时尚款、核心款、促销款（图7-6）。其中，形象款占组货10%～20%，根据形象款的特征不参加促销活动；时尚款占组货55%～65%，可以针对款式销售情况及时做出调整，对于滞销款式尽快进行促销；核心款占组货20%～30%，根据核心款的特征建议尽量不采取低折扣；促销款占组货5%，根据促销款的情况可以及时了解顾客对商品的认可度，控制折扣和毛利。

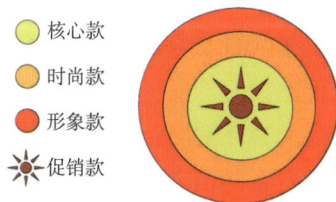

图7-6 服装商品组货构成

服装商品采购企划需要根据服装店铺的目标市场定位（表7-4）来实际考虑服装商品组货（图7-7）。例如，核心款和促销款组合能支持基本业绩，并能在当季持续销售；核心款和时尚款混搭，提高连带销售及品牌的时尚度；促销款能做成产品价廉物美的效果，吸引顾客定期到店。

表7-4 服装商品的构成

店铺级别名称	服装商品的构成
标杆店	形象款+时尚款+核心款+促销款
A类店（主力盈利店）	形象款+时尚款+核心款+促销款
B类店（替补店）	部分时尚款+核心款+促销款
C类店（折扣店）	核心款+促销款+折扣款

1. 形象款

形象款的采购要点：一是品牌形象突出；二是符合潮流主题，吸引眼球；三是可被作为展示的对象，以及用于宣传和推广，提升品牌形象。

形象款的特征：一是主要用来提升品牌形象，拉开与竞争对手视觉差异的款式；二是消费者层面较窄，主要是品牌忠诚消费者；三是价格稍高，服装品质好；四是销售不能跑量。

2. 时尚款

时尚款的采购要点：一是体现潮流主题，具有流行元素；二是可与形象款、基本款混搭穿着；三是体现商品的快销。

时尚款的特征：一是款式上有时尚元素，体现当季服装商品主题，是店铺主要推荐的商品；二是每两周上新一波，体现快时尚、快销售特征；三是中档价位的商品；四是销售不一定跑量，但是盈利较多。

3. 核心款

核心款的采购要点：一是关键产品；二是搭配性强，能够提高连带销售；三是款式适合人群广，消费者层面比较宽，实穿实卖。

核心款的特征：一是销售时期较长，一般贯穿当季商品的销售；二是适合于不同面积的店铺操作，每个店铺都需要配货；三是价格相对较低；四是销售是用来跑量的，对店铺销量起到较大的作用。

4. 促销款

促销款的采购要点：一是以价格优势吸引顾客，二是能够提高连带销售。

促销款的特征：一是针对竞争对手的商品，主要是通过促销吸引顾客进店；二是分析促销商品的销售情况，即时了解顾客对商品的认可度（价格、款式、颜色、尺码等），是否与市场消费人群相吻合（即要了解竞争对手）；三是促销商品的价位不能过高，以低价格吸引顾客进店。

📊 示范作业

新开店的服装商品采购企划

（历届学生作品）

春季"主题（系列）名称"
TL-1选配方案　　　　　　　上市时间：　　　　　核心款　时尚款　形象款　促销款

款号：TCZW01WB11 36 品名：牛仔外套 面料成分：70%棉28%聚酯纤维2%氨纶 颜色：牛仔蓝 价格：658元		款号：TCZW02SB02 36 品名：毛衣外套 面料成分：41%腈纶40%聚酯纤维19%锦纶 颜色：黑、杏 价格：898元		款号：TCZW01WB12 36 品名：西装外套 面料成分：100%聚酯纤维 颜色：白、粉 价格：568元	
款号：TCZW01WB05 36 品名：西装外套 面料成分：100%聚酯纤维 颜色：玫红、黑、白 价格：728元		款号：TCZW01WB12 36 品名：西装外套 面料成分：98%聚酯纤维2%氨纶 颜色：黑、粉 价格：628元		款号：T3ZW01WP02 36 品名：长裤 面料成分：62%棉35%锦纶3%氨纶 颜色：黑、杏 价格：598元	
款号：TCZW01WD02 36 品名：拼接连衣裙 面料成分：88%聚酯纤维8%粘纤4%氨纶 颜色：黑 价格：798元		款号：TCZW01WD08 36 品名：连衣裙 面料成分：50%聚酯纤维27%粘纤23%羊毛 颜色：黄、玫红 价格：1198元		款号：TCZW01WD12 36 品名：连衣裙 面料成分：100%聚酯纤维 颜色：粉 价格：658元	
款号：TCZW01WD03 36 品名：拼接连衣裙 面料成分：47%聚酯纤维25%棉21%锦纶7%氨纶 颜色：蓝、玫红 价格：628元		款号：TCZW01WD10 36 品名：拼接连衣裙 面料成分：64%棉30%锦纶3%氨纶3%其他纤维 颜色：绿、蓝 价格：698元		款号：TCZW01WD02 36 品名：拼接连衣裙 面料成分：72%聚酯纤维24%棉4%氨纶 颜色：黑 价格：758元	
款号：TCZW01WD12 36 品名：连衣裙 面料成分：50%锦纶47%聚酯纤维3%氨纶 颜色：黑、粉 价格：628元		款号：TCZW01WD02 36 品名：连衣裙 面料成分：90%聚酯纤维310%氨纶 颜色：黑 价格：758元		款号：TCZW01WD08 36 品名：连衣裙 面料成分：47%棉48%莫代尔纤维5%氨纶 颜色：黄 价格：728元	

图7-7　T品牌新开店的服装商品采购企划（指导教师：张虹）

三、已开店的服装商品采购

已开店的服装商品采购要数量订准、款式订准、尺码订准、面料订准、色彩订准，具体方案包括以下五个方面。

（一）确定总采购量（即销售目标）

战略目标与销售目标有根本的区别。战略目标一般时间跨度比较长、发生在更高级别的组织层次、目标和原则，广泛适用于整个公司，而销售目标发生在业务部门这个层次，计划的时间通常是一年，不是一份方向性的文件，而是一份操作性的文件。此外，实际采购金额跟销售目标不是一回事，它指的是要完成制订的销售目标时实际所要采购的金额，当要达到1000万元的销售业绩，并不能仅买1000万元的货品，因为货品并不能全部卖掉，极大可能会产生一定的库存。所以，实际采购金额等于销售目标与库存金额相加之和。

因此，在确定总采购量之前，必须统计出上一年本季的销售数据，以及目前的库存数量，当然是对应季节的，春季就只统计上一年春季的销售数据，看实际情况，以同比销售分析、库存分析这两个销售数据作为依据来订货。

如何参考上一年销售数据确定今年同期的总采购量即制订销售目标，通过下面的案例来解析。

💡 案例分析

情境设计：T品牌主力盈利店上一年春装销售933件，销售金额约897758元，比前年同比增幅45%。请预算今年该店春装采购总金额与总数量，即今年春装的销售目标。

过程解析：该店上一年春装销售933件，销售金额约897758元，即平均每件商品销售金额约962元。

897758×1.45≈1301750（元）

1301750÷962≈1353（件）

即：预算该店今年春装采购总金额约1301750元，约1353件。

（二）确定每个品类的采购量（即商品组合）

已开店规划了服装商品总采购量后，接下来要考虑服装商品组成，即上衣订多少、衬衫订多少、裙子订多少、裤子订多少等。

同样参考上一年销售数据来确定今年同期每个品类的采购量，通过下面的案例来解析。

💡 案例分析

情境设计：T品牌主力盈利店上一年春装销售数据见表7-5，请根据各品类上一年同期销售占比情况，预算今年该店春装各品类采购金额与数量。

表7-5　T品牌主力盈利店上一年春装销售数据

款式大类	F	XS	S	M	L	XL	销售件数（件）	件数占比（％）	实销金额（元）
饰品	32		1	3	5		41	4	12952
西装		5	33	27	15		80	9	105696
衬衫			15	13	7		35	4	31412
半身裙		12	41	35	12	1	101	11	81279
连衣裙		16	103	85	35	7	246	26	311003
针织衫		3	67	49	53	7	179	19	106817
裤子		4	22	15	2	3	46	5	30602
风衣		1	13	13	7		34	4	52053
T恤		5	62	57	41	6	171	18	165944
小计	32	46	357	297	177	24	933	100	897758

过程解析：该店上一年春装销售933件，销售金额约897758元，计划今年比上一年同比增幅45%。

经计算，预算该店今年春装采购总金额约1301750元，约1353件。

即：该店今年每个品类预算采购量如下。

饰品：4%×1353≈54件

西装：9%×1353≈122件

衬衫：4%×1353≈54件

半身裙：11%×1353≈149件

连衣裙：26%×1353≈352件

针织衫：19%×1353≈257件

裤子：5%×1353≈68件

风衣：4%×1353≈54件

T恤：18%×1353≈244件

（三）确定订货的款式量（即SKU订货宽度与订货深度）

1. 库存量单位的定义

库存量单位/库存单位/存储单位（Stock Keeping Unit，SKU），定义为保存库存控制的最小可用单位，即库存进出计量的单位。服装商品中一个SKU通常表示：款式、颜色、规格尺码。在服装零售中也表示最小零售单位/最小销售单位/最小管理单位/库存盘点单位等。

可以说SKU是从服装产品的角度来分析，只要服装商品属性不同，即款式、颜色、规格尺码不同，那么就是不同的SKU。不同的SKU有不同的编码，可以依照不同的SKU数据来分析服装商品的销售、库存状况。

针对服装电商而言，SKU是指一款服装商品，每款都有一个SKU，以便于电商品牌识别商品；若一款服装商品有多个颜色，则有多个SKU。例如：一件风衣有红色、白色、蓝色三种颜色,则SKU编码也不相同,如编码相同则会出现混淆甚至发错货的情况,只有SKU的精确管理才能适应电商物流竞争。

在服装商品的吊牌上,SKU以款号的文本形式出现。换言之,SKU就是服装商品款号的编码形式。例如,某国际时装品牌款号由11位数字组成,前5位数字表示服装商品系列或供应商编号,中间3位数字表示款式或供应商的货号,后3位数字表示服装商品的色号,数字越大代表颜色越深,例如800代表黑色,250代表白色。由此可见,该时装品牌款号的编码自成一套体系,虽然表示了服装商品的系列、款式、颜色,但仍有表达不足之处。

📝 知识链接

服装商品款号的编码规范:服装商品款号的编码应该有一套科学、规范的方法,通过款号可以表达更多的服装商品信息,以便于服装商品的科学管理。服装商品款号至少包含以下七部分的服装商品信息:品牌、组别、季节、布种与布号、款式类别与款数、颜色、尺码(表7-6)。

表7-6 服装商品款号的编码规范

顺序	1	2	3	4	5	6	7
编码(举例)	T	1/A	E	W/K/S01	WB 01	55	S/M/L
信息	品牌名称	组别	季节	布种与布号	款式类别与款数	颜色	尺码

(1)品牌名称编码(表7-7)。

表7-7 品牌名称编码规范

品牌名称	编码
首字母为T的品牌	T
首字母为C的品牌	C
首字母为A的品牌	A
……	……

(2)组别编码(表7-8)。

表7-8 组别编码规范

组别	基本款编码	时尚款编码
一组	1	A
二组	2	B
三组	3	C
四组	4	D
五组	5	E
……	……	……

（3）季节编码（表7-9）。

季节编码以避免识别混淆，略过英文字母I、O，其他24个英文字母依次循环。

表7-9　季节编码规范

季节信息	编码
2021年春装	A
2021年夏装	B
2021年秋装	C
2021年冬装	D
2022年春装	E
……	……

（4）布种与布号编码（表7-10）。

表7-10　布种与布号编码规范

布种与布号	编码
机织	W01…99
针织	K01…99
皮革（皮草）	S01…99

（5）款式类别与款数编码（表7-11）。

表7-11　款式类别与款数编码规范

款式类别与款数	编码
西装外套01……99	WB 01……99
机织长大衣01……99	WC 01……99
机织中长大衣01……99	WJ 01……99
机织短袖衬衫01……99	WS 01……99
机织长袖衬衫01……99	WT 01……99
机织背心（马甲）01……99	WV 01……99
机织连衣裙01……99	WD 01……99
机织半身裙01……99	WK 01……99
机织裤子01……99	WP 01……99
针织外套01……99	KB 01……99
针织长袖衫01……99	KE 01……99
针织短袖衫01……99	KF 01……99

款式类别与款数	编码
针织连衣裙01……99	KD 01……99
针织半身裙01……99	KK 01……99
针织裤子01……99	KP 01……99
皮革（皮草）外套01……99	SB 01……99
皮革（皮草）长大衣01……99	SC 01……99
皮革（皮草）中长大衣01……99	SJ 01……99
皮革（皮草）背心（马甲）01……99	SV 01……99
皮革连衣裙01……99	SD 01……99
皮革半身裙01……99	SK 01……99
皮革裤子01……99	SP 01……99

（6）颜色编码（表7-12）。

表7-12 颜色编码规范

颜色	编码
白色	01
……	……
黑色	99

（7）尺码编码（表7-13）。

表7-13 尺码编码规范

尺码大小	国际尺码	欧洲尺码
加小码	XS	34
小码	S	36
中码	M	38
大码	L	40
加大码	XL	42

📊 示范作业

（1）请根据下列服装商品信息的描述，完成服装商品的款号编码。

首字母为C的品牌，2021年春装第1组商品，品名为针织长袖衫，款数为06，布种与布号为针织02，颜色有黑色，尺码均码。

款号：C1AK02KE0699M

（2）请解释服装商品款号T3BW72WD1201S的商品信息。

商品信息：首字母为T的品牌，2021年夏装第3组商品，品名为机织连衣裙，款数为12，布种与布号为机织72，颜色为白色，尺码为小号。

2. 订货宽度与订货深度

（1）订货宽度：指的是每季订购的总SKU数。

（2）订货深度：指的是每个SKU订购的数量（件数）。

（3）订货宽度与订货深度的关系：订货总量相同的情况下，订货的宽度和订货的深度成反比，即宽度总SKU数越多，深度每个SKU订购的数量越少；宽度总SKU数越少，深度每个SKU订购的数量越多。

此外，店铺面积决定订货的款式量，以及历史销售数据决定订货的总数量。也就是说，订货宽度与店铺的面积大小（陈列面）以及该季节的销售周期长短有关，还与店铺SKU陈列量有关。如SKU过多，重点款式重复出样不够，主体不突出；如SKU太少，重复出样多，店面单调，吸引力不够。

参考上一年销售数据，今年同期每一品类订多少个款式？平均每款多少件？通过下面的案例进行解析。

💡 案例分析

情境设计：T品牌主力盈利店上一年春装销售数据见表7-14，请根据各品类上一年同期销售占比情况，预算今年该店春装每一品类订多少个款式。

表7-14　T品牌主力盈利店上一年春装销售数据　　　　单位：件

款式大类	款式数量	销售件数	平均每款销售件数
饰品	9	41	4.6
西装	19	80	4.2
衬衫	11	35	3.2
半身裙	17	101	5.9
连衣裙	51	246	4.8
针织衫	32	179	5.6
裤子	15	46	3.1
风衣	8	34	4.3
T恤	43	171	4.0
小计	205	933	4.6

过程解析：该店上一年春装销售933件，平均每款销售件数约5件，计划今年比上一年同比增幅45%。以连衣裙品类为例：

5×1.45≈7（件）

352÷7≈50（个）

即：该店预算今年连衣裙品类采购共352件，约50个SKU量。具体采购比例为：将三成（15~16个SKU）畅销款订货量达到该品类总量的一半（180件左右）甚至还多；而二成（10个SKU甚至更多）是否畅销不太有把握的款式，订货量只能占到该品类总量的10%（36件左右）；中间的五成（约25个SKU）则根据服装商品企划师的眼光来订数量，一般比平均数略小一点（每个款式订6件左右）。

（四）选定服装规格尺码

服装商品规格尺码的选定一般遵循：小码（S）、中码（M）、大码（L）之间的比例定为4：3：2或2：2：1，也可以根据款式的尺码如果偏大则调整为3：4：2或2：2：1，款式的尺码如果偏小则调整为2：4：3或1：2：2。

至于XS码和XL码不是每一款都必须订购，可以分析店铺的目标顾客群，根据实际情况，如有需要，XS码、XL码各加1件即可。

💡 案例分析

情境设计：T品牌主力盈利店上一年春装销售数据见表7-15，请根据上一年同期各品类尺码销售情况，选定今年该店春装每一品类服装尺码的比例。

表7-15　T品牌主力盈利店上一年春装销售数据

款式大类	F	XS	S	M	L	XL	销售件数（件）
饰品	32		1	3	5		41
西装		5	33	27	15		80
衬衫			15	13	7		35
半身裙		12	41	35	12	1	101
连衣裙		16	103	85	35	7	246
针织衫		3	67	49	53	7	179
裤子		4	22	15	2	3	46
风衣		1	13	13	7		34
T恤		5	62	57	41	6	171
小计	32	46	357	297	177	24	933
尺码占比	3%	5%	38%	32%	19%	3%	100%

过程解析：上一年同期各品类尺码销售比例为F：3%、XS：5%、S：38%、M：32%、L：19%、XL：3%，如果今年服装商品采购的尺码的比例是XS：10%、S：30%、M：30%、L：20%、XL：10%，那么比例相差较大，势必导致XS码和XL码的库存积压，S码的不够卖，那么部分款式的尺码需要进行调整。

即：将部分款的XS码改为S码，XL码改为M码或L码，让尺码的比例和上一年销售的尺码比例大致相同。

（五）服装面料的分析与选定

导致库存大的其中一个主要原因就是订购服装面料的准确性不够。关于提高订购服装面料准确性的技巧有以下四点。

一是选择的服装面料符合当前的流行趋势。女装的流行性、季节性要求时刻关注时装零售终端市场。每季一定会在面料中体现出流行趋势，注意订货度的把握、上市时间的把握。假如没有抓紧上货的时间，而其他品牌都大量的推出，等到服装上市的时候，服装商品的利润就会降低。

二是选择的服装面料符合消费者的心理需求，满足消费者的审美需求。

三是选择的服装面料符合品牌的定位。

四是选择的服装面料符合成本的要求。

任务实施

情境设计：请为T品牌新开的主力盈利店组货采购，完成以下两个子任务。

任务1：请根据T品牌店铺陈列布局图（图7-8），参考示范作业（图7-7），完成新开店服装商品进货预算（商品容量），以及服装商品采购规划（组货构成）。

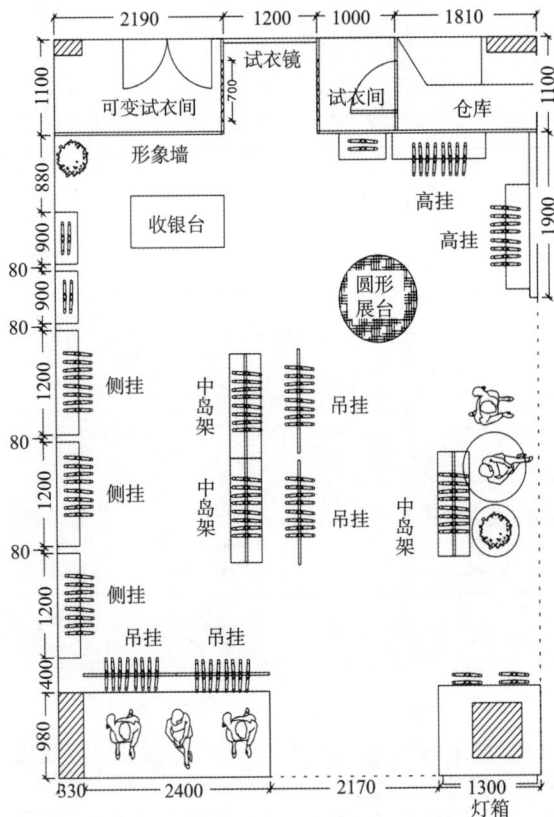

图7-8　T品牌店铺陈列布局图

任务2：根据表7-16 T品牌主力盈利店上一年春装销售数据，计划今年春装销售目标同比增幅1.45，请完成今年T品牌已开店的服装商品采购方案。

表7-16 T品牌主力盈利店上一年春装销售数据

款式大类	F	XS	S	M	L	XL	销售件数（件）	件数占比（%）	实销金额（元）
饰品	32		1	3	5		41	4	12952
西装		5	33	27	15		80	9	105696
衬衫			15	13	7		35	4	31412
半身裙		12	41	35	12	1	101	11	81279
连衣裙		16	103	85	35	7	246	26	311003
针织衫		3	67	49	53	7	179	19	106817
裤子		4	22	15	2	3	46	5	30602
风衣		1	13	13	7		34	4	52053
T恤		5	62	57	41	6	171	18	165944
小计	32	46	357	297	177	24	933	100	897758

任务8　服装商品波段上市组合

项目名称	服装商品企划的组织运作	
任务标题	T3-2　服装商品波段上市组合	
授课学时	2课时	
知识目标	K1	了解服装商品波段上市时间
	K2	熟悉各销售波段服装商品组合策略
	K3	熟悉服装产品销售生命周期
	K4	掌握服装产品销售生命周期各阶段的营销策略
技能目标	S1	能根据各销售波段服装商品组合策略，策划服装商品波段上市组合
	S2	能根据服装商品企划方案对服装产品销售生命周期各阶段制订营销策略
素养目标	A1	通过项目化的学习任务安排，培养学生一丝不苟、耐心细心、认真负责的工作态度
	A2	通过团队协作完成任务，培养学生的团队合作能力、沟通表达能力和汇报展示能力，以及处理工作任务中的问题和解决合作冲突的能力
重点分析及解决措施	重点分析：服装商品波段上市组合	
	解决措施：课前线上预习本任务内容，课堂上教师讲述各销售波段服装商品组合策略，教师指导学生策划服装商品新品上市组合	
难点分析及解决措施	难点分析：服装产品销售生命周期各阶段的营销策略	
	解决措施：教师讲述服装产品销售生命周期曲线各阶段的特征，引导学生进入服装企划师的角色进行服装产品销售生命周期各阶段的营销策略讨论，教师指导分析	

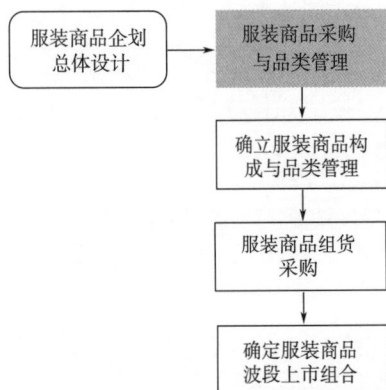

图8-1　服装商品波段上市组合的工作内容

服装商品上市时间组合指的是服装品牌在商品组合时计划好整个季度各个波段的系列、品类、款式数量和商品组合关系，以便在不同的时间波段上市（图8-1）。一般包括品类上市时间组合和各销售波段上市组合。

一、服装商品波段上市

（一）品类上市时间组合

品类上市时间组合即服装各大类服装商品上市时间计划和组合。一般情况都是依据各大类服装商品的季节考虑上市时间，每个服装企业都会有自己成熟的品类上市时间表，依据此表计划季度产品上市计划，品牌将会互相参考彼此上市时间以达到竞争获利。服装品类上市时间组合对服装企业生产、交货具有指导意义。

（二）各销售波段上市组合

在确定服装各大类商品上市时间之后，需要在每个销售季节根据季节气候和款式数量进行波段划分。设计和投产的数量越多，可划分的波段就相应增加。春夏季服装一般分为早春、初夏、盛夏三个子季节，根据地域特色及气候原因，又可将三个子季节划分为以下波段：早春1波段、早春2波段、早春3波段、初夏1波段、初夏2波段、初夏3波段、盛夏1波段、盛夏2波段、盛夏3波段。各个服装品类均推出产品进入销售波段，争取以最快速度更新（图8-2）。服装品类与款式上新比例并非一成不变，不同的服装品牌因为优势产品、地域因素、节日因素等都会适当调整上市波段。

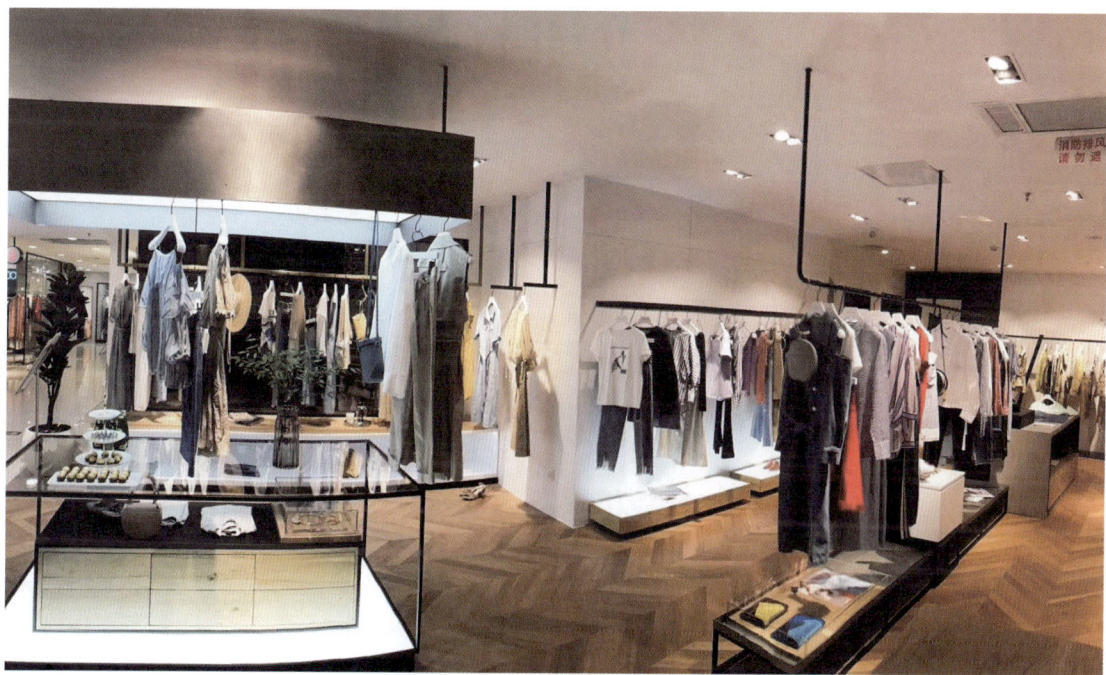

图8-2 春夏季服装款式上市组合

一般来说，年轻、时尚、产品季节性较强的服装品牌可以按照高频率的上市波段来操作，如运动服装品牌产品，生命周期有两三个月，以一年6～8个波段安排不同新产品上市销售是比较合适的。而受季节性影响不大，时尚度较低的经典服装品牌，一个服装款式能够售卖3～5个月，维持一年4次的上市波段是比较合适的，过于频繁的上市波段反而会让品牌产生廉价感，如奢侈品集团产品一般上市波段时间距离较长。对于快时尚服装来说，上市波段较为频繁，他们始终需要为消费者保持新鲜感，快时尚品牌一年会有12～20次新品上市，现如今更有国内品牌打破传统上市波段，采用周上市制度。

一般的服装品牌通常是比实际季节变更的时间点早一个月左右上市新品，如一个8次上市频率的时尚品牌，其春夏季新品上市时间应该是1月初的早春、2月中旬的仲春、4月初的春末夏初和5月中旬的仲夏，随着气温的高低来安排新品循序渐进的上市速度。不过南北方存在季节温度上的差异，因此上市波段会有一定调整。

总的来说，服装商品上市波段并非固定，它取决于品牌定位、服装产品特点、服装产品销售生命周期等，最重要的是由消费者的需求频率所决定。

💡 案例分析

春季服装新品上市波段——以T品牌为例

春装上市第一波（1月12日～1月25日）。新款占店铺商品的20%~30%，店铺冬装的存货占店铺商品的70%~80%，商品进货重点是春款，突出春意，让顾客一眼就看出"春装已上市，这家店铺上新款了"。注意：不要将春装与冬装穿插在一起陈列，冬装、春款应该分区域陈列。

春装上市第二波（1月26日～2月8日）。春装占店铺商品的40%~50%，整个店铺商品春装与冬装比例均衡为主，根据天气变化调整比例。如遇到春寒，抓紧机会处理冬款库存。当气温上升，第一波春装货品明显偏厚、难以销售时，清理退货。同时补足畅销款。第一波春装中，有一些可以与第二波货品搭配出新的效果继续销售，也需要及时补足。这也是为什么一定要上第二波货品再清退第一波货品的原因。

春装上市第三波（2月9日～2月22日）。春装占店铺商品的60%~70%，整个店铺商品以春装为主，根据天气变化调整比例。注意此时冬装应逐步清仓，春装货品为主力商品。春装销售旺季阶段随时盘点数量，及时补货。

春装上市第四波（2月23日～3月8日）。这时店内全部是春装，整个店铺以春装为主。服装卖场及专卖店开始打折销售，折扣力度较大，及时清理春装库存，控制补货量。夏装在2月中旬可以开始进货，占店铺商品的20%~30%，与春装分区域陈列，突出新意。色系组合方面要求与春季货品陈列有所区别。

二、服装商品组合策略

由于服装的基本形态、种类、用途、制作方法、原材料的不同，各类服装应表现出变化万千的风格与特色。服装商品组合搭配是指将两种以上的服装品类组合以形成某种整体风格。合理的组合搭配既能促进销售，又能形成某种整体风格。因此，服装商品品类上市进行组合搭配时，需要考虑服装商品的款式属性、色彩属性、面料属性、尺码规格属性等方面的组合。

（一）服装款式属性

服装款式随着流行趋势的变化而千变万化，但仍有一些经典的服装及配饰永恒不变，这些经典、永恒的服装款式，我们通常称为"基本款"；而那些伴随流行趋势出现之后易于过时的服装，我们称为"时尚款"。

"基本款"指的是经典的服装及配饰，款式上没有繁复的设计元素，没有时尚的流行元素，也没有风格导向性，可与各种服饰搭配，经得起时间考验的百搭样式都可以称为"基本款"。此外，"基本款"不仅指样式，在色彩上、图案纹饰上也以"基本色"表现。"基本色"包括那些永恒活跃在时尚舞台的无彩色系（黑、白、灰），成熟稳重的大地色系和裸色系等。

1. 女装基本款搭配

（1）基本款衬衫：女衬衫（Blouse）一词据说源自古罗马时代农耕时所穿的紧身束腰外衣（Blouson）。现在指女性和儿童上半身所穿的面料轻薄的宽松单衣。女衬衫是女性服装中最具有代表性的上衣（图8-3）。若想展现中性形象，那么应该选择设计简单的基本款衬衫；若想展现女性优雅的形象，则应该选择垂褶式领口或衣领、胸口有设计元素，材质轻柔带印花的衬衫。

① 款式分析：翻领、胸口可有贴袋、开襟、长袖或短袖、圆角或方角的下摆。

② 基本色：白色、纯色、条纹、格子。

③ 常见搭配：搭配直筒膝上裙、及膝裙可塑造OL服饰风格；搭配西装裤可塑造较为严谨的行政风格；搭配牛仔裤、休闲裤，自然、舒适又休闲。

图8-3 基本款衬衫

（2）基本款半身裙：半身裙又称半裙（Overskirt），按裙长可分为：超短裙（Micro skirt）、迷你裙（Mini skirt，裙摆位于膝盖上方11~16cm处）、及膝裙（Knee length，又称齐膝裙，裙摆齐膝）、中长裙（Midi，裙摆长至膝下或位于小腿中部）、长裙（Maxi，裙摆垂到脚踝或脚背）、超长裙（Long，裙摆位于鞋后跟且接近地面）；按款式可分为：包臀裙、直筒裙、A字裙、阔摆裙、百褶裙、鱼尾裙、伞裙、喇叭裙等。

① 款式分析：最基本的半身裙款式是直筒及膝裙，因为适合穿着直筒裙的年龄范围比较大，既可适合职场，也可适合休闲娱乐场合穿着。

② 基本色：黑白灰、纯色。

③ 常见搭配：半身裙可以搭配的上装有T恤、衬衫、开襟毛衫、套头毛衣、小西装外套、风衣等，搭配性比较强，既可以塑造干练的职场女性服饰形象（图8-4），也可以塑造浪漫、活泼的时尚女性服饰形象。

（3）基本款连衣裙：连衣裙又称连身裙（One-piece dress），是上下身连接一起的裙装。很少能有其他服装像连衣裙一样，仅仅用单件服装便能塑造出女性优雅而活泼的形象（图8-5）。时至今日，连衣裙还是只属于女性专享的服装，因此，若想展现女性优雅的形象，可选择一条连衣裙。

① 款式分析：最基本的连衣裙款式是直筒连衣裙，衬衫式直筒连衣裙给人以休闲感。

② 基本色：黑白灰、纯色。

③ 常见搭配：夏季可穿着无袖直筒连衣裙、吊带式直筒连衣裙；春秋季可把短款开襟毛衫搭配在无袖连衣裙、吊带式连衣裙、直筒连衣裙外面，还可以搭配小西装、风衣等外套，

图8-4 基本款半身裙

图8-5 基本款连衣裙

塑造出优雅或活泼的女性形象。

（4）基本款外套：从20世纪初期开始，女性的地位不断提高。在服装选择中，外套（Coat）不仅具有御寒的实用性功能，而且它还有助于完成服饰形象造型，具有弥补体型缺点的作用。

图8-6 基本款外套（小西装）

① 款式分析：女性最基本的外套是小西装、夹克、风衣。在可可·香奈儿（Coco Chanel）开创了男装女穿的风潮之前，谁也不会想到西装会成为女性衣橱里重要的组成部分，最基本的款式是带有西装领的单排纽小西装，长度为齐腰，既适合个子较高也适合身材娇小的女性，实用性较好。

② 基本色：黑白灰，面料为斜纹软呢或人字纹、方格以及经典的千鸟格等。

③ 常见搭配：职业女性的典型着装是身穿小西装，搭配正装半身裙或西装裤（图8-6）；小西装也可以混搭休闲装，内搭T恤、衬衫、毛衫，下装搭配牛仔裤、半身裙、连衣裙等。

（5）基本款风衣：风衣的款式风格多样，裙式风衣不仅具有中性的洒脱，更平添了几分裙装的妩媚，正好迎合了时尚女士在秋冬季依旧希望轻舞飞扬的美丽心情。近几年，越来越多的设计师在原有风衣款式的基础上融入更多的时尚元素，在细节处做了精致的处理来迎合大众的不同审美要求。但经久不衰的军装款式仍然成为风衣基本款的样式，短款干练、长款潇洒（图8-7）。

① 款式分析：风衣按衣长可分为短款风衣、中长风衣、长风衣。其中，中长款风衣比较基本，款式特征有领位扣带、胸口前肩盖布、后背遮盖布、束手袖、肩襻、腰带等六处细节。此外，翻驳领、双排扣、插袋也是基本款风衣的款式特征。

② 基本色：驼色、卡其色、黑色、纯色，以及经典的博柏利格纹等。

③ 常见搭配：短款风衣比较适合身材矮小的女性；长款风衣比较适合身材高挑儿的女性。下装可搭配裤装、裙装。值得注意的是风衣搭配及膝裙或中长裙，裙摆比风衣摆要长4~6cm才比较精致美观。

（6）基本款裤子：裤子（Pants）是穿在腰部以下包裹臀部和双腿，有裤腰、裤裆和两条裤腿的服装。20世纪初期，由于轿车问世和第一次世界大战的影响，裤子逐渐成为女性的日常服装。最初，女性只有在骑自行车或者打网球时才穿裤子。但在第一次世界大战结束之后，女性不断进入社会的各个层面，裤子也开始在女性群体中普及开来。裤子按裤长可分为：热裤、短裤、中裤、中长裤、长裤；按款式可分为：烟管裤、铅笔裤、紧身裤、直筒裤、喇叭裤、锥形裤、阔腿裤等。

① 款式分析：最基本的裤子款式是直筒裤，适合任何一种体型（图8-8）。

② 基本色：黑白灰、卡其色、牛仔蓝。

③ 常见搭配：夏季可穿着热裤、短裤、中裤，上装可搭配吊带背心、T恤、衬衫等；春秋季可穿着长裤，上装可搭配开襟毛衫、套头毛衣、小西装、夹克、风衣等。

2. 男装基本款搭配

（1）基本款T恤：T恤（T-shirt）是春夏季人们最喜欢的服装之一，特别是烈日炎炎、酷暑难耐的盛夏，T恤衫以其自然、舒适、潇洒又不失庄重之感的优点而逐步替代昔日男士们穿背心或汗衫外加一件短袖衬衫的模式出现在社交场合。T恤成为人们乐于穿着的时令服装，也成为全球男女老幼均爱穿着的服装。

Polo衫（Polo shirt）又称马球衫，源于贵族的马球

图8-7　基本款风衣

图8-8　基本款裤子

图8-9　基本款T恤

图8-10　基本款Polo恤

运动着装。打马球时需要穿着舒适，并有领子的短袖衣服，后来Polo衫广为大众喜爱，演变成一般的休闲服装。Polo衫历史悠久，作为一款屈指可数的能够保留至今继续穿着的古典服装款式，由拉夫·劳伦（Polo Ralph Lauren）设计并推出，凭借其经典的款式，由一款专项运动的着装引介到其他运动界以至休闲穿着，因此叫作Polo衫，也称为高尔夫球衫（Golf shirt）。

①款式分析：最基本的T恤款式是圆领、短袖、衣身呈直筒型（图8-9）。基本款T恤衫的质地一般为100%纯棉，织物则有网、平纹等针织形态，款式是以衣摆不系进裤子里为前提，做出衣摆后长、前短，且侧边有一小截开口的下摆，这种下摆设计使穿着者在坐着时也能避免一般T恤因前摆过长而皱起来的情况。Polo衫为短袖，衣身呈直筒型，罗纹翻领，3~4粒纽扣钉在衣领前部正中，门襟呈半开式（图8-10）。

②基本色：黑白灰、纯色、条纹。

③常见搭配：T恤已与牛仔裤构成了全球最流行、穿着人数最多的服装，适合休闲场合穿着。此外，工作和休闲时都适合穿Polo衫，如果要参加一些稍微正式的场合，可以搭配一件单西（西装一般定义指西装上衣和西裤的套装，而单西是指西装上衣或西裤中的一件，这里的"单西"指一件西装上衣），营造一种年轻时髦精英的感觉。一般场合Polo衫搭配修身直筒裤及皮鞋，也可搭配棒球帽、牛仔裤和胶底鞋或运动鞋（Sneaker），会有一种清爽、阳光青年的气质。

（2）基本款衬衫：对于男性而言，衬衫（Shirts）是绅士装扮的重要服装之一（图8-11）。领子（Collar）被誉为衬衫的生命，是进入他人视线的第一个重要部分。同时，领子也是决定服装廓型和服装穿着时长的重要因素，常见的有八字领、温莎领、钉扣领等男式衬衫领型（图8-12）。普通领适合所有人穿着，除了不可与休闲装搭配之外，任何套装均可进行搭配。西装、衬衫、领带是男士正装最基本的配置，正装衬衫始终以白色为主。随着体育和休闲娱乐的发展，衬衫呈现休闲化的趋势，衬衫的色彩开始变得丰富，样式也逐渐多起来。

① 款式分析：最基本的正装衬衫款式是翻领、开襟、长袖（有袖克夫）、方下摆、胸口有领巾袋。

② 基本色：正装衬衫以白色、浅色、纯色为主；休闲衬衫为条纹、格子、花卉动植物纹饰等。

③ 常见搭配：正装衬衫衣领比西装衣领高出约1.5cm，露出西装袖子的1.5cm左右，这样才能达到内外搭配的最佳效果，与此同时，衬衫领与颈部最好留有0.5cm的空隙。

（3）基本款外套：外套是穿在最外面的服装，多为上衣，男装中最基本的外套款式是西装、夹克。众所周知，外套具有防寒的功能，除此之外，西装还起到表现权威感以及展示魅力和个性的作用。

① 款式分析：西装与衬衫、领带构成男士正装的最基本配置（图8-13）。夹克是半正式的上衣，它不同于套装概念中的上衣，可以单独穿着，是男装中重要的款

图8-11　基本款衬衫

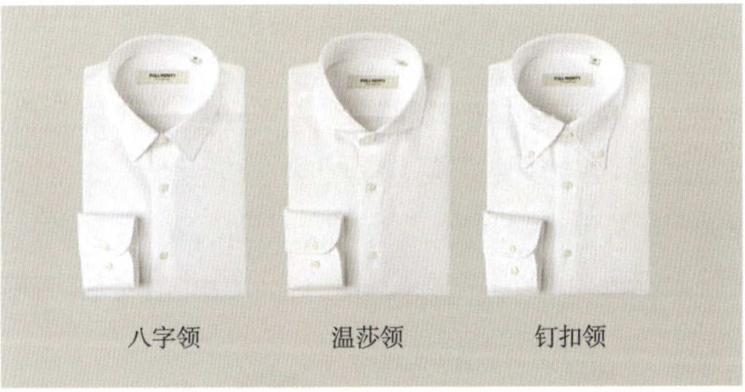

图8-12　男式衬衫领型

式之一。在19世纪后半期，人们在进行户外体育和娱乐活动时穿着夹克，但在此之前，只有部分上流人士在体育锻炼时穿着夹克。现代日常生活中基本款的夹克是休闲夹克，又称运动夹克（图8-14），是一种长短到臀部、衣摆束紧的短外套，没有特殊的设计或特定的色彩和花纹。

② 基本色：黑白灰、纯色，面料为斜纹软呢或法兰绒等。

③ 常见搭配：西装是由同一种面料缝制而成的包括西装上衣和西裤组成的一整套服装；基本款夹克可搭配休闲裤、牛仔裤。

（4）基本款风衣：风衣（Trench coat）起源于第一次世界大战期间英国军官在战壕里所穿的服装，是雨衣类的一种，经久不衰的军装款式仍然成为风衣基本款的样式，短款干练、长款潇洒。风衣按衣长可分为：短款风衣、中长风衣、长风衣。

① 款式分析：风衣全部采用同一种面料缝制而成，从肩部经胸部披挂着前肩盖布（Storm flap），背部有后背遮盖布（Cape back）和双襟式腰带，而且带有肩襻。正是因为风衣有以

图8-13　基本款外套（西装）

图8-14　基本款夹克（运动夹克）

上这些款式特征，所以风衣比较适合形体高大、健壮的人穿着，展现出男性阳刚、洒脱的气质（图8-15）。

②基本色：黑色、灰色、驼色、卡其色、纯色，以及经典的博柏利格纹等。

③常见搭配：风衣与正式的西装套装或夹克搭配时，将会产生非常好的效果。

（5）基本款裤子：在法国大革命之前，所有的绅士都穿着紧身裤，选择流行的裤子在当时只不过是渔夫的工作服而已。在经历产业革命并迈入20世纪之后，人们的生活发生了翻

图8-15　基本款风衣

天覆地的变化。随后，相继出现了既能满足功能需求，又不失美观的各种裤子。其中，最有代表性的当属时髦的牛津裤（Oxford bags）、由体育运动大众而产生的灯笼裤（Knicherbochers）以及称为大众工作服的斜纹粗棉布牛仔裤等。

① 款式分析：在男装里，常见的裤型有直筒裤和锥形裤。其中，直筒裤是男装裤子的基本款（图8-16）。

② 基本色：黑白灰、米色、纯色。

③ 常见搭配：正装应搭配西裤，休闲装搭配休闲裤、牛仔裤，个矮的人不适宜穿裤脚口上翻的裤子。

3. 基本款与时尚款搭配

服装搭配是指两种或两种以上的服装进行组合，它不仅是一种服装的简单组合，而是将人们的生活方式、社会环境等诸多因素结合起来，也含有塑造整体美的含义。运用服饰搭配可以塑造不同的服饰形象。

图8-16　基本款裤子

（1）基本款与时尚款的配置比例："基本款"是永恒不变的经典款式，而那些伴随流行趋势出现之后易于过时的服装则是"时尚款"。一般衣橱里的"基本款"与"时尚款"的服装数量较为理想的配置比例为7∶3或者8∶2，也就是说包容性、实用性较强的"基本款"服装偏多一些，而流行的、风格导向性较强的"时尚款"则可以较少一些，这样的服装配置可以使我们根据不同穿着场合选择适合自己的款式，用相对较少的服装成本就能创造个性化的时尚风格。

在衣橱管理中，还要注意在选购"基本款"服饰时，要特别注重服装的品质，从面料、材质以及做工等各方面多加考虑那些值得"重金投资"的高品质的"基本款"。因为有了高品质的"基本款"，再根据个人喜好和需要选择一些适合自己的"时尚款"，以及一些合适的配饰相搭配，就可以衍生出无数种服饰风格。

（2）基本款与时尚款单品搭配：单品，在服装搭配领域里是指衬衫、T恤、夹克、西装、风衣、半身裙、连衣裙、牛仔裤等单品服装。单品服装搭配技巧的要领在于擅长将基本款与时尚款搭配，使服装依据穿着者的个性展现出不同的美感。

① 背心搭配外套：在背心外面套上各式外套，一般来讲，背心长度应长于外套长度，形成里长外短的效果，这样搭配与单穿相比，能够塑造出迥异的服装风格，因而格外受到年轻人的青睐。

② 衬衫搭配裙子：用束腰衬衫搭配喇叭长裙，展现穿着者的民族形象；或者宽松的衬衫搭配迷你裙，展现穿着者活泼、阳光的形象。

③ 半身裙搭配单西（指一件西装上衣）：近几年，设计师在女西装款式上不断进行改良，在细节的变化上体现新意，例如耸肩修身小西装、无领西装、瘦版长款西装、拼接样式

西装等。除了款式的创新外，领子部分的设计也是重头戏，在撞色系盛行的风潮下，不同色彩的翻领如同拼接设计，与原本西装的色彩形成了较大反差，呈现出摩登的视觉效果。高腰线的短裙搭配条纹T恤、格了西装外套，塑造出街头亲和的形象；超长裙与单西搭配，营造出充满异域风情的视觉效果。

④ 连衣裙搭配单西：连衣裙搭配西装是较为出彩的组合，单西搭配一条奢华感的小礼服裙，一方面能减少小礼服的严肃和过于隆重感；另一方面则能凸显西服的大气。

⑤ 裤装搭配单西：牛仔裤、连体裤以及带有复古风味的九分裤搭配单西，这些具有创意的组合给予西装混搭的全新概念，脱离了寻常西装搭配西裤的固有模式，从而达到新颖的视觉搭配效果。

（二）服装色彩属性

色彩分为无彩色、有彩色。色彩对比类型有同类色对比、近似色对比、对比色对比、互补色对比。

服装色彩属性搭配方法有纯度一致法、撞色搭配法、明度一致法、面积弱化对比法等。

1. 纯度一致法

纯度一致的色彩搭配是指色彩虽然纯度一致，但明度、色相有所不同，相邻或相对皆可（图8-17）。如纯度较低的墨绿与明度较低的深红搭配，尽管色相相撞，但是纯度都较低，因此仍形成和谐的配色。

2. 撞色搭配法

不同纯色的色彩搭配，能通过对比的手法使高纯度色彩更鲜艳，低纯度色彩更温和。如用大面积蓝色衬托局部红色，更能突出高纯度色彩（图8-18）。

3. 明度一致法

明度一致能给人整体统一的印象感受，十分舒适（图8-19）。如外套、围巾、挎包等都是低明度，展现优雅的色彩搭配。

4. 面积弱化及无彩色搭配法

色相相撞最需要谨慎，如黄色与紫色、红色与绿色，除了上面介绍的方法外，还可以用面积的大小来弱化对比，或者与无彩色搭配来调和色彩的冲突。大面积的红色A字裙与短款绿色上衣，搭配黑色手拿包的组合既明快又没有冲突的感觉（图8-20）。

图8-17 纯度一致法

（三）服装面料属性

服装面料除了具有视觉和触觉的感受，还具有覆盖躯体，保护、装饰、表现的作用。常见的服装面料有棉、麻、毛、丝、化纤、皮革、毛皮、羽毛、金属石材、新型材料等。

服装材料分为面料与辅料两大类。

图8-18 撞色搭配法

图8-19 明度一致法

图8-20 面积弱化及无彩色搭配法

服装面料又分为针织面料、机织面料、皮革（皮草）等。

针织面料又分为手工针织（编织）、高速机织。

机织面料（织物）的织纹组织种类有平纹组织、斜纹组织、缎纹组织。

（四）服装尺码规格属性

服装号型国家标准由国家市场监督管理总局、国家标准化管理委员会批准发布。GB/T 1335.1—2008《服装号型 男子》和GB/T 1335.2—2008《服装号型 女子》于2009年8月1日起实施。GB/T 1335.3—2009《服装号型 儿童》于2010年1月1日起实施。服装号型国家标准自实施以来，对规范和指导我国服装生产和销售都起到了良好的作用，我国批量性生产的服装的适体性有了明显改善。我国现有的服装号型国家标准是根据我国标准的人体数据的规律和使用需要，选出最有代表性的部位，经合理归并设置。按照"服装号型系列"标准规定，在服装上必须标明号型。

1. 识别服装号型

号型标志是指上装、下装系列分别标明号型，号与型之间用左斜线分开，后接形体胸腰差分类代号。例如女上装160/84A，其中：160表示身高为160cm，84表示净体胸围为84cm，A表示胸围与腰围的差数为14～18cm。

（1）号：指人体的高度，以"cm"表示人体的身高，是设计和选购服装长度的依据。

（2）型：指人体的胸围或腰围，以"cm"表示人体胸围或腰围，是设计和选购服装围度的依据。

（3）形体胸腰差分类代号：指胸围与腰围之间的差值，用英文大写字母Y、A、B、C表示人体的胸围与腰围的差数为依据划分为四类，其中 Y表示偏瘦体、A表示标准体（匀称）、B表示偏胖体（丰满）、C表示肥胖体。

① 女性形体胸腰差分类代号：Y（表示胸围与腰围的差数为19～24cm）、A（表示胸围与腰围的差数为14～18cm）、B（表示胸围与腰围的差数为9～13cm）、C（表示胸围与腰围的差数为4～8cm）。

② 男性形体胸腰差分类代号：Y（表示胸围与腰围的差数为17～22cm）、 A（表示胸围与腰围的差数为12～16cm）、B（表示胸围与腰围的差数为7～11cm）、C（表示胸围与腰围的差数为2～6cm）。

2. 服装号型介绍

号型系列是以各体型中间体为基础，向两边依次递增或递减组成。以5·4号型系列为例，身高以5cm分档组成，胸围以4cm分档组成，腰围以4cm分档组成。如果腰围以2cm分档组成，那该系列称为5·2号型系列。一般身高与胸围组成上装5·4号型系列；身高与腰围组成下装5·4号型系列或5·2号型系列。

以5·4号型系列为例，欧洲尺码与中国尺码存在差异如表8-1、表8-2所示（各服装品牌尺码标准略有不同，此表仅供参考）。

表8-1 女装号型一览表

国际尺码		XS	S	M	L	XL	XXL
欧洲女装（英寸）	上装号型	34	36	38	40	42	44
		155/80A	160/84A	165/88A	170/92A	175/96A	180/100A
	下装号型	27	28	29	30	31	32
		155/64A	160/68A	165/72A	170/76A	175/80A	180/84A
中国女装（cm）	上装	155/76A	160/80A	165/84A	170/88A	175/92A	180/96A
	下装	155/60A	160/64A	165/68A	170/72A	175/76A	180/80A

表8-2　男装号型一览表

国际尺码		XS	S	M	L	XL	XXL
欧洲男装 （英寸）	衬衫	38	39	40	41	42	43
中国男装 （cm）	上装	165/88A	170/92A	175/96A	180/100A	185/104A	190/108A
	下装	165/72A	170/76A	175/80A	180/84A	185/88A	190/92A

三、服装产品销售生命周期及各阶段的营销策略

（一）产品生命周期的概念

产品生命周期（Product Life Cycle，PLC），是产品的市场寿命，即一种新产品从开始进入市场到被市场淘汰的整个过程。产品生命周期理论是美国哈佛大学教授费农1966年在其《产品周期中的国际投资与国际贸易》一文中首次提出的。费农认为：产品生命是指市场上的营销生命，产品和人的生命一样，要经历形成、成长、成熟、衰退这样的周期。就服装产品而言，也就是要经历开发、引进、成长、成熟、衰退的阶段。

（二）服装产品销售生命周期的重要性

服装产品销售生命周期是一个很重要的概念，它和企业制订服装企划以及营销策略有着直接的联系。企业管理者要想使新款服装有一个较长的销售周期，能够赚取足够的利润来补偿推出该新款服装时所付出的一切努力和承受的一切风险，就必须仔细研究和运用服装产品销售生命周期理论。此外，服装产品销售生命周期也是服装营销人员用来推销服装商品和市场运作方法的工具。

服装产品销售生命周期的营销策略为服装企业产品的更新提供了战略指导，为服装企业的战略发展提供了科学依据。服装产品销售生命周期的不同阶段对企业制订营销目标的影响是不同的。服装市场经济的竞争复杂多变，企业只有掌握市场的主动权，才能在激烈的服装市场竞争中立于不败之地。进行正确的服装产品销售生命周期的营销策略，已成为企业在服装市场竞争中制胜的有力方法，服装企业应在服装营销管理工作中选择适合自己的营销策略，以求在发展道路上闯出一条适合于自身发展的、独特的成长之路。

（三）服装产品销售生命周期曲线各阶段的特征

服装产品销售生命周期要经历进入期、成长期、成熟期、衰退期四个阶段（图8-21）。

1. 服装产品销售生命周期曲线描述

如图8-21所示，该曲线适用于一般服装产品销售生命周期的描述，不适用于风格型、时尚型、热潮型和扇贝型等特殊的服装产品生命周期的描述。

在开发期间该服装产品销售额为零，服装企

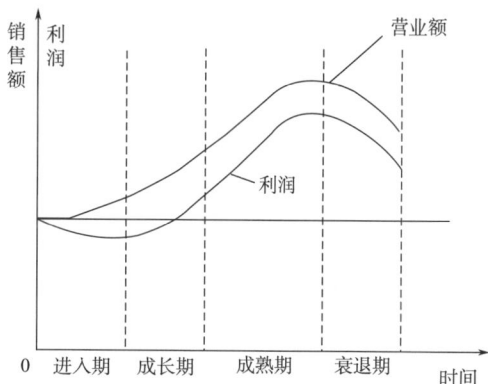

图8-21　服装产品销售生命周期曲线图

业投资不断增加。

（1）进入期：销售缓慢，初期通常利润偏低或为负数。

（2）成长期：销售快速增长，利润也显著增加。

（3）成熟期：利润在达到顶点后逐渐走下坡路。

（4）衰退期：产品销售量显著衰退，利润也大幅滑落。

📝 知识链接

风格型、流行型、热潮型、扇贝型等特殊服装产品生命周期描述

风格型、流行型、热潮型、扇贝型四种特殊的服装产品生命周期曲线（图8-22）并非通常的S型，它们的特点描述如下。

风格型（Style）指在某一领域内，广受人们欢迎的服装风格。服装风格一旦产生，可能会延续被取代，根据人们对它的兴趣而呈现出一种循环再循环的模式，时而流行，时而又可能并不流行。

流行型（Fashion）也称"时尚型"。流行型的服装产品生命周期特点是服装刚上市时很少有人接纳（称为"独特阶段"），但接纳人数随着时间慢慢增长（称为"模仿阶段"），终于被广泛接受（称为"大量流行阶段"），最后缓慢衰退（称为"衰退阶段"），消费者

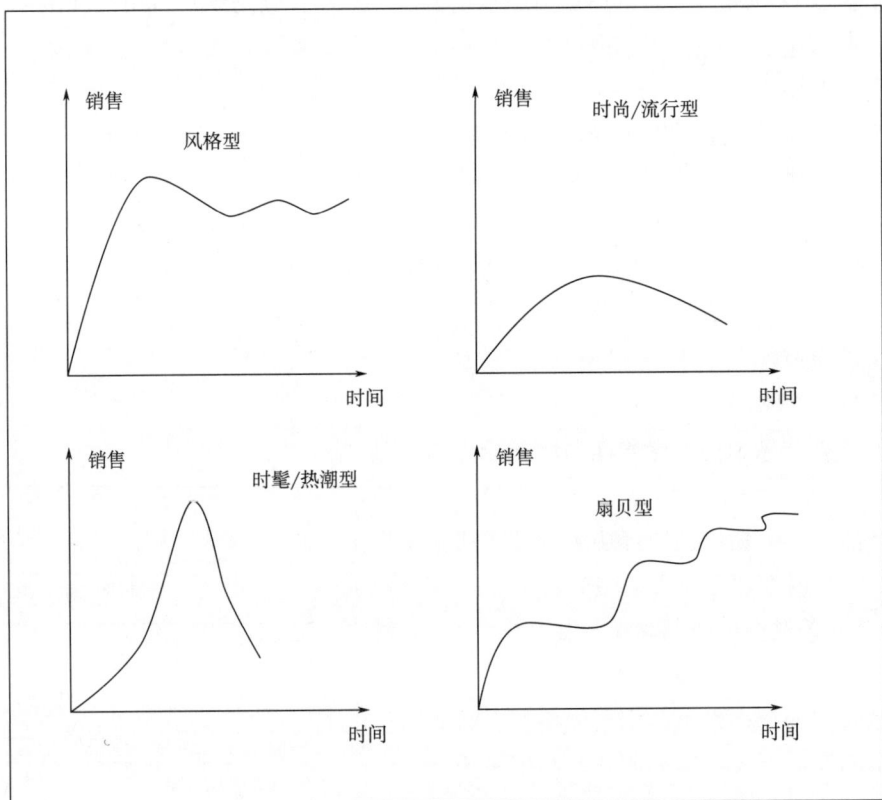

图8-22　四种特殊的服装产品生命周期曲线图

开始将注意力转向另一种更吸引他们的时尚产品。

热潮型（Fad）是一种来势汹汹且很快就吸引大众注意的时尚产品，也称"时髦型"。热潮型服装的生命周期往往快速成长又快速衰退，主要是因为它只是满足人们一时的好奇心或需求，所吸引的只限于少数寻求刺激、标新立异的人，通常无法满足更强烈的需求。

扇贝型（Scallop）主要指服装产品生命周期不断地延伸再延伸，这往往是因为服装产品创新或不时发现新的用途导致的。

2. 服装产品销售生命周期曲线不同阶段的特征

在服装产品销售生命周期的不同阶段，销售量、利润、购买者、市场竞争等都有不同的特征（表8-3）。

表8-3 服装产品销售生命周期曲线不同阶段的特征

| 阶段 | 进入期（引进期、投入期、导入期） | 成长期 | 成熟期 | | 衰退期 |
			前期	后期	
销售量	低	快速增大	继续增长	有降低趋势	下降
利 润	微小或负	大	高峰	逐渐下降	低或负
购买者	爱好新奇者	较多	大众	大众	后随者
竞 争	甚微	兴起	增加	甚多	减少

（1）进入期：新款服装投入市场便进入介绍期。此时，消费者对新款服装还不了解，只有少数好奇心强、追求新奇的消费者可能购买，销售量很低。进入期扩展销路，需要投入大量的促销费用，为新款服装进行广告宣传。在进入期，产品不能大批量生产，因为投入成本高，销售额增长缓慢，服装零售企业不但得不到利润，反而可能亏损。服装产品各个方面的细节也需要不断完善。

（2）成长期：此时，消费者对新款服装有了一定的熟悉度，大量的新顾客开始购买，新款服装在市场占有逐渐扩大。这时新款服装大批量生产，生产成本相对降低，服装零售企业的销售额迅速上升，利润也迅速增长。竞争者看到有利可图，将纷纷进入服装市场参与竞争，使同类服装产品供给量增加，价格随之下降，服装零售企业利润增长速度逐步减慢，直至接近服装产品销售生命周期利润的最高点。

（3）成熟期：指服装大批量生产并稳定地进入服装市场销售，经过成长期之后，随着购买新款服装人数的增多，服装市场需求趋于饱和。此时，新款服装普及并不断改善，生产成本低而产量大。由于竞争的加剧，导致同类服装生产企业之间不得不在产品质量、花色、规格、包装、服务等方面加大投入，在一定程度上增加了生产成本。服装市场需求趋向饱和，潜在的顾客已经很少，销售额增长缓慢直至转而下降，标志着新款服装进入了成熟期。在这一阶段，竞争力逐渐加大，服装售价降低，促销费用增加，服装零售企业利润下降。

（4）衰退期：指新款服装在此时变成老款服装，逐渐进入淘汰阶段，服装销售量和利润持续下降，若服装在市场上不再流行或者不能适应服装市场需求，抑或服装市场上有其他性价比高的新款服装出现已经满足消费者的需求。此时生产成本较高的服装企业就会由于无利可图而陆续停止生产，该类服装产品的生命周期也将结束，以致最后完全撤出服装市场。

（四）服装产品销售生命周期各阶段的营销策略

服装产品销售生命周期各阶段的特征决定了应对服装产品销售生命周期各阶段的营销策略也有所不同，见表8-4。

表8-4 服装产品销售生命周期各阶段特有的营销策略

	阶段	进入期	成长期	成熟期	衰退期
特征	销售额	低	快速增长	缓慢增长	衰退
	利润	易变动	顶峰	下降	低或无
	现金流量	负数	适度	高	低
	顾客	创新使用者	大多数人	大多数人	落后者
	竞争者	稀少	渐多	最多	渐少
策略	策略重心	扩张市场	渗透市场	保持市场占有率	提高生产率
	营销支出	高	高（但百分比下降）	下降	低
	营销重点	产品知晓	品牌偏好	品牌忠诚度	选择性
	营销目的	提高产品知名度及产品试用	追求最大市场占有率	追求最大利润及保持市场占有率	减少支出及增加利润回收
	分销方式	选择性的分销	密集式	更加密集式	排除不合适、效率差的渠道
	价格	高价快速策略	渗透性价格策略	竞争性价格策略	削价策略
	产品	基本型为主	改进品，增加产品种类及服务保证	差异化，多样化的产品及品牌	剔除弱势产品项目
	广告	争取早期使用者，建立产品知名度	大量营销	建立品牌差异及利益	维持品牌忠诚度
	销售追踪	大量促销及产品试用	利用消费者需求增加	鼓励改变采用公司品牌	将支出降至最低

1. 进入期（引进期）的营销策略

服装商品的进入期一般是指新款服装开发成功到进入服装市场试销的阶段。在新款服装的进入期，由于消费者对服装款式相对陌生，服装零售企业必须通过各种促销手段把新款服装引入市场，力争提高新款服装的市场知名度；另外，进入期的服装生产成本和销售成本相对较高，服装零售企业在给新款服装定价时不得不考虑这个因素。所以，在进入期服装零售企业营销的重点主要集中在促销和价格方面。一般有四种可供选择的市场战略。

（1）高价快速策略：高价快速策略的形式是采取高价格的同时，配合大量的宣传推销活动，把新款服装推入市场。主要目的在于先声夺人，抢先占领服装市场，并希望能在竞争还没有大量出现之前就能回收成本，获得利润。适合采用这种策略的市场环境有以下三种。

① 新款服装必须有很大的潜在市场需求量。

② 新款服装的品质特别高，款式新颖，很少有其他新款服装可以替代，消费者一旦了解这款服装，常常愿意出高价购买。

③ 服装企业面临着潜在的竞争对手，想快速建立良好的服装品牌形象。

（2）选择渗透战略：选择渗透战略的特点是在采用高价格的同时，只用很少的促销努力。高价格的目的在于能够及时收回投资，获取利润；低促销的方法可以减少销售成本。这种策略主要适用于以下情况。

① 新款服装的市场比较固定、明确。

② 大部分潜在的消费者已经熟悉新款服装，他们愿意出高价购买。

③ 新款服装的生产和经营必须有相当高的难度和要求，普通企业无法参加竞争，或优于其他原因使潜在的竞争不迫切。

（3）低价快速策略：低价快速策略的方法是在采用低价格的同时做出巨大的促销努力。其特点是可以使新款服装迅速进入市场，有效地限制竞争对手的出现，为企业带来巨大的市场占有率。该策略的适应性很广泛，适合该策略的市场环境有以下三种。

① 新款服装有很大的市场容量，服装企业可望在大量销售的同时逐步降低成本。

② 消费者对新款服装不太了解，对价格又十分敏感。

③ 潜在的竞争比较激烈。

（4）缓慢渗透策略：缓慢渗透策略的方法是在新款服装进入市场时采取低价格，同时不做大的促销努力。低价格有助于市场快速接受新款服装；低促销又能使企业减少费用开支，降低成本，以弥补低价格造成的低利润或者亏损。适合这种策略的市场环境有以下三种。

① 新款服装的市场容量大。

② 消费者对新款服装有所了解，同时对价格又十分敏感。

③ 存在某种程度的竞争。

2. 成长期的营销策略

新款服装的成长期是指新款服装试销取得成功以后，转入成批生产和扩大市场销售额的阶段。在新款服装进入成长期以后，有越来越多的消费者开始接受并使用，企业的销售额直线上升，利润增加。在此情况下，竞争对手也会纷纷进入市场，威胁企业的市场地位。因此，在成长期，服装零售企业的营销重点应该放在保持并且扩大自己的市场份额、加速销售额上升方面。另外，服装零售企业还必须注意成长速度的变化，一旦发现成长的速度由递增变为递减时，必须适时调整策略。这一阶段可以适用的具体策略有以下六种。

一是积极筹措和集中必要的人力、物力和财力，不断改善技术，加强新款服装各方面，以利于迅速增加或者扩大生产批量。

二是改进新款服装的质量，增加服装商品的新特色，在商标、包装、款式、规格和定价方面做出改进。

三是进一步开展服装市场细分，积极开拓新的市场，创造新的用户，以利于扩大销售。

四是努力疏通并增加新的营销渠道，扩大服装产品的销售面。

五是改变服装零售企业的促销重点。例如，在广告宣传上，从介绍服装产品转为建立品牌形象，以利于进一步提高服装企业产品在社会上的声誉。

六是充分利用价格手段。在成长期，虽然服装市场需求量较大，但是服装零售企业可以适当降低价格，以增加竞争力。当然，降价可能暂时减少服装零售企业的利润，但是随着市场份额的扩大，长期利润还可望增加。

3. 成熟期的营销策略

服装的成熟期是指新款服装进入大批量生产，在市场上处于竞争最激烈的阶段。通常这一阶段比前两个阶段持续的时间更长，大多数新款服装均处在该阶段，因此服装零售管理层大多数也是在处理成熟产品的问题。

在成熟期中，有的弱势产品应该放弃，以节省费用开发服装新产品；但是同时也要注意到原来的服装款式可能还有其发展潜力，有的服装款式就是由于开发了新用途或者新的功能而重新进入新的生命周期。因此，服装企业不应该忽略或者仅仅是消极的防卫服装产品的衰退。服装企业应该有系统地考虑市场、服装产品及营销组合的修正策略。

（1）服装市场修正策略：即通过努力开发新的市场来保持和扩大自己的新款服装市场份额。

① 通过努力寻找市场中未被开发的部分，例如，将不再流行的服装进行再开发，转为现在流行的服装，称为复古风。

② 通过宣传推广，促使顾客更频繁的购买或每一次购买更多的量，以增加现有顾客的购买量。

③通过市场细分，努力打入新的市场区划，如地理、人口、习惯的细分。

④赢得竞争者的顾客。

（2）服装产品改良策略：服装企业可以通过服装产品特征的改良来提高销售量。

①服装品质改良，即增加服装产品的功能性效果，如服装的耐用性、美观性等。

②服装特性改良，即增加产品的新的特性，如号型大小、材料质量、添加物以及附属品等。

③服装式样改良，即增加服装美感上的需求。

（3）营销组合调整策略：即服装零售企业通过调整营销组合中的某一因素或者多个因素以刺激销售。

①通过降低服装售价来加强竞争力。

②改变广告方式以引起消费者的兴趣。

③采用多种促销方式，如大型展销、附赠礼品等。

④扩展服装营销渠道，改进服务方式或服装付款方式等。

4. 衰退期的营销战略

衰退期是指服装款式逐渐老化，转入服装更新换代的时期。当新款服装进入衰退期时，服装企业不能简单地一弃了之，也不应该恋恋不舍，一味维持原有的生产和销售规模。服装零售企业必须研究商品在市场的真实地位，然后决定是继续经营下去，还是放弃经营。

（1）维持策略：即服装零售企业在目标市场、价格、营销渠道、促销等方面维持现状。由于这一阶段很多服装企业会退出市场，因此，对一些有条件的服装企业来说，并不一定会减少销售量和利润。使用这一策略的企业可配以能使服装延长寿命的策略。服装企业延长产品寿命周期的途径是多方面的，最主要的有以下四种。

①通过价值分析，降低服装成本，有利于进一步降低服装的售价。

②通过科学研究，增加服装的功能，开辟新的用途。

③加强市场调查研究，开拓新的市场，创造新款服装。

④改进服装款式设计，以提高产品性能、质量、包装、外观等，从而使服装生命周期不断实现再循环。

（2）缩减策略：即服装企业仍然留在原来的目标上继续经营，但是根据服装市场变动的情况和行业退出障碍水平，在规模上做出适当的收缩。如果把所有的营销力量集中到一个或者少数几个细分市场上，以加强这几个细分市场的营销力量，也可以大幅度降低市场营销的费用，以增加当前的利润。

（3）撤退策略：即服装企业决定放弃经营某款服装以撤出目标市场，在撤出目标市场时，企业应该主动考虑以下三个问题。

①将进入哪一个新区域，经营哪一种新产品，可以利用以前的哪些资源。

②服装品牌及生产设备等残余资源如何转让或者出售。

③保留多少零件存货和服务，以便在今后为过去的顾客服务。

任务实施

情境设计：以新创设目标顾客群22~28岁年轻女性服装品牌，完成以下两个子任务。

任务1：策划服装新品上市商品组合推介（表8-5）。

表8-5 服装新品上市商品组合推介表

序号	款号	品名	颜色	面料	风格	季节	品类	价格	款式卖点	商品组合建议

任务2：完成服装产品销售生命周期各阶段的营销策略方案。

任务9　服装商品营销策略

项目名称	服装商品企划的组织运作	
任务标题	T3-3　服装商品营销策略	
授课学时	4课时	
知识目标	K1	了解服装营销渠道及场所
	K2	熟悉服装零售企业及商品营销特征
	K3	掌握服装品牌专卖店财务预算及销售数据分析的方法
技能目标	S1	能根据服装商品企划方案，选定最为有效的服装营销渠道及场所
	S2	能进行服装品牌专卖店财务预算及销售、利润等数据分析
素养目标	A1	通过项目化的学习任务安排，培养学生一丝不苟、耐心细心、认真负责的工作态度
	A2	通过团队协作完成任务，培养学生自觉保守公司销售秘密、未经允许不泄露企业和客户资料的意识
重点分析及解决措施	重点分析：服装营销渠道及场所的选择	
	解决措施：课前线上预习本任务内容，课堂上教师讲述营销渠道战略，引导学生进行服装营销渠道及场所选择的讨论，教师针对性指导分析	
难点分析及解决措施	难点分析：服装品牌专卖店财务预算及数据分析	
	解决措施：指导学生通过新创设服装品牌，完成销售预算及利润预计，教师指导分析	

　　服装品牌零售商的商品企划是指服装商品实物进入服装市场从而实现商品价值的过程。在这一过程中必须充分运用市场营销组合"4P"中的营销渠道及场所（Place）、促销（Promotion）因素，基于已设定的服装商品（Product）品质、价格（Price）水平，制订出合理有效的营销策略，使服装品牌商品及时顺畅地销售到目标消费者的手中。

　　服装商品营销策略主要有营销渠道及场所选定、营销渠道策略以及零售促销策略的制订与实施（图9-1）。作为一个品牌要想在市场上立足，不仅需要把产品做好，更重要的是如何建立起一套自己的营销体系以提高销售量，这就需要面临很多选择与判断。

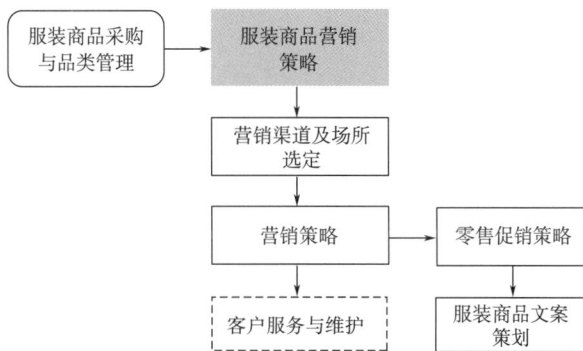

图9-1　服装商品营销策略的工作内容

一、服装营销渠道及场所选择

（一）服装行业分类及服装商品流通路径

服装作为纤维制品的最终产品形式之一，与面料生产、批发及服装零售企业有着密切的联系（表9-1），服装商品在生产过程完成后，通过各种路径到达消费者的手中，这种由生产企业到消费者的商品流动过程就是流通，流通的路径称为流通渠道。

表9-1　服装产业定位

业界分类		企业类型	在纤维材料业界的定位	在服装产业的定位
服装材料产业	纤维材料业界	纱线生产商 ↓ 纱线贸易商 ↓	上游	上游
	纺织业界	面料生产商 ↓ 面料商 ↓	中游	
服装产业		服装生产商 ↓		中游
		服装批发商 ↓	下游	
服装零售产业		服装零售商		下游

（二）营销渠道策略

在服装商品企划中，除了将服装产品的内容做好外，若想服装产品真正落地于市场之中，还需要有好的营销渠道进行销售拓展。当然，不同类型的品牌和产品需要有不同且相互适应的渠道去选择。时尚产业的发展瞬息万变，只有实施正确的营销渠道策略，才能使品牌立于不败之地。为实现旨在满足最终消费者的服装商品企划，有必要采取最为有效的流通渠道组织。

1. 流通渠道组织

营销渠道畅通与否，影响着服装商品流通的速度与费用，以及服装企业的经济效益、品牌的市场竞争能力。营销渠道由三个基本要素组成，即服装生产商、服装中间商（主要包括批发商、代理商及零售商）和服装消费者。

（1）营销渠道组织的分类：营销渠道长短层次可以按渠道级数来划分。在推动服装商品及其所有权向最终买主转移的过程中，每一个发挥作用的中间商是一个渠道级数。级数的多少可用来表示营销渠道的长短。

（2）传统流通渠道组织：传统服装产业的流通渠道组织可按级数差异分为四类。

第一类：服装生产企业→消费者。

第二类：服装生产企业→服装零售企业→消费者。

第三类：服装生产企业→服装批发企业→服装零售企业→消费者。

第四类：服装生产企业→服装批发企业（包括服装制造商）→服装零售企业→消费者。

（3）垂直营销系统：在多级营销渠道中，存在着如何协调和有效组织各中间商行为以获取最大效益的问题。传统营销渠道分别由独立的制造商、批发商和零售商组成。近年来，服装产业的流通渠道开始向基于为最大限度地满足消费者需求而相互协作，并形成协同式企业集团的方向发展。这样形成的垂直营销系统与传统营销渠道不同，它是由生产者、批发商和零售商组成的联合体。垂直营销系统可以由生产商支配，也可以由批发商或零售商支配。图9-2所示为服装产业的垂直营销系统的概念。其中A类型垂直营销系统，多为实施生活方式提案型服装商品企划业态的企业采用；B类型垂直营销系统，通常与强调品质功能的服装商品企划业态结合实施。

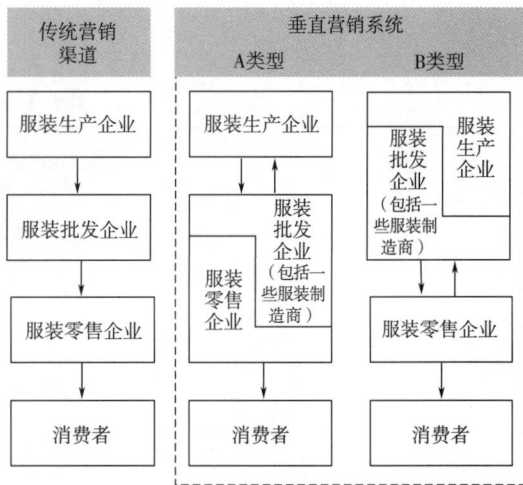

图9-2 垂直营销系统与传统营销渠道的比较

2. 营销渠道组合策略

服装企业的营销渠道组合策略分为四个步骤：一是设计流通渠道；二是选择中间商；三是选择零售企业或店铺、设定商品代理制度；四是规划销售场所。

（1）流通渠道的设计原则：流通渠道的设计应遵循营销理念（Marketing Concept）。有效的渠道设计首先要决定达到什么目标，进入什么市场，同时要考虑品牌的宗旨，而不仅是为了销售产品。一些大众产品可以采用广泛而全面的出击式销售，但对新设品牌商品必须慎重选择营销渠道，以免损害信誉和形象。设计流通渠道的目标包括预期要达到的服务水平、中间机构应该发挥的功能等。服装商品企划中选择流通渠道时考虑的因素有：服装商品特性/

生活方式特性、品类特性、设计特性、品质特性等，价格特性/价格带、价格线，商品数量/最小批量，卖场条件/空间布局、视觉促销、邻近卖场商品的品牌特征、卖场的地理环境、位置，销售时间/生产周期的长短等。

另外，企划流通渠道还要注意本企业的特性品牌（在企业内的地位、财务资源，人才等）、竞争品牌的营销渠道（与竞争品牌的互补性或差异性等）、行业的状况与变化（零售企业的结构变化等）、环境要因（经济动向、消费动向、法律上的制约等）。

（2）中间商的选择：服装零售商是介于生产企业与最终消费者之间的一类重要中间商，是将服装产品直接销售给最终消费者的销售组织。零售商是分布最广、数量最多、与消费者生活最密切的组织。

原则上，批发商的销售对象是非个人消费者（最终消费者），批发交易经营规模与数量通常大于零售交易。服装批发商通常以经营大众服装为主，目前，批发商与零售商的界限越来越模糊。

代理商不拥有产品所有权，主要功能是促进销售，并从中获取佣金。服装行业里的代理商常常代表卖方。原则上，服装制造商通过契约授予销售代理商销售其服装产品的权利，在价格、地区、退换货处理程序、送货服务品质担保及佣金标准等方面有书面协议。代理商熟悉制造商的产品线，并用自身广泛的分销网络来推销制造商的服装产品，对产品价格、交易条件等有较大影响力。

（3）服装营销渠道长短的选择：中间商类型的选择取决于服装营销渠道的长短。服装消费具有层次性、时间性、消费者地域分布广的特点，因而服装企业应根据品牌的特点，灵活选择长短不同的营销渠道。主要应考虑利润与风险等因素。另外，营销渠道的长短也可能涉及上缴税收多少等问题。

长渠道服装商品供应、配货反应迟缓，营销成本高，但渠道长可扩大市场覆盖面。以内衣、衬衫、男西装、牛仔服装等品类为主的大众化品牌，通常采用长渠道营销方式。短渠道适应多品种、小批量、时尚性强的服饰商品，成本高、获利较大，风险也较大。

（4）服装营销渠道宽窄的选择：中间商数量及地域分布的选择，将决定服装营销渠道的宽窄。营销渠道宽窄的不同，影响服装产品的销售范围、企业对中间商的控制能力。营销渠道的宽窄主要有以下三种形式可供选择。

一是广泛分销。分销点分布广泛，适用于常用服装品类，如内衣、袜子等，也适用于大众化服装。通过选择较多的中间商，一方面可使广大消费者及时、方便地购买服装产品；另一方面也可增加销量，提高市场份额。这种模式的缺点主要是服装企业对中间商的控制能力差。无品牌服装或非常规品类服装通常采用这种模式。

二是选择性分销。分销点覆盖面有限，以控制产品的分销面和价格，维持服装产品的形象和定位。通常只选择部分业绩良好的中间商经营本企业的服装产品。

三是独家分销。指服装企业在某一特定市场区域选择独家分销点专门经销本企业的产品。独家分销的优点是有利于控制价格、促销方式、销售对象及服务质量，提高品牌形象，利润率较高，主要为高档名牌服装所采用；缺点是缺乏竞争，不利于促进中间商提高工作效率。

（5）服装企业的零售场所的规划：服装企业的零售场所分为百货店、专卖店、自营店、量贩店及其他（批发市场、无店铺销售）等。品牌的销售额决定于每个零售店铺的销售额，零售场所规划与品牌的整体市场运作和规模关系密切。

（6）选择零售企业的原则：选择好流通渠道之后，需要决定零售企业的类型，主要考虑因素有三个方面。

一是零售店流通渠道的类型，应考虑商店的影响力（形象倡导力）、地理环境条件、视觉促销能力、销售能力、促销能力、管理能力、财务状况等。

二是零售店的数量及地理位置。

三是服装商品供货代理的形式与条件，有代销制、买断制等多种类型。

（7）确定销售店铺：确定销售店铺数时，可以从基于市场规模的销售预算、品牌单位卖场面积销售实绩、每个店铺的规模等方面考虑。选择商店时的具体考虑因素如图9-3所示。

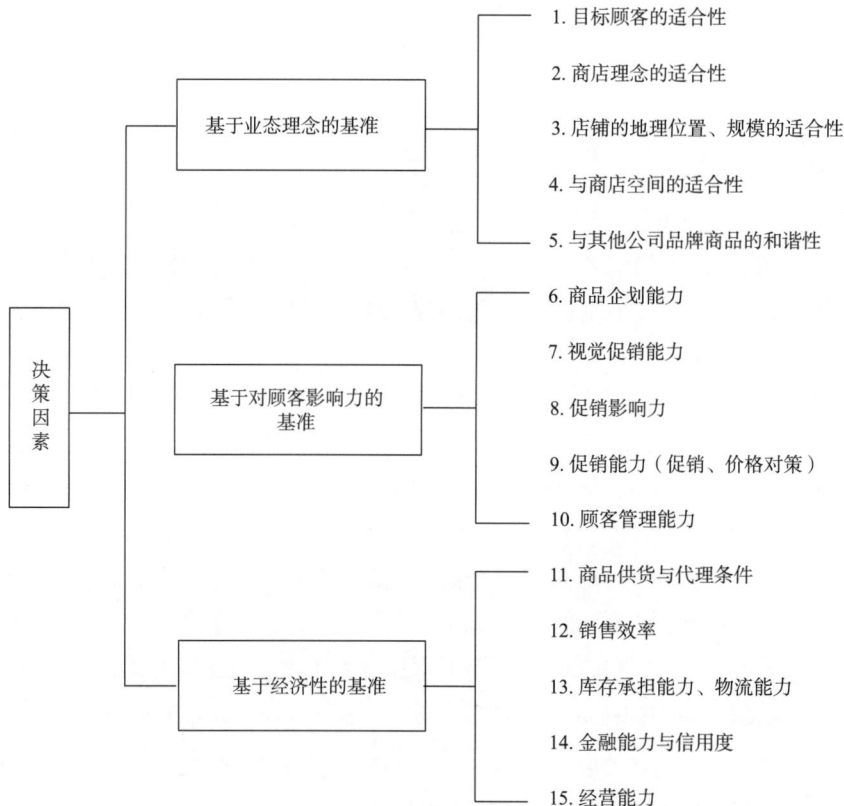

图9-3 选择商店时的决策因素

二、服装零售企业商品营销特征

服装零售企业通常有百货店（专柜、店中店）、专卖店、特许经营店、无店铺零售企业及自营店（街面店、设于商场中的自营店）等。各类零售企业的特征见表9-2。

表9-2　各类零售企业的特征

类别	初期投资额	销售规模扩大	利润率	销售的稳定性
百货店中的店中店	一般	少	较好	差
百货店专柜	较少	少	一般	差
特许店	少	少	好	好
自营店	多	一般 （短期内难以扩张）	好	好
（连锁） 专卖店	较多	一般	较好	一般

（一）百货商店

百货商店（Department Store）是一个大型的零售体，提供各种品类的商品，为顾客提供品种丰富的购物场所。百货商店的最大特点就是以商品深度和宽度以及商店的设施、陈列、广告宣传来吸引顾客。百货商店里的服装类别基本全面涵盖，彼此相关联的商品被划归到同一部门，以便于统一采购、促销、服务和控制。百货商店是服装零售的最主要业态之一，如美国商业部在对百货商店的规定中就包括"服装和纺织品的销售量应在20%或以上"。

百货商店的产品策略和采购模式通常是对各部门进行细分，每个采购员只负责为某一个小部门采购货品，并对其经营利润负责。大多数百货商店都有一个总店，并且有很多分店。商品采购员可以同时为总店和分店采购，如果分店离总店的位置太远，则可由分店的商品采购员自行负责采购。

我国本土最早的百货商店分别是先施公司、永安公司、新新公司及大新公司，被称为四大百货商店。先施公司内部宏伟的装修、高大的顶层设计、整齐划一的陈列、丰富的商品，无不令人感觉"高档华贵"，是后期开业的其他三大公司的楷模。当时四大百货商店的业态几乎可以和现在的购物中心相媲美，品类包罗万象，不仅如此，百货商店还开辟了屋顶花园、游乐园、餐厅、电影院、浴池、住宿、溜冰场和儿童世界。不少人认为21世纪初通过外资引进的购物中心开启了今日综合生活商业中心的模式，其实近百年前的先施公司和永安公司才是这类模式真正的开辟者。

当前，百货商店主要有两种基本形式：百货店中的店中店、百货店专柜。

1. 百货店中的店中店

百货店中的店中店与自营店相比，初期投资（保证金、内外装修费）较少，由于不具备对卖场的支配权，经常因为卖场位置与面积等问题导致销售额不稳定。与将商品批发给其他企业相比较，开设店中店这种方式的利润较高；但由于企业在商场中派遣促销员等事宜，导致运作成本增加。

2. 百货店专柜

采取百货店中的专柜销售或代销制的形式，初期投资少，通常毛利润比店中店低，而且品牌的风格表现受到制约，也难以保证销售额的稳定。

（二）连锁专卖店

严格地说，连锁专卖店（Chain Store）不是一种零售经营形式，而是一种零售组织形式。它是由一系列（两个或两个以上）的商店组成，同受一个中心管理和控制，统筹进货，在店堂、经营品种和服务方式等方面都基本相同。连锁组织的优点主要来自大批量采购，因此每次采购的商品数量大，零售商便可降低成本。连锁专卖店作为一种先进的经营方式，其本质是把现代大工业生产的原理应用于零售业，实现了商业活动的标准化、专业化和统一化，从而达到了提高规模效益的目的。

服装连锁店是指在若干地区、以复制的方式建立的、经营模式相同的若干服装零售店。服装连锁店有以下两种基本形式。

1. 直营连锁店

直营连锁店指所有的连锁店由品牌经营者独资经营，如西班牙快时尚品牌飒拉（ZARA）都是直营，代理商无法介入，这相对来说有利于品牌形象管理。由于该类型连锁店一体化程度较高，档次高、品味好，有助于提升品牌形象。特别是零售网络构建需要巨大的资金投入，这种形式在我国服装零售市场中应用较少。

2. 特许经营连锁店

特许经营连锁店指所有者以特许的方式，吸引许多加盟者建立服装零售店。由于特许经营将品牌经营与商品零售分开，所以特许经营店的初期投资少，销售较为稳定，而大量的加盟商能快速建立起较宽的零售网，便于推广和宣传品牌的形象。这种形式在我国服装零售市场被广泛地应用，在本土品牌中比较典型的有以纯（图9-4）、海澜之家（图9-5）等。

图9-4　以纯连锁店

图9-5　海澜之家连锁店

特许经营有两种类型的组织形式：一种是支付加盟费，以取得经营权的特许经营；另一种是不需要支付加盟费的特许经营方式。然而对这两种方式的管理控制方面，都要求特定数量的投入资本，才可能被特许经营者所接受，而且都要签订严格的限制条款。

（三）自营店

在自营店（Self-operated Shop）中销售，有利于推广本品牌的理念，利润较高，可与顾客建立紧密的联系及良好的沟通渠道，易于准确、及时预测销售额；但商店的初期投资大、风险大，难以在短期内通过多店铺扩张迅速增加销售额。自营店中的大型商场中的店中店形式与街面店相比，优点是初期投资少，可以借助自营店所在商场的影响，促进销售；缺点是不利于品牌形象的曝光，并且投入经费成本（共同促销费、赞助费、管理费）比例高。

国内服装业界所称的专卖店，在很多方面具有自营店的特征。卖场面积大的示范店也称旗舰店。

代理销售店属于自营店的一个类型，其优点是在某一个区域以专卖店的形式进行代理销售，该区域的消费者对其非常熟悉，销售业绩可能比自营店更好。

（四）一站式购物中心

一站式购物中心（Shopping Mall）是由传统的百货商店发展而成的，是一种综合性零售模式，具有又深又广的商品线，是零售业的主流。一站式购物中心与其他类型零售商店相比，其经营的商品种类较多，包括服装、家具、家庭装饰品、电器、办公用品、家庭用具等。就服装商品而言，有女装、男装、童装、休闲装、职业装、运动装、内衣、针织品、皮革类服装等。一站式购物中心提供多种可供选择的不同质量和价位的商品，分布在同一商场的不同区域。典型的一站式购物中心如万达广场、银泰城（图9-6）等。

值得一提的是，坐落于法国巴黎的乐蓬马歇（LE BOM MARCHE）商场（图9-7）是世界

图9-6　杭州中大银泰城

图9-7　乐蓬马歇（LE BOM MARCHE）商场

上第一家百货公司，开业于1885年，至今仍在营业。该商场是一站式购物中心的前身，商场运营中一站式的理念来源于此。

（五）买手店

多品牌的集合店在欧美已有数十年历史，并且是欧美服装市场的主流零售渠道。这种品牌集合店也可以称为"多品牌店"或者"买手店"（Buyer Integrated Store）。英文里也有几种不同叫法：Spectical Store，Boutique Store，Mutli-brands Store。这类店铺通常以设计师品牌的时装或者国际知名服饰类品牌为主。众所周知的国际品牌，在欧美市场，除了开设为数不多的专卖店外，大部分都会进入这类品牌集合店销售。在欧美这类比较知名的品牌集合店有 Browns 与 Bamey's 等。目前，我国的买手店，不得不提的就是长作栋梁（图9-8），该买手店一直为本土独立设计师的发展孕育土壤。

图9-8 长作栋梁门店

📝 **知识链接**

长作栋梁：这是一家来自北京的独立设计师品牌店，却在上海的老式洋房里很好地融入其中。该品牌在上海的第二家门店位于颇具小资情调的长乐路上的长乐新村内（图9-9）。它所入驻的房子是建于 1930 年的砖混结构老洋房，属于上海的优秀历史建筑。面对街道的一扇小门就是它的入口，门边不起眼的 Logo 谦逊地标示着这里的真正身份（图9-10）。穿过院子进入店铺，首先看到的是一个小小的咖啡馆，或是称为咖啡区域更为正确。墙面上是小块的白色瓷砖，家具都选用腿脚纤细精致的设计，配以空间中的水泥、铜、木头等材质，营造出非常洋气精致又平易近人的感觉。如此讲究的店内设计也许是因为其创始人南朗是做家具设计出身的缘故。店内有许多中国独立设计师参与设计的展厅和他们自己品牌的专柜。这些设计师们虽然自身风格迥异，但是在呈现的效果上都可以与该店铺本来的风格无缝接入。没有过多的装饰，简单、质朴，一切为功能本身服务，这家长作栋梁的新店依旧延续它一贯的设计基调。

长作栋梁的CEO彭耀东曾经表达过：一家买手店好比就是在做一本杂志，再小众总是会有人阅读。在如今信息技术盛行的当下，信息已完全透明、渠道已完全开放，买手店最初兴起的初衷也许已经发生了转变，但是买手店创建的理念永远是在倡导能留存于顾客心中的时

图9-9　长作栋梁上海第二家门店

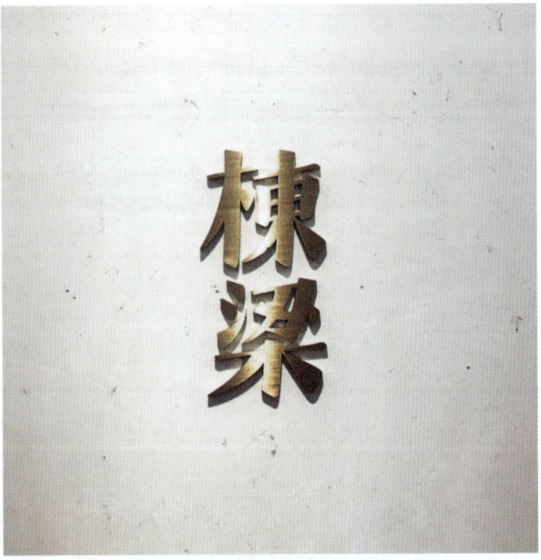

图9-10　长作栋梁入口处的LOGO

装文化，以及去建立一个大众与设计师之间的桥梁，并且要求在商业模式上有所创新，提升客户的体验度与黏度。例如，长作栋梁与上海时装周合作打造的先锋时装艺术的项目平台——LABELHOOP（蕾虎）（图9-11），成为上海时装周最具吸引力的部分之一，以更加精进的创新运作模式，不断挖掘和推广青年设计师及新概念时装理念，同时为国际时装业界孕育先锋时装力量和新鲜血液。新零售浪潮下，各行各业都发展多元化场景模式的购物体验。长作栋梁选择在这个时机和时装艺术节LABELHOOD合并，也是看重对不同消费场景的开发，为品牌的长远发展做准备。

图9-11　长作栋梁主导的LABELHOOP（蕾虎）

（六）快闪店

快闪店（Pop-up Shop）是一种不在同一地久留，俗称Temporary Store的品牌游击店（Guerrilla Store），只在商业发达的地区设置临时性的铺位，供零售商在比较短的时间（若干星期）内推销其品牌，抓住一些季节性的顾客。在英语中有"突然弹出"之意，所以这种业态被冠以此名，很大程度是因为这种业态的经营方式，往往是事先不做任何大型宣传，店铺突然涌现在街头某处，快速吸引顾客，经营短暂时间，又迅速消失不见。在海外零售行业，尤其在时尚界，"快闪店"早已不是什么新鲜词汇，它已经被界定为创意营销模式结合零售店面的新业态。所谓的Pop-up Shop可以理解为短期经营的时尚潮店，如长作栋梁深圳时装品牌快闪店（图9-12），仅在深圳时装周期间经营了9天。

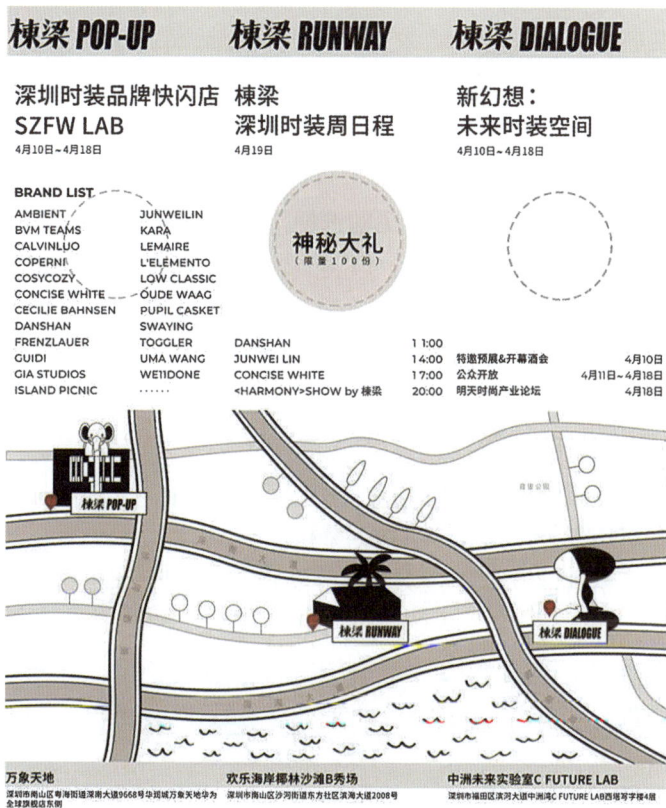

图9-12　长作栋梁深圳时装品牌快闪店

（七）网络营销

网络营销（Cyber Marketing，Internet Marketing，E-markrting）是以互联网为媒体实施的经营活动，以全新的方式、方法和理念更有效地促进个人和组织交易活动的实现。

对于传统的服装销售而言，网络营销是一种全新的销售渠道。如今，购物网站开设网店（Online Store）为主流的电商已经全面深入大众日常生活。网红经济、时尚博主、电商，这些字眼在这个时代正在以前所未有的姿态紧密地交织在一起，这些话题一直是近年来的行业热点。究竟品牌商、时尚博主和用户三方能有多大收获，行业正在积极探索中。中国时尚博主及关键意见领袖（KOL）经济的快速兴起，近期引起外媒的密切关注。FT中文网（英国《金融时报》集团旗下唯一的中文商业财经网站）指出，在中国KOL营销正在逐渐取代电视和纸媒广告等传统营销方式。随着越来越多博主加入电商行列，博主电商作为其中一种新形式，也开始获得更多深入实际的操作体验。网络店铺以淘宝、微信、微博、抖音、快手等媒介为载体，多渠道、多角度向顾客传达商品信息。

服装网络营销在整个服装行业营销中占的比例正在不断增大。服装网络营销的优势集中在以下四个方面。

（1）节约消费者成本：在网络购衣环境中，消费者通过网络搜索和浏览合适的服装商品，节约了时间成本和体力成本。

（2）降低企业成本：包括业务管理成本和销售成本在内的企业成本可以得到显著降低。

（3）更好地满足消费者个性化需求和理性购买：服装网络营销是一种以消费者为导向、强调个性化的营销方式，具有极强的互动性。它能满足消费者对购买服装方便性的需求，提高消费者的购物效率，满足重视价格的消费者的需求。在网上购买服装时，消费者可以同时搜索到许多符合自己需求的服装，并进行价格、款式、颜色等比较。网上服装商品信息查询不受空间距离影响，增加了服装购买的选择范围。

（4）提高服装企业的快速反应能力：服装是流行性很强的商品，具有流行周期短、变化快等特点，加之消费者对服装的个性化需求日益凸显，服装企业如何能够根据市场行情的变化做出快速反应显得尤其重要。通过网络销售服装，企业不仅可以直接对网上服装销售数据进行统计分析，还可以通过网上留言等方式及时获得消费者的反馈信息，快速调整产品分配，提高服装企业的生产效率。

三、服装品牌专卖店财务预算及销售数据分析

以新创设目标顾客群22～28岁年轻女性服装品牌商品企划为例，进行相关财务预算及销售数据分析。

（一）店铺选址

在对主要商业区进行考察之后，选择三大商业区进行该品牌专卖店的选址（表9-3）。

表9-3 店铺选址情况

选址	租金［元/（m²·天）］	面积（m²）	年租金（元/年）
专卖店A	50	30	547500
专卖店B	50	30	547500
专卖店C	40	40	584000
合计	140	100	1679000

（二）销售预算

1. **服装商品价格构成**

该女装品牌的主要服装商品价格构成见表9-4，加权平均价为129.68元。

表9-4 服装商品价格构成

价格（元）	背心（件）	短袖T恤（件）	长袖衬衫（件）	连衣裙（件）	半身裙（件）	长裤（件）
89	5	5				
99	6	5	6		6	
109	5	5	2		2	
119	4	6	6	2	6	2
129		5	6	4	6	4
139				5		5
189				7		7
199				8		8
总计	20	26	20	26	20	26
平均（元）	104.00	109.00	114.00	155.00	114.00	155.00
加权平均价（元）	103.00	109.38	115.00	167.85	115.00	167.85

2. 服装商品销售量预算（表9-5）

表9-5 服装商品销售量预算

季度	平均销量 [元/（天·店）]	天数	店数	总销量（件）
第一季度（2~4月）	25	90	3	6750
第二季度（5~7月）	50	90	3	13500
第三季度（8~10月）	60	90	3	16200
第四季度（11月~次年1月）	30	90	3	8100
合计	165	360	3	44550

3. 服装商品销售额预算（表9-6）

表9-6 服装商品销售额预算

季度	一	二	三	四	全年
预计销售量（件）	6750	13500	16200	8100	44550
加权单价（元）	129.68	129.68	129.68	129.68	129.68
销售收入（元）	875340	1750680	2100816	1050408	5777244

（三）预计现金收入

现金收入可以分为两部分，即上季度部分销售收入的应收款和本季度销售收入的一部分。假设每季度现金收入中，本季度收到现金80%，另外的20%现金要到下季度才能收到，见表9-7。如第一季度销售收入为875340元，本季度收到现金则为875340×80%=700272元，而另外的20%现金（175068元）则要到第二季度才能收到。

表9-7 预计现金收入　　　　　　　　　　单位：元

现金收入	一	二	三	四	全年
第一季度	700272	175068			875340
第二季度		1400544	350136		1750680
第三季度			1680653	420163	2100816
第四季度				840326	1050408
合计	700272	1575612	2030789	1260489	5777244

（四）预计现金支出（销售及管理费用）

预计销售及管理费用现金支出见表9-8。

1. 销售人员总工资

销售人员总工资576000元（3家专卖店，每家配4名销售人员，工资为4000元/月）。

2. 广告费

30%的销售额用于广告促销，约1733173元。

3. 管理人员工资

管理人员总工资768000元（3家专卖店一共配8个管理人员，包括销售经理、商品企划师、陈列师、督导等，工资为8000元/月）。

4. 所得税

所得税为税前利润的25%，但企业第一年盈利为负，因此，企业所得税为零。

表9-8 预计销售及管理费用现金支出

项目		金额（元）
销售费用	销售人员工资	576000
	广告费	1800000
	包装、物流费	20000
	小计	2396000
管理费用	办公楼租金	60000
	管理人员工资	768000
	福利费	40000
	保险费	20000
	其他办公费	60000
	小计	948000
合计		3344000
每季度支付现金		836000

（五）预计利润表

预计利润见表9-9，其具体数据说明如下。

第一，销售收入的数据来自销售预算。

第二，销货成本的数据来自产品成本预算。

第三，毛利是前两项（销售收入与销售成本）的差额。

第四，销售及管理费用数据来自销售及管理费用预算。

第五，专卖店租金来自专卖店租金预算。

第六，利息数据、计划企业的负债率保持在企业总资产的50%左右，因此，利息=负债×10%（利率为10%）。

第七，所得税为税前利润的25%，但企业第一年盈利为负，故所得税为零。

表9-9 预计利润

项目	金额（元）
销售收入	5777244
销货成本	686070
毛利	5091174
销售及管理费用	3344000
专卖店租金	1679000
利息（10%）	500000
税前利润总额	−431826
所得税（25%）	0
净利润	−431826

（六）四年销售及利润预计

1. 销售预计

今后四年的销售量与销售额预计见表9-10。

表9-10 四年销售量与销售额预计

年度	销售量（件）	销售额（元）
第一年［平均41件/（天·店）］	42280	5482870
第二年［平均46件/（天·店）］	49680	6442502
第三年［平均49件/（天·店）］	52920	6862666
第四年［平均54件/（天·店）］	58320	7562938

2. 利润预计

今后四年的利润预计见表9-11。

表9-11 四年利润预计 单元：元

项目	第一年	第二年	第三年	第四年
销售收入	5482870	6442502	6862666	7562938
销售成本	686070	765932	890932	1015932
毛利	4796800	5676570	5971734	6547006
销售及管理费用	3344000	3344000	3344000	3344000
专卖店租金	1679000	1679000	1679000	1679000
利息（10%）	300000	500000	600000	700000
税前利润总额	−526200	153570	348734	824006
所得税（25%）	0	38393	87184	206002
净利润	−526200	115177	261550	618004

3. 四年利润比较

根据目前销售量的预计，若想要在两年中保本，还需在实际销售中提高销售量。今后四年的利润如表9-12、图9-13所示。根据对未来几年品牌经营状况的预测，企业能保持较高的利润增长，拟从净利润中提取合理比例的资金作为股东回报。为此，企业第一年不分红，第二年以后每年分红为净利润的30%。

表9-12 四年利润比较 单元：元

项目	第一年	第二年	第三年	第四年
销售收入	5482870	6442502	6862666	7562938
毛利	4796800	5676570	5971734	6547006
净利润	−526200	115177	261550	618004

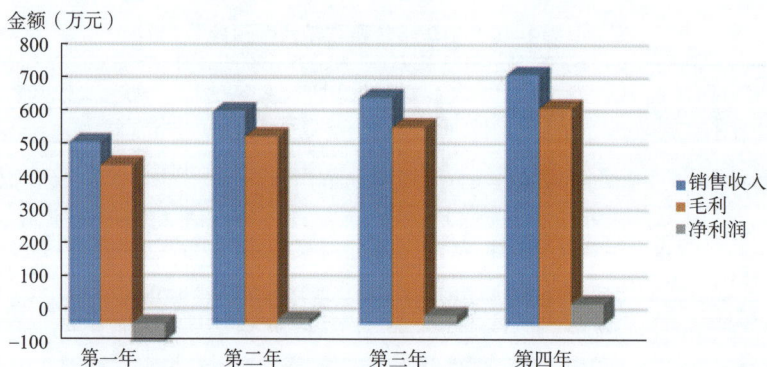

图9-13 四年利润比较

任务实施

情境设计：以新创设目标顾客群22～28岁年轻女性服装品牌，完成以下两个子任务。

任务1：完成服装营销渠道及场所规划方案。

任务2：进行服装品牌专卖店财务预算及销售数据分析，完成四年销售预算及利润预计图表。

任务10　网络营销服装商品文案策划

项目名称	服装商品企划的组织运作	
任务标题	T3-4　网络营销服装商品文案策划	
授课学时	4课时	
知识目标	K1	熟悉网络营销服装爆款文案策划要点
	K2	掌握网络营销服装爆款文案策划方法
	K3	掌握服装商品直播/短视频卖货文案创作方法
技能目标	S1	能根据网络营销服装爆款文案要点进行服装爆款文案策划
	S2	能运用服装商品直播/短视频卖货文案策划的五大要点进行爆款文案创作
素养目标	A1	通过项目化的学习任务安排，培养学生符合网络营销人才要求的工作习惯
	A2	通过团队协作完成任务，培养学生的团队合作能力、沟通表达能力和汇报展示能力，以及处理工作任务中的问题和解决合作冲突的能力
重点分析及解决措施	重点分析：网络营销服装爆款文案策划方法	
	解决措施：课前线上预习本任务内容，课堂上教师讲述网络营销服装爆款文案要点及爆款文案策划方法，引导学生进行网络营销服装爆款文案策划讨论，教师针对性指导分析	
难点分析及解决措施	难点分析：服装商品直播/短视频卖货文案创作	
	解决措施：指导学生熟悉服装商品直播/短视频卖货文案策划的五大要点，引导学生根据常用的爆款文案模板进行服装商品直播/短视频卖货文案创作	

一、网络营销服装爆款文案策划要点

对于传统的服装销售而言，网络营销是一种全新的销售渠道。时下网络营销（Cyber Marketing、Internet Marketing、E-markrting）文案卖货成为热点，想要打造服装爆款不仅服装设计要好，产品宣传推广也非常重要。网络营销服装爆款文案策划要考虑以下四个要点（图10-1）。

第一，标题抓人眼球。标题最大的作用就是让顾客点进来，顾客来得越多，产品就越有可能卖的多。好标题能吸引顾客两秒内好奇地点击，其文案的阅读量经常可以做到一般标题阅读量的1.3倍以上。

第二，激发购买欲望。顾客点进来读文案，通常考虑的第一个问题是"这款服装，我穿上好看吗"，所以，只有写出充满诱惑力的文案，才能充分地激发顾客的购买欲。要想写

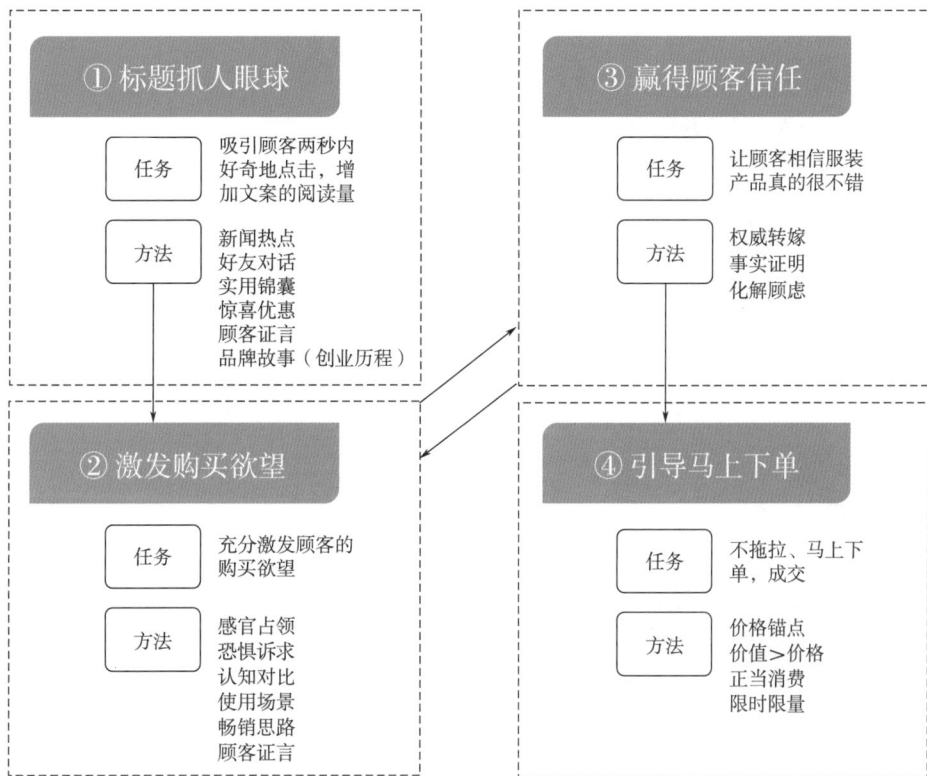

图10-1　网络营销服装爆款文案要点

出充满诱惑力的文案，找出服装卖点是关键。服装卖点写得一般，顾客购买率只有三分或五分；写得精彩能提升到八分甚至十分。

第三，赢得顾客信任。不少顾客有过网络购物失望的经历，如果不能消除这个疑虑，他们还是不愿下单购买。所以，文案必须用无可辩驳的事实让顾客感觉到"这款服装品质肯定没问题"或是"看起来信得过"，让顾客相信产品真的很不错。

第四，引导马上下单。当顾客迟疑、拖延，很有可能意味着不打算购买了。服装文案策划要让顾客意识到：这是一件非常超值的服装商品，微不足道的价格能换来巨大的幸福感，而且这次优惠稍纵即逝，不能拖拉，必须马上购买，促成成交。

二、网络营销服装爆款文案策划

接下来分析达成以上要点所需的服装爆款文案策划方法。

（一）标题抓人眼球

爆款文案标题怎么写更能引人注意？早在20世纪60年代，广告界前辈大卫·奥格威、约翰·卡普斯和丹·肯尼迪等就已经做过大量研究。他们一生创作了大量广告，投放后监测市场反馈，包括阅读量、咨询量、优惠券使用量和销售额等数据，他们发现有六种类型的标题表现格外出色。

图10-2　新闻热点法文案示例

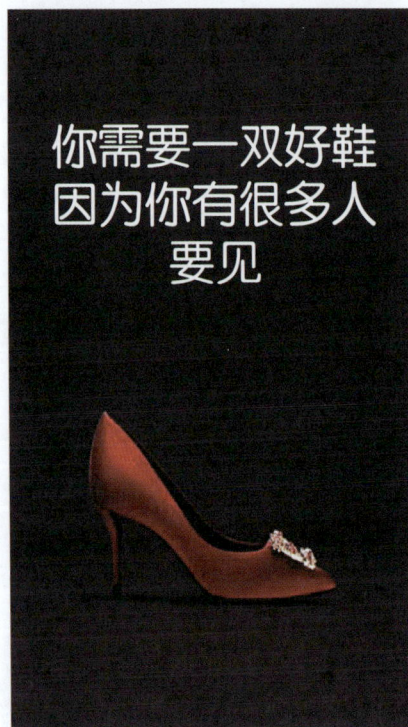

图10-3　好友对话法文案示例

1. 新闻热点法

比起广告，人们更爱看新闻。广告商业味比较浓，大家看到就不想点击，相比之下，新闻显得更权威、更及时，也更有趣。作为服装商品企划师，可以站在媒体记者角度，把品牌广告转变为重磅新闻，激发更高阅读量。采用新闻社论法的文案阅读量的平均值常常高出30%。

写出富有新闻感的爆款文案需要以下三个步骤。

第一，树立新闻主角、时尚热点，把服装品牌和新闻焦点、时尚热点等关联起来（图10-2）。例如，明星地区，如好莱坞、硅谷等；明星企业及明星人物，如华为、星巴克等；热点事件，如奥运会、世博会等。

第二，加入即时性词语。由于人们总是更关注最新发生的事情，因此文案加入现在、今天、这个夏天、这周六等即时性词语，能让人们感兴趣，同时也紧贴时尚潮流。

第三，加入重大新闻常用词。包括全新、新款、最新到货、曝光、发现、蹿红、风靡等，让人们迅速感受到"有大事发生"。

2. 好友对话法

忘掉营销人的身份，利用熟人心理，采取好友对话法，让人感受到热情，能激发高阅读量。写出能抓人眼球的好友对话式文案需要以下三个步骤。

第一，加入"你"这个词。对话中，所有人通常最关心的是自己或者自己在别人眼里是怎么样的，所以，在标题中放进"你"非常重要（图10-3）。

第二，把所有书面语改为口语。用上这些口语词，能迅速拉近与顾客的距离。

第三，加入惊叹词。当标题里放入惊叹词时，顾客会忍不住驻足停留，让人感受到激情，激情能让所有人被吸引和感染。

3. 实用锦囊法

每个人或多或少都有穿衣搭配的烦恼与需求，如果能直接指出顾客的烦恼，就能迅速地吸引顾客的注意，接着马上给出解决方案，如及时雨一般给顾客解脱，迅速吸引顾客关注并点击浏览商品。写出一个精彩的实用锦囊式文案主要有以下两个步骤。

第一，写出顾客的苦恼。顾客有哪些普遍存在的着装苦恼？比如，体型上粗腰或粗腿，想通过服装遮挡或修饰这些肥胖的部位；肤色暗沉无光泽，想要挑选能映衬肤色显白的服装；又如，心情低落，想要明亮的服装色彩带来好心情等。把这些痛点找出来写在文案标题里，并且要说得具体些。

第二，给出圆满结局或破解方法。先告诉顾客"他（她）的烦恼，我们懂"。紧接着说"我们有办法"，顾客就会特别渴望知道答案。给顾客一个"圆满结局"，告诉顾客这款服装的搭配方法，以及形容烦恼破解后着装状态的美妙效果（图10-4）。

图10-4　实用锦囊法文案示例

4. 惊喜优惠法

现在各行各业每逢节日都要搞促销，没有节日时，制造节日也要做促销，优惠法的文案是最常见的标题。多数标题会放上促销政策，再加一些煽动号召，但是这样写的效果一般。所以，采用惊喜优惠法的爆款文案标题会有出色的效果（图10-5）。主要步骤如下。

第一，不是急着报价，而是告诉顾客服装商品的最大亮点、卖点，如服装款式新、品质高或是明星青睐、媲美大牌。

第二，写明具体低价政策。人气产品价格很低，很容易让有需求的顾客心动，写明具体低价政策，这样更有吸引力。

第三，限时限量。有了前两步，顾客可能想买，但未必想"现在买"。"限时限量"暗示着明天买就要多花钱或者没有货，这让顾客紧张起来，情不自禁地更想点击阅读。例如，

图10-5　惊喜优惠法文案示例

图10-6　顾客证言法软文示例

网络营销的"双11""双12""618"活动就是采用限时销售，"优惠政策售完即止"可以用在标题里，让消费者对这些"大促"心动。

5. 顾客证言法

服装品牌软文以顾客证言来写有两个好处：一是采用反差的思路，先描述一个糟糕开局，接下来展现圆满结局，由此形成使用产品前后的巨大反差，引起顾客强烈好奇心，诱导顾客点击阅读；二是很多顾客看到糟糕开局后，心里会有一种优越感："他的条件比我差，穿上后那么好看，我更没问题！"从而对服装品牌更有信赖感，这种心态对成交很有利（图10-6）。

6. 品牌故事法（创业历程法）

人类天生就爱读故事，毫不夸张地说，人类离不开故事。如果把品牌文案包装成品牌故事，吸引力将大大增强。故事来源于生活：采访品牌创始人，写出他离奇的经历；采访品牌的忠诚顾客，他们使用产品后有何感触？哪些事情让他们惊喜？不妨着手调研，把这些宝贵的故事素材写进文案里。

文案故事有两种写法：品牌故事和创业故事。

第一，品牌故事。内容以品牌故事开头，而且以创始人的口吻来说，更具有吸引力。品牌是如何创设的？最初仅是一家小商店，而如今是全球著名服装品牌，遍布全球的分店数量增长如此之快，是怎么做到的呢？一个个问号推动着人们点击标题，到内文里找答案，这就是制造反差的品牌故事的魅力所在。例如，采用品牌故事法的高级定制服装品牌文案标题是"一辈子只为一毫米"（图10-7），内文进一步展开品牌故事：品牌定位都市精英，追求生产精致产品的理念，强调手工，延续意大利代代相传的匠人精神，倡导"一毫米不同，令一切不同"的个性化追求。

图10-7　品牌故事法文案示例

第二，创业故事（创业历程）。在品牌创始人身上找灵感，以品牌创始人的创业历程故事开头，创业故事标题最重要的是制造反差。制造反差的思路有四个：一是创始人学历和职业反差，二是创始人年龄反差，三是创始人境遇反差，四是消费者回应反差。

（二）激发购买欲望

1. 感官占领法

假设顾客正在网络上浏览品牌服装，他们眼睛看到的、耳朵听到的、身体感受到的，如果文案能准确描述这些感受，那么就已经占领了消费者的联想，让消费者在脑海里调动自己的感官跟随文案中的文字、图像、音乐，去看、去听、去联想，从而深入地体会这款服装的美妙，而他的购买欲也会随之升高（图10-8）。

感官占领写作方法：描述体验服装产品时，假装自己是顾客，重新体验一次服装产品，把感官感受记录下来，用孩子般的好奇心去体验产品，用充满激情的文案感染顾客。

我们不只做衬衫，还有情怀。

让改变发生，让生活美好。
做天下人的贴心小白领。

—— 新锐设计师XIAOLI合作系列 ——

展现出少女不圈于时空、年龄的无限可能和想象
轻盈、自由、不被束缚

图10-8　感官占领法文案示例

产品：防晒产品

文案：很多人以为，被晒到顶多变黑，捂几天就白回来了。

其实你不知道的是，

紫外线潜藏着让你变丑、变老的危机，如果不及时修复，不出一个月，皮肤就会看起来变得很糟糕。

图10-9　恐惧诉求法文案示例

2. 恐惧诉求法

服装商品文案卖货时，有两种方法刺激消费者购买欲：第一种方法是正面说，形容穿着后有多美、多舒适；第二种方法是反面说，没有这个产品会有多糟糕。恐惧诉求法就属于第二种方法，以"特定场景+糟糕效果"为结构，向消费者描述具体、清晰的特定场景，感受难以承受的糟糕效果，以此让消费者关注产品（图10-9）。

3. 认知对比法

经典的心理学书籍《影响力》中提到："人类认知原理有一条对比原理，如果两件东西很不一样，我们往往会认为它们之间的差异比实际的更大。"这条原理可以用在文案策划中，首先指出竞品的差，再展示自己产品的好，这样自己的产品就会显得格外好。

认知对比法适用于成熟品类产品，说明其在某方面（服装板型、面料等）"更好"，激发消费者购买欲，需要如下两个步骤。

第一，描述竞品。产品的设计、功能、质量等方面糟糕，带给消费者的好处与利益较少，甚至有坏处。

第二，描述自己产品的好处与利益较大。

当然批评竞品时不能"指名道姓"，注意表达技巧，要有理有据地陈述（图10-10）。

4. 使用场景法

洞察目标消费者的年龄、职业、兴趣、消费习惯等，仔细观察：哪些场景下，顾客需要怎样的服装。以一名职场白领丽人为例，她每年大部分时间都在工作，当迎来周末、小长假，日子不同，行程不同，着装的需求自然就不同（图10-11）。洞察目标消费者一天的日程安排，深入分析目标消费者工作日、周末、假日会做什么。在工作日和节假日，人们的安排差异很大，在每个节庆前，要提前预判消费者的安排，依据场景合理地搭配服装，并把产品植入看电影、郊游和小聚等场景中，运用多场景文案激发消费者的购买欲。

图10-10　认知对比法文案示例

（1）工作日场景：主要针对的是一般职场的通勤装，其气氛介于职场与休闲场合之间，开放、友好、互相尊重、较为融洽。此时，服装的色彩纯度偏低，明度为中、强对比；款式可以是便装、夹克等，以体现出端庄、美观、自然，给人以愉悦感和亲切感（图10-12）。服装并非一定要高档华贵，但需整洁平整；服装色彩不超过三种；除了服装之外，鞋袜配饰要合理搭配；饰品点缀少而精，能够起到画龙点睛、增添色彩作用为主。通过色彩搭配、款式变化和一些简洁的饰品等细微之处可以显示个人独特的个性魅力和气质。切忌着装随意，不符合场合要求，显得尴尬。

而严肃职场指正式职业（商务）场合，其气氛一般是严肃的，节奏是快速的，思维是冷静的，有时甚至是强硬的、针锋相对的，与之匹配的是庄重大方的衣着。它要求女性着装风格既不要太时髦，也不要太保守；不过度展现性别特征；忌服装色彩过于鲜艳，以中纯度、

工作日	周末	长假	节庆

图10-11　不同场景的服装需求

图10-12 使用场景法（工作日场景的通勤装）文案示例

闺蜜相聚的日子，各种精致打扮，戴上它，一定会受到各种夸赞；会见高端客户的时刻，迅速提升自己的品位，戴上它，千篇一律的职业装瞬间迷人靓丽；与心爱的人约会时，悄悄戴上它，搭配俏丽的妆容，更显端庄大气。情不自禁被种草的美物，手工雕刻仅此一件，你还要错过吗？

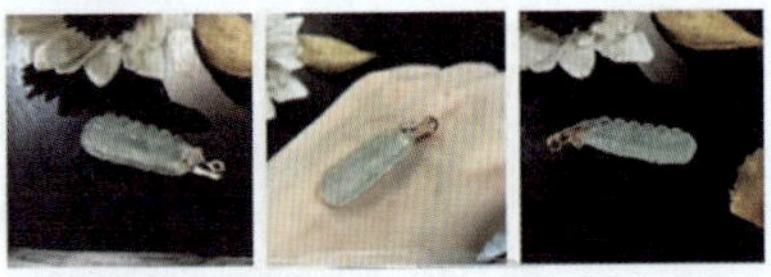

图10-13 使用场景法（多场景）文案示例

中明度、弱对比色彩搭配为佳；注重对服装品质的选择。男装对其着装品质、风格、搭配要求较高。如与客户会谈、参加正式会议等，男士应穿西服、毛料中山装或职业制服，女士则可穿套装、套裙、职业装等。

（2）周末场景：主要针对的是休闲场合，穿着的服装色彩较为丰富、风格多样、个性突出。选配适合自己的服装色彩、服装风格及服饰搭配，以展现自己独特的个性（图10-13）。如能依据自身特征将流行色及流行风格融入服饰搭配则会更加出色。

按周末行程不同可分为：都市休闲、家居休闲或运动休闲等，其色彩搭配、服饰风格也有所不同。如在近郊游玩、体育锻炼时，着装应轻便、舒适和随意，色彩搭配则要体现轻松、愉快、明朗，男士主要以夹克、T恤、运动类服装为主。都市休闲时通常采用纯度偏低、明度为中、强对比的配色；家居休闲时通常采用纯度偏低、明度弱对比的配色；运动休闲时则以纯度偏高、色相强对比的配色为佳。

约会场合因内容的不同会有不同的要求。如在较正式的约会中，女性要体现时尚不失端庄；与亲密朋友约会时，则要体现浪漫、温情、细腻的女性特质。色彩搭配应考虑明度偏高，纯度偏低，明度中、弱对比。

（3）长假场景：主要针对的是远途旅行，需要预订行程、机票、火车票、旅馆，准备各类旅行用品等。此时为休闲度假，服装通常选择纯度偏高的色彩，以及满足休闲度假需求的商品，如海边度假必备的太阳帽、太阳镜、防晒霜等。

（4）节庆场景：节庆的重要活动一般安排在晚上，晚会或宴会的最大特征是灯光闪烁、绚丽夺目，通常要求服装突出华丽、典雅、高贵、时尚、耀目感觉的色彩搭配，最强调材质的光泽度。一般晚会上，女士可穿小礼服，但在出席正式宴会时，应穿中国传统旗袍或西方的长裙晚礼服；男士则以西服为主。

💡 案例分析

多场景文案策划

以"超轻弹力鞋"为例。这双超轻弹力鞋，鞋面采用莱卡面料，鞋子轻薄、透气性能佳；单只鞋的重量大概80g，轻盈柔软，穿上就像是没有穿鞋一样；这种莱卡面料不怕水，入水不会被泡坏，出水后水分会速干；可以360°卷曲折叠，聚氯乙烯（PVC）的鞋底柔软性优良，无论如何折叠弯曲，鞋子也不会变形损坏，折起来后，很小的包都能塞下这双弹力鞋，所占空间小，方便随身携带（图10-14）。

图10-14 超轻弹力鞋

文案拟定目标顾客是22~35岁职场人士，男女不限。如何创作一则精彩的文案，以这款"超轻弹力鞋"的8个使用场景展开多场景文案策划。"多场景"可以刺激购买欲，让消费者想象一天当中他可以一次又一次地使用产品，不断获得益处和幸福，进而使之成为生活中经常用、离不开的好产品。

① 临时去超市买点东西的时候，出门散步、遛狗的时候，一脚蹬上这双鞋子就能出门。

② 这双鞋子放在车里，替换高跟鞋或者皮鞋，开车更舒适安全。

③ 久坐码字的人，需要在办公室准备一双这样的鞋子，替换高跟鞋和皮鞋；简洁的款式穿着开会也不失体面。

④ 在穿累了高跟鞋时，这双弹力鞋能随时拯救于水深火热中。

⑤ 差旅途中坐飞机或者火车的时候，拿来当替换的鞋子，可以舒缓脚部在旅途中的劳累，也比拖鞋更方便得体。

⑥ 做瑜伽、健步走、普拉提等运动的时候穿着也很舒适。

⑦ 在海边沙滩漫步的时候穿着，鞋口紧贴脚背，沙子不容易灌进去。

⑧ 穿着这双鞋在海里游泳或者潜水、浮潜，避免赤脚被碎片或者礁石划伤。

5. 畅销思路法

心理学实验证明，74%的人会受从众心理影响。利用人们的从众心理明示或暗示产品很畅销时，人们就会情不自禁地更想购买产品。知名服装品牌列出自己的销量、用户量、好评量等数据，体现自己行业领导者的地位，能让消费者更想购买。一般服装品牌描述产品热销的局部现象，比如卖得快、回头客多或款型被同行模仿，营造出一种火爆销售的氛围，同样可以激发人们的购买欲。

描述"畅销"是非常强大的文案方法，它既能激发购买欲，又能赢得消费者信任，这样"一箭双雕"的方法并不多见，假设在网店搜索一款服装商品，有两家店都在售卖，一家销量很高，好评如潮，一家卖的很少，评论就几条，多数人都会选择买前者。实际上，很多人搜索后都会按销量由高到低排序，只看排名靠前的商家。

知识链接

从众心理的心理学实验

社会心理学家阿希（Asch）做了一个实验，让一位被测试者与另外7~9人（实际上是他的助手）一起坐在桌旁，阿希向他们呈现三条长短不一的线段（图10-15），要求他们判断A、B、C哪一条线段和X线段一样长？这个测验看似简单、可笑，但结果却令人吃惊。

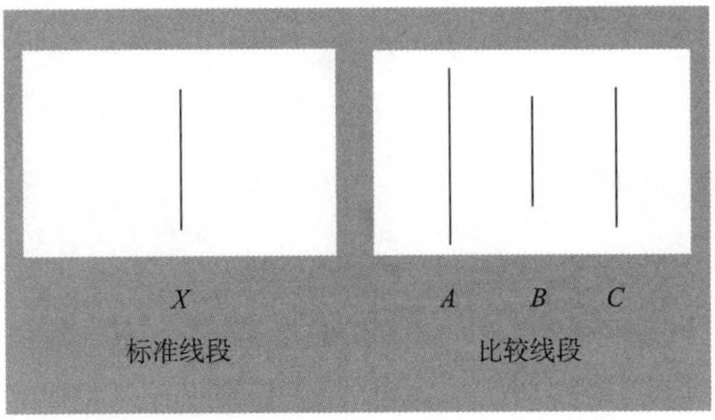

图10-15　从众心理学实验

每位被测试者轮流大声说出自己的判断，而真实的被测试者被安排在倒数第二位回答。在几次预先确定的关键实验中，助手故意说出错误的答案，多次实验后发现真实的被测试者明知正确答案的情况下，有74%的人们随多数选择了错误的答案。

这很惊人，即使错得离谱，74%的人也会从众随大多数，这是一个很庞大的数字，如此普遍的从众心理现象可以运用到营销中，从而激发消费者的购买欲。

6. 顾客证言法

写顾客证言比较简单，在品牌社群、售后评论中精选生动的顾客留言，用消费者真实的好评证明产品好。"顾客证言"既能激发顾客购买欲，又能增强顾客对产品的信任感，也是可以"一箭双雕"的文案方法。

收集证言不难，重要的是挑选的证言必须能击中消费者的核心需求。核心需求是指消费者最想满足的需求，比如，羽绒服的核心需求是保暖、轻盈，含绒量高；T恤的核心需求是面料透气、舒适，洗涤不褪色等。

（三）赢得顾客信任

1. 权威转嫁法

权威转嫁的线索有：权威奖项、权威认证、权威合作单位、权威企业大客户、明星顾客、团队权威专家等。"权威转嫁"成功的关键因素有两点：让顾客开始相信产品、赢得消费者的信任（图10-16）。

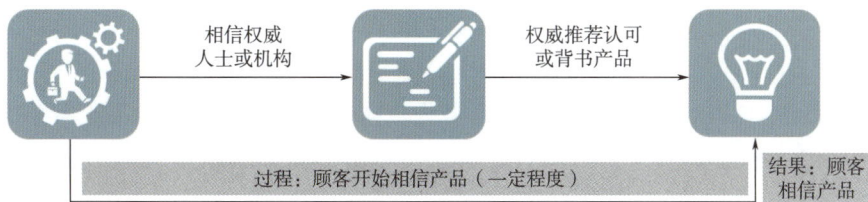

图10-16 权威转嫁的过程

第一，塑造权威的"高地位"。一定要展示它是非常专业的、高级别的，具有很大影响力的，它在行业里举足轻重，所有人都希望获得它的认可。

第二，描述权威的"高标准"。要求很高、很严苛，一般人无法获得，得之不易。

如果实在找不到权威来推荐品牌，可以描述哪些权威认同品牌的产品理念，间接支撑品牌的产品品质。

2. 事实证明法

如果服装产品在材质上有优势，比如"坚固耐磨""柔软舒适""有弹性，不易变形"等，应该怎么让顾客相信呢？如果直接写出这些优势，却没有给出解释和证明，消费者可能会产生怀疑。那么，如何证明产品的材质优势呢？

事实证明的原理是列出一个关于产品的事实，公正客观，让消费者可以亲眼所见验证真伪，以此来证明产品卖点（图10-17）。事实证明法分为以下两步。

第一，收集性能数据。突出服装产品的特点，就要先收集、分析产品的精准数据，比如服装面料成分、板型、工艺等。

第二，链接到熟悉事物。消费者多数是外行，往往对数据不敏感，光讲数据无法打动他，因此要把数据链接到消费者熟悉的事物上。

当服装面料材质、属性特点无法被直接证明时，可以做各种物理、化学实验并附上前后对比照片、GIF动图或短视频，比如，用火烧服装面料纤维证明材质成分，用水浸泡检测面料是否会褪色，或者使用强力拉扯服装来证明面料不易变形等。

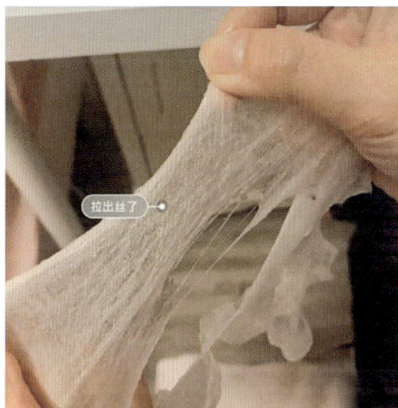

产品卖点：天然蚕丝

【事实证明——用眼睛看】：天然蚕丝的可拉撕性很低，拉扯后能看到蚕丝的断裂。相反，如果蚕丝面膜久扯不断，那便有可能是含有化学纤维的工艺蚕丝。

图10-17 事实证明法文案示例

事实证明法文案策划
——以"戒指绒"围巾为例

戒指绒是羊绒工艺中的顶级水平，不仅纺纱织造过程极为严格，选材也相当考究，必须精选长达38mm以上、细腻度达到超精梳200支以上的山羊绒才能称为戒指绒。戒指绒柔滑如丝、薄如蝉翼，属于高端纺织材料，是各大奢侈品制造商的首要之选。

但是，消费者对数据不敏感，文案必须将这个戒指绒性能数据链接到消费者熟悉的事物上——戒指。"一款面料轻薄、柔滑的羊绒围巾，卷起来后可以轻松顺滑地穿过一枚小小的戒指，只有用料极为苛刻、要求之高才能成为戒指绒的原料。"（图10-18）。

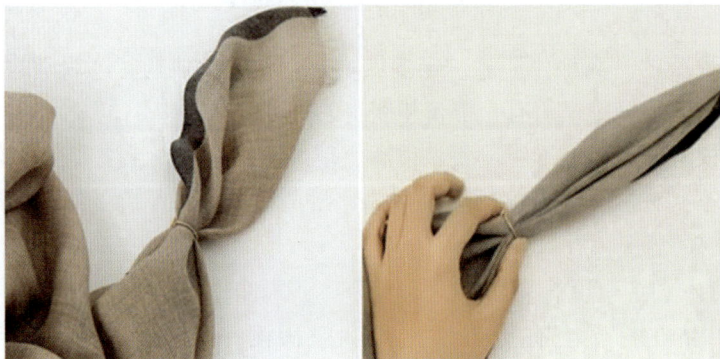

图10-18 "戒指绒"围巾

这一创意文案不仅使用"事实证明法"，还采用了"感官占领法"，让消费者亲眼看到羊绒围巾穿过那么小的戒指，似乎触摸到这款围巾柔顺的材质。该文案引发社群消费者参与话题讨论并分享体验感受，互动传递"生活美学"。

3. 化解顾虑法

即使把各种文案技巧用得天衣无缝，顾客还是会担心以下这三类问题。

第一，品质问题。商品收到了不满意怎么办？没有卖家说的那么好怎么办？穿着一段时间或者洗后服装变形了怎么办？

第二，服务问题。如果服装号型不合适，是否可以退换货？如果退货，邮费由谁承担？

第三，隐私问题。比如购买内衣商品，顾客希望快递单据上无商品信息。

化解顾虑法是主动提出顾客可能担心的品质问题、服务问题和隐私问题，并给出解决方案，主动化解，在文案中展现对产品的强大信心、认真服务的态度，能提高顾客下单的概率，让顾客感觉自己毫无风险、特别放心。

（四）引导马上下单

有了前文提到的抓人眼球的文案标题，激发购买欲、赢得顾客信任的内文，并不意味着文案就这样结束了。不解释价格是否合理、不帮助顾客分析购买的利与弊，顾客会认为没必要现在购买，可以再看看，然后关闭页面。很多时候，"再看看"等于再也不看。文案费尽心机，激发购买欲，赢得信任，眼看顾客就要下单了，却转身离开。因此，服装商品卖货文案的重点还有引导顾客下单。"引导马上下单"的方法主要有以下四种。

1. 价格锚点法

一般在商品文案结尾会放上这样的优惠信息：本商品原价X元，优惠价只要Y元（价格更低），马上抢购吧！

通过高低价对比，让顾客感觉很便宜，看起来很合理，实际上顾客心里还有疑虑：这一款真丝连衣裙真的值1198元吗？花968元买这个手拎包真的划算吗？其他包会不会更好看、更便宜？

此时，应该主动解释价格的合理性，给顾客吃下一颗定心丸，让他更放心地购买。因此，可以设置一个价格锚点，主动告诉顾客一个很贵的价格，因为在合理的逻辑下，顾客觉得越贵越好；然后再展示"低价"折扣优惠，让顾客感到很实惠，觉得买这款商品太划算了。

假如在服装竞争品牌里找不到锚点，就到其他服装品牌里找，甚至可以找其他行业的产品，比如文案可以这样写"这款基本款T恤价格实惠，只需要两杯奶茶钱"，由此通过一个共同点进行链接对比。

知识链接

锚定效应（Anchoring Effect）：心理学名词，认知偏差的一种，是指当人们在进行决策时，会偏重最早取得的第一个资讯（称为"锚点"），会不自觉地给予最初获得的信息过多的重视，即使这个资讯与这项决定无关。

人们倾向于把对将来的估计和已采用过的估计联系起来，同时易受他人建议的影响。当人们对某件事的好坏做估测的时候，其实并不存在绝对意义上的好与坏，一切都是相对的，关键看如何定位基点。基点定位就像一只锚一样，它定了，评价体系也就定了，好坏也就评定出来了。

1973年，卡纳曼和特沃斯基指出，人们在进行判断时常常过分看重那些显著的、难忘的证据，甚至从中产生歪曲的认识。例如，医生在估计病人因极度失望而导致自杀可能性时，常常容易想起病人自杀的偶然性事件。这时如果进行代表性的判断，则可能夸大极度失望病人将自杀的概率，这就是人们在判断中存在的锚定效应。

1974年，卡纳曼和特沃斯基通过实验来进一步证明锚定效应。实验要求实验者对非洲国家在联合国所占席位的百分比进行估计。因为分母为100，所以实际上要求实验者对分子数值进行估计。首先，实验者被要求随机选择摆放在其前面的罗盘中的一个数字（0~100）；接着，实验者被暗示他所选择的数字比实际值是大还是小；然后，要求实验者对随机选择的数字向下或向上调整来估计分子值。通过这个实验，卡纳曼和特沃斯基发现，当不同的小组随机确定的数字不同时，这些随机确定的数字对后面的估计有显著的影响。例如，两个分别随机选定10和65作为开始点的小组，他们对分子值的平均估计分别为25和45。由此可见，尽管实验者对随机确定的数字有所调整，但他们还是将分子值的估计锚定在这一数字的一定范围内。

许多金融和经济现象都受锚定效应的影响。锚定效应同时发生在商品定价的其他经济现象中，它类似于宏观经济学中的"黏性价格"，只要把过去的价格作为新价格的一种参考（建议），那么新价格就会趋于接近过去的价格。如果商品的价值越模糊，参考就可能越重要，锚定就可能是更重要的价格决定因素。

2. 价值大于价格法

当顾客下单时，心里会隐约出现一个天平，一边是商品的价值，另一边是商品的价格，当他确定价值大于价格时，他才会下单。如果让顾客独自算这笔账，结局很难预料，他可能放弃购买。此时，文案可以在顾客付款前帮他算一笔账，让顾客确定产品的价值远远大于价格，从而愿意下单。有两种方法能让顾客感觉很划算。

第一，平摊法。当产品很耐用，但价格比较高时，可以把价格除以使用天数，算出一天多少钱，让顾客感觉到划算。比如，顾客会有顾虑"花968元买这个手拎包真的划算吗"，文案可以这样写"只要每天花费2.65元，就能把这款真皮高品质的手拎包带回家"。

第二，省钱法。如果服装产品是基本款、百搭款，可以帮助顾客推荐多种服装搭配方案，或者一衣多穿的效果，这相当于帮他节省很多钱，顾客就会觉得购买很划算。

3. 正当消费法

顾客看到服装商品很漂亮、很精致，能给自身形象带来更多美的享受，非常心动，但是当发现价格有点高，就会犹豫，认为买这款商品是为了个人享受时，他就会谨慎，担心太奢侈浪费，可能放弃购买。此时，引导马上下单方法中的"正当消费法"，告诉顾客购买产品不是为了个人享受，而是有其他正当理由，消除他内心的负罪感，从而尽快下单。

"正当消费"包括以下四方面内容。

第一，上进。描述方法：思维学习提升、能力进步、人脉拓展、事业发展等。

第二，送礼。描述方法：送礼物给好友、事业伙伴、家人，用于感恩；送礼物给恋人、丈夫、妻子，以表达情感。

第三，健康。描述方法：增强体质、减少疾病风险、消除患病痛苦等。

第四，孩子。描述方法：确保孩子健康成长、品行端正、聪明优秀，有美好前途。

文案告诉顾客买产品不是为了享受，而是为了"上进、送礼、健康、孩子"，这四种消费属于正当消费，缓解顾客的负罪感，让他更爽快地下单购买商品。

4. 限时限量法

通常，人们在掏钱购买产品时会犹豫、拖延，甚至不了了之，而文案的目标是让顾客马上购买。引导马上下单中的"限时限量法"，告诉顾客现在的优惠是限时限量的，如果错过，产品会涨价，甚至售罄买不到，这就迫使顾客必须马上做出决定。常见的形式有以下三种。

第一，限时。如秋冬新品限时上市当日的前两个小时全场6折，以此吸引消费者购买（图10-19）。

第二，限量。例如一款特价羊绒衫文案写明：售完即止，前50名预订的顾客额外送一份礼品。该文案告诉顾客产品名额限量，又被其他顾客提前预订，所剩更少，这样会激发顾客产生紧迫感，促使他马上下单。这里使用了前文提到的"畅销"思路法，说明了这款羊绒衫预订火爆，深受大家认可。前50名预订名额显得非常稀少，而且看起来很可能被别人抢占，让顾客感觉紧迫，立刻下单购买。

图10-19　限时限量法文案示例

第三，限制身份。如本优惠仅限会员，新会员赠送礼品等。设置享受优惠的身份门槛，会让顾客感觉到机会难得，力度较大，从而更想马上下单购买商品。

三、服装商品直播/短视频卖货文案策划

当消费"复兴"回归，直播带货、短视频卖货的"新消费"掀起强势浪潮，服装鞋帽、针织纺织品行业销售全网零售额第一，其主流购买人群依然是女性消费群体（图10-20）。

在策划服装商品卖货文案之前，首先，要对品牌的设计理念、时尚款式、服装色彩、面料材质、风格搭配以及制作工艺六大基本元素有所了解。其次，需要深度挖掘服装的卖点和特点，并结合目标人群的核心诉求，给出具体的利益承诺。以下是策划服装商品直播/短视频卖货文案的五大要点和四个爆款文案模板。

（一）服装商品直播/短视频卖货文案策划的五大要点

1. 突出款式风格，锁定目标顾客

在购买服装时，人们首先关注的是服装穿在自己身上好不好看，是否能凸显自己的身材优势。而不同的目标顾客需要的服装款式也不尽相同，不同的款式风格又针对不同身材比例的顾客，所以，文案不妨从服装款式和板型入手，突出给目标顾客带来的利益。

比如针对小个子顾客，可以强调服装的板型穿在身上很显高；针对微胖的女性顾客，可以强调服装的袖子能很好地修饰手臂，让人显得更秀气。还可以针对不同目标顾客的喜好来突出款式特色与风格，如淑女风，街拍风、国风等。

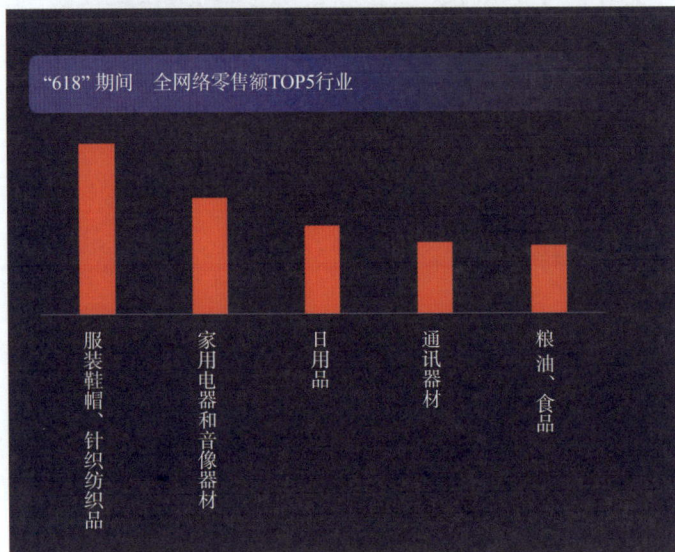

图10-20　"618"全网络零售额TOP5行业
（数据来源：欧特欧咨询2020年）

2. 放大流行元素，刺激消费欲望

服装受时尚潮流的影响比较大，而走在时尚最前沿的是明星、达人、网红等。所以，可以利用明星和红人效应，比如"某某同款"，吸引消费者的注意，刺激购买欲望，从而带动产品的销售。

如果品牌和明星没有代言签约，只是款式或风格雷同，则可以与时尚元素（明星、综艺节目、电视剧、电影等）进行关联。比如"好莱坞明星都喜欢的款式""穿上秒变电视剧大女主""这个连衣裙是今年最流行的设计，穿上非常减龄"等。

另一种影响流行的因素是时间和季节，每年的不同季节都会有不同的服装穿搭和时尚热点，可以利用这一点让顾客觉得服装很流行。比如很多短视频带货文案会写"今年秋季最流行的四大款式""被评为今年最减龄的三种穿搭"等。

3. 真人穿搭测评，演绎穿着效果

尽管服装的款式很时尚、设计很流行，但是消费者通过网络购买时不能亲身试穿试戴，所以他会担心穿在自己身上的效果到底如何。还有一些顾客会担心自己不会搭配，因此在直播营销时，需要主播给顾客试穿，让他亲眼看一下效果，并在镜头中教他正确的穿搭方法。

主播展示穿着效果、不同场景的穿搭，凸显服装的美感，吸引顾客的注意。很多服装带货账号只是简单地进行换装或穿搭展示，没有任何声音和文字，虽然也可以实现卖货目的。不过，这种方式只能呈现服装的款式，对于顾客关心的服装面料材质、工艺、舒适度等细节并不能很好地展示，这种方式卖货效果一般。所以，主播在试穿时最好再配以口语化的试穿体验描述，以进一步强化顾客的购买欲望。

4. 展示商品品质，破除购买顾虑

对于服装来说，单一的面料介绍已经不能完全满足消费者的需求，服装的材质、款式、质感以及做工细节，也是顾客越来越在乎的事情，所以，如果能体现出商品的细节就会更有说服力，更能满足消费者的需求。

品牌可以通过服装的领型设计、袖型设计、拉链设计、衣服内衬、商标展示、手工缝制等细节凸显商品的高品质，还可以设置一些挑战性试验证明产品品质好。比如，在某款服装的卖货视频中，主播使劲搓着袖子上镶的小钻，并配音"看一看，一颗都不会掉。你看一下里面，都是用手工缝的"。再如，某毛衣的卖货视频中，主播特别展示了目标顾客普遍关心的色差问题"你们好像对这个衣服的颜色很纠结，我去太阳底下给你们看一下它在自然光下面的效果"。通过服装商品直播卖货文案较全面展示了商品品质，从而消除消费者的购买顾虑。

5. 讲述设计理念，用故事打动顾客

面对琳琅满目的服装，有故事的服装品牌更有竞争力。所以，如果服装品牌是原创设计，也可以讲述产品设计背后的故事，一方面可以让顾客更好地了解产品所蕴含的设计理念，另一方面可以提升产品的价值感。品牌故事必须附着于产品，通过产品包装、产品细节、产品卖点、产品口碑等，提升品牌故事的可感知度。

（二）服装商品直播/短视频卖货常用的爆款文案模板

1. 干货式：话题类型+干货要点

（1）话题类型：挑选与服装相关的话题类型，比如卖风衣，可以讲如何穿不显矮，如何系腰带才好看。要选择目标顾客普遍关注且能帮助其解决某个痛点的话题，只有这样才能引发顾客的共鸣，获得不错的播放量和点赞量。可以从人群、胖瘦、高矮、体型、肤色、搭配、配色、材质辨别、衣服护理等几个方面选择合适的话题类型。

（2）干货要点：针对提出的话题，给出系统的知识要点。这样可以凸显主播的专业性，让顾客觉得主播是服装穿搭方面的专家，也更愿意下单买服装。同时，在讲解干货时，还应展示服装的特色和效果。看似没有直接推销商品，却可以吸引顾客在评论区主动询问"这款衣服是在哪里买的呢"，这种方法可以很好地增加粉丝的互动量，提升视频的转发和评论数量，更好地带动视频传播，并间接实现种草带货的目的。

图10-21　工装裤搭配马丁靴

案例分析

服装商品直播/短视频卖货文案示例
——以工装裤为例

话题类型：只要记住以下三点，小个子穿工装裤就不会显矮。

干货要点：裤子选择高腰小脚板型；搭上马丁靴，把裤子塞进靴子；上衣选择小短款或者把上衣塞进裤子，这样的穿搭气场一米八（图10-21）。

2. 测评式：普遍痛点+完美方案+测评建议

（1）普遍痛点：指出目标人群在日常着装中普遍存在的一些痛点。衣服再美，款式再潮，但模特展示出来的完美效果总给人不真实的感觉，顾客会担心自己的身材不够好、个子不够高、穿起来效果不好。此时如果一针见血地指出她的痛点，她会产生共鸣，也更容易接受主播推荐的服装。

（2）完美方案：给出解决顾客痛点的完美方案，就是主播要销售的服装。

（3）测评建议：主播需要在镜头中给出顾客测评、证明，让消费者眼见为实。另外，还需要根据顾客的需求和痛点给出穿搭建议，破除顾客下单前的犹豫。

💡 案例分析

服装商品直播/短视频卖货文案示例
——以吊带裙为例

普遍痛点：夏天穿这种紧身的衣服，就像个蚕蛹一样，就怕小肚子凸出来，要是瘦50斤穿起来就好看了。

图10-22　吊带裙搭配西装外套

完美方案：瘦不下来的话，直接换一条连衣裙算了。哇，大美女！

测评建议：有人要讲了，无袖的裙子，不显得胳膊粗吗？怎么可能不显胳膊粗？随便搭一件这种小开衫就行了呀！再不行你就搭件西装外套呗！换一种风格。最后叮嘱一遍，个子高的买这个啊（图10-22）（这条短视频产生了1500多单的销量）。

3. 导购式：展示特色+描述利益+引导下单

（1）展示特色：在镜头中展示商品的细节特色，如服装面料、设计、工艺、缝线等。在展示服装特色时，最好配合一些挑战试验，比如使劲搓一下衣服，看镶钻是否会掉、衣服是否会起皱褶、是否会起静电、弹力大小如何等。

（2）描述利益：只有顾客产生了联想和情绪才容易下单，所以在展示服装的特色之后，还要描述给顾客带来的具体利益，比如穿上后显肤色、显高、显瘦、显气质，很性感或者不同场合都可以穿等。只有这样，顾客才会联想到自己穿在身上的效果，购买欲望才会被唤醒。

（3）引导下单：给顾客明确的下单指令，也可以使用价格锚点法、价值大于价格法等技巧。

服装商品直播/短视频卖货文案示例
——以风衣为例

展示特色：我给大家看一下，黑科技风衣料（主播使劲搓衣服后用手抚平面料的镜头），再看一下面料，完全恢复平整状态，不会留下任何折痕。这种强弹性和韧性的面料做成的风衣，任你随意凹造型后都能迅速恢复平整，无折痕、抗皱免烫，而且比棉质风衣轻。有没有满满的高级科技感！风衣挺括又不受拘束，插肩袖释放双臂、背部，灵活舒适很有包容性，立体肩章部位增加职场女性魅力。袖口松紧可调节，造型有力。双排扣设计，营造大气端庄气质。看衣领翻起的细节，面料强塑型，飒！

描述利益：风衣穿上露一点小腿，有点小性感的感觉。内里细腻包边、内设精致内袋，非常用心。经典蜜驼色，不管是搭配套裙还是裤子，都非常显气场。

引导下单：这样的风衣在专柜至少要卖好几千，性价比真的超级高（图10-23）（这条短视频产生了1300多单的销量）。

图10-23　抗皱免烫蜜驼色风衣

4. 场景式：产品优势+穿搭场景

（1）产品优势：一句话概括产品的优势，可以从服装设计、面料、工艺、裁剪、款式等不同角度来凸显优势。

（2）穿搭场景：罗列出日常生活中服装的不同穿搭场景，可以从配色、季节、场合、人群等不同角度展开。

💡 案例分析

服装商品直播/短视频卖货文案示例
——以丝巾为例

产品优势：丝巾真的是我平时利用率很高的单品，非常能增加层次感和时髦度。这款真丝素绉缎丝巾采用手工台板印花，珍珠般光泽、色彩艳丽，图案栩栩如生。

使用场景：这条丝巾当头饰，法式风情的美人就是你；当上衣颜色比较单一时，就可以系这条丝巾当装饰；穿外套想有一点小设计，这样穿很加分（图10-24）（这条短视频产生了1000多单的销量）。

图10-24　精美印花丝巾

⚙ 任务实施

情境设计：运用"百搭款的重要""使用场景""权威转嫁和事实证明"三种服装爆款文案技巧，完成以下三个子任务。

任务1：运用"百搭款的重要"（"不得不说"）的爆款文案技巧（图10-25），完成服装选品搭配以及爆款文案。

任务2：运用"使用场景"（"早知道"）的爆款文案技巧（图10-26），完成服装选品搭配以及爆款文案。

任务3：运用"权威转嫁和事实证明"的爆款文案技巧（通常罗列出品牌有哪些权威认证、权威奖项、权威合作企业、权威大客户以及哪些明星客户等数据，用"列数据、看效果"，感官占领，事实证明实际效果）（图10-27），完成服装选品搭配以及爆款文案。

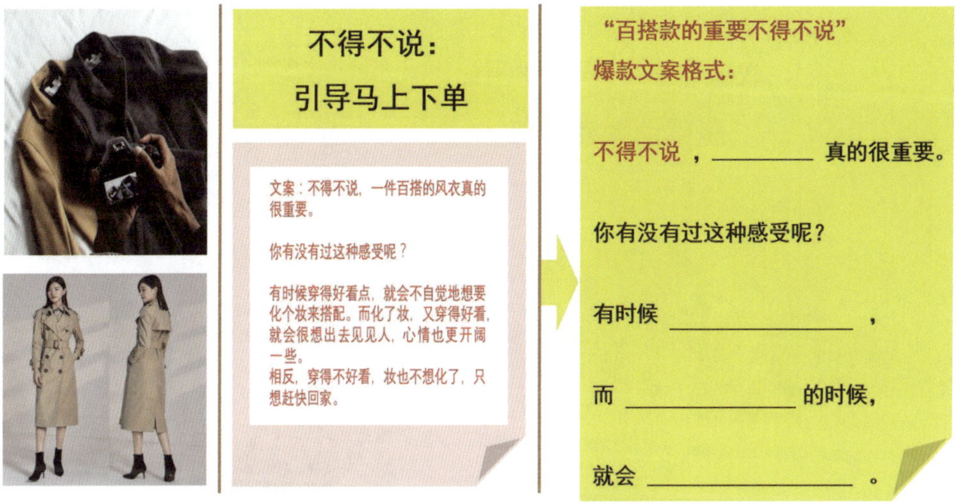

不得不说：
引导马上下单

文案：不得不说，一件百搭的风衣真的很重要。

你有没有过这种感受呢？

有时候穿得好看点，就会不自觉地想要化个妆来搭配。而化了妆，又穿得好看，就会很想出去见人，心情也更开阔一些。
相反，穿得不好看，妆也不想化了，只想赶快回家。

"百搭款的重要不得不说"
爆款文案格式：

不得不说 ，_____ 真的很重要。

你有没有过这种感受呢？

有时候 _____ ，

而 _____ 的时候，

就会 _____ 。

图10-25 "百搭款的重要"文案示例（教师示范：张虹）

场景一：办公、面试、演讲、商务（工作日）
场景二：休闲、约会、逛街（周末）
场景三：郊游、登山、沙滩（长假）
场景四：参加婚礼（节庆）
······

"使用场景"爆款文案技巧：

第一步：写出消费者的苦恼

第二步：给出圆满结局/破解方法

圆满结局：

形容烦恼破解后的美妙效果；

还可以告诉消费者你有破解方法

使用场景"早知道"爆款文案格式：

当_____ 的时候，

_____ （苦恼），

早知道（假如有）____ ，

就会（有）_____ 。

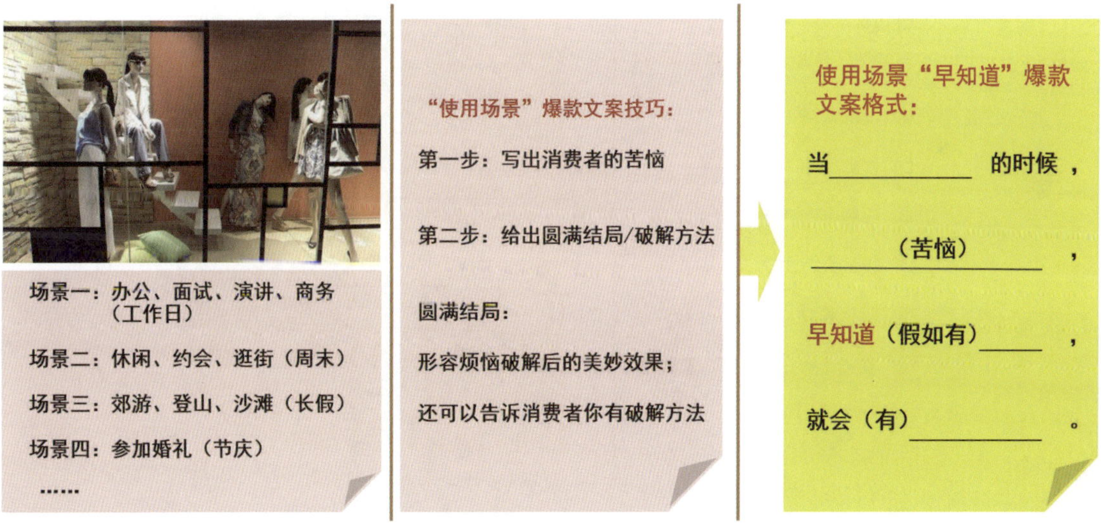

图10-26 "使用场景"文案示例（教师示范：张虹）

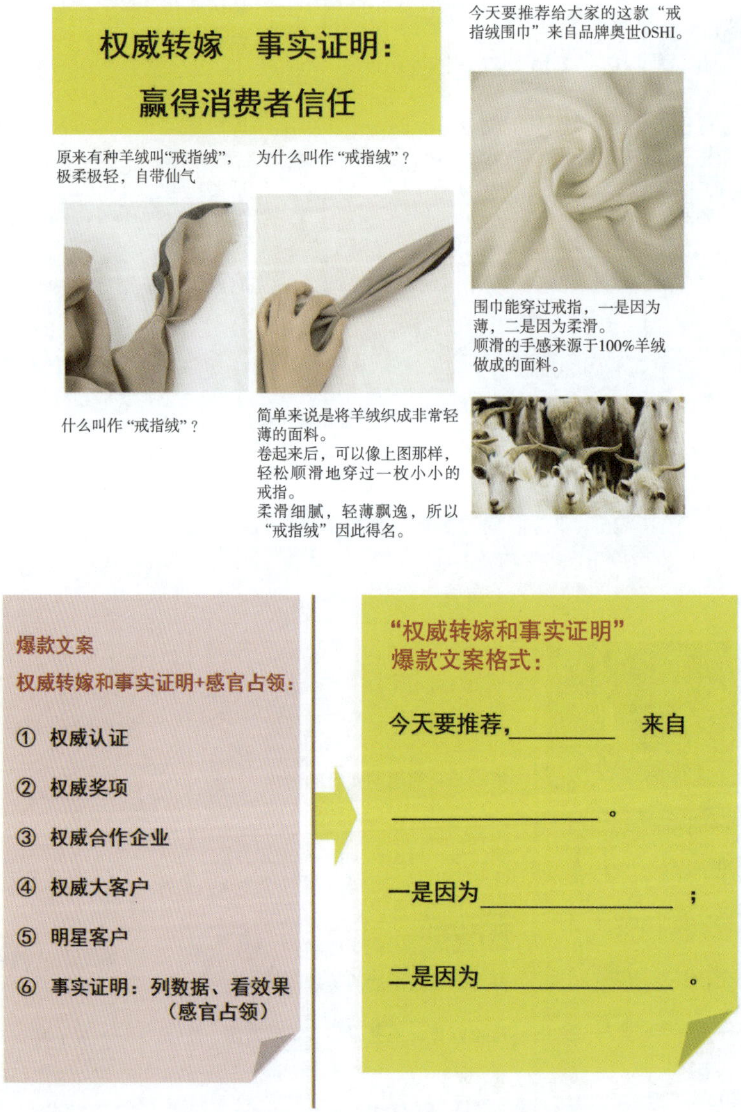

权威转嫁　事实证明：赢得消费者信任

今天要推荐给大家的这款"戒指绒围巾"来自品牌奥世OSHI。

原来有种羊绒叫"戒指绒"，极柔极轻，自带仙气

为什么叫作"戒指绒"？

什么叫作"戒指绒"？

简单来说是将羊绒织成非常轻薄的面料。
卷起来后，可以像上图那样，轻松顺滑地穿过一枚小小的戒指。
柔滑细腻，轻薄飘逸，所以"戒指绒"因此得名。

围巾能穿过戒指，一是因为薄，二是因为柔滑。
顺滑的手感来源于100%羊绒做成的面料。

爆款文案
权威转嫁和事实证明+感官占领：

① 权威认证

② 权威奖项

③ 权威合作企业

④ 权威大客户

⑤ 明星客户

⑥ 事实证明：列数据、看效果
　　　　　（感官占领）

"权威转嫁和事实证明"爆款文案格式：

今天要推荐，_____ 来自

_____。

一是因为_____；

二是因为_____。

图10-27　"权威转嫁和事实证明"文案示例（教师示范：张虹）

项目四 服装商品库存管理及视觉营销

任务11 服装商品库存管理与促销

项目名称	服装商品库存管理及视觉营销	
任务标题	T4-1 服装商品库存管理与促销	
授课学时	2课时	
知识目标	K1	了解服装商品库存管理的工作内容
	K2	熟悉服装商品补货、进货、退货、调货管理
	K3	熟悉服装商品库存管理目标
	K4	掌握服装商品促销策略
技能目标	S1	根据服装商品补货、进货、退货、调货作业流程，能进行服装商品流动管理
	S2	按企业或总代理要求与规定，能进行月度服装商品的盘点，达到保证账物相符的目的
	S3	能按企业要求组织符合促销策略的库存消化
素养目标	A1	通过项目化的学习任务安排，培养学生一丝不苟、耐心细心、认真负责的工作态度
	A2	通过团队协作完成任务，培养学生的团队合作能力、及时发现问题、团队协作解决问题的能力
重点分析及解决措施	重点分析：服装商品补货、进货、退货、调货管理	
	解决措施：课前线上预习本任务内容，课堂上教师讲述服装商品库存管理的工作内容，引导学生进入服装商品流动管理主题讨论，教师指导	
难点分析及解决措施	难点分析：服装商品促销策略	
	解决措施：指导学生按企业要求组织符合促销策略的库存消化，制订库存消化计划、商品促销计划，教师针对性指导	

服装商品库存管理的主要目的是通过及早对库存预分析管理，做好库存管理消化计划；通过有效的采购管理、商品调配及促销策略的制订，执行跟踪，降低库存；在指定的时间，按企业要求组织符合促销策略的库存消化（图11-1）。

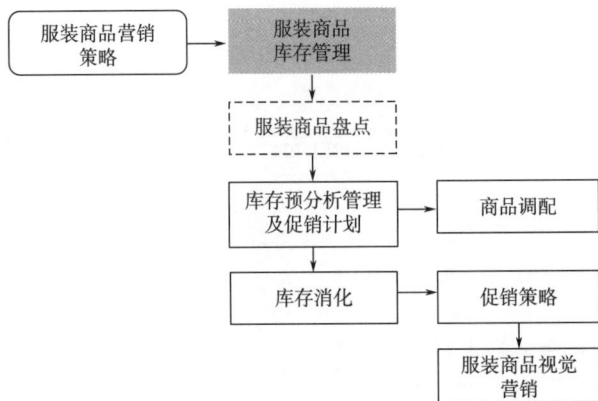

图11-1　服装商品库存管理的工作内容

一、服装商品流动管理

（一）服装商品补货、进货、退货、调货管理

1. 补货管理

补货作业是指服装店铺依据商品具体销售情况而出现或针对商品的断码而制订的补货计划，也可以叫添货活动。补货情况分以下几种。

（1）存查补货：服装店铺店长应随时注意检查店铺及仓库的存货，若商品低于安全存量或出现断码，或遇到店铺做促销活动或节假日之前都必须考虑适量补货。同时，在进行存货检查时，还可顺便检查该商品的库存量是否过多，这样就可以早做应对处理。

（2）适时补货：服装店铺补货必须注意时效性，因为店铺每天营业销售时不可能随时进行补货，而且企业或总代理也不可能随时接受补货单就随时发货，一般都有固定的补货时间范围，只要过了这个时间就视为逾期，次日才能排上补货。所以服装店铺店长不能因为补货流程操作失误，使货源无法正常供应造成缺货，从而影响服装店铺的正常销售。

（3）适量补货：补货量的决定也是一个比较复杂的过程，这就要求相关人员必须考虑到以下因素：商品每日的销售量、补货至送达店铺的前置时间、商品的最低安全存量、商品的规定补货单位等，在实际操作过程中，服装店铺店长还得根据自己的经验和实际情况进行补货。

补货作业流程如图11-2所示。

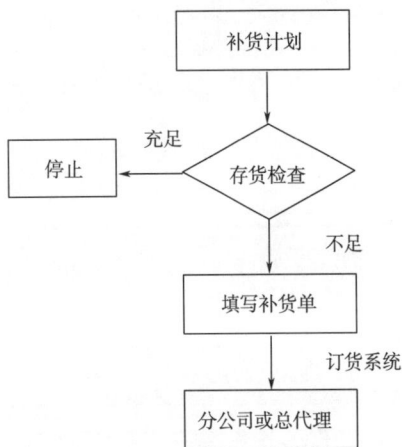

图11-2　补货作业流程

2. 进货管理

进货作业是由企业总部、分公司或总代理的配送中心依照补货单将商品送达服装店铺，并且完成验收的作业。

（1）进货作业流程过程中应注意的事项有以下五点。

① 进货要严格遵守企业或总代理所规定的进货程序。

② 各店铺应先办理退货再办理进货，以免退换商品占用店铺的仓位。

③ 各店铺店长要安排人员验收。

④ 验收要核对商品款号、数量、尺寸、规格与补货单，拒收不符合要求的商品，并查看是否有饰品搭配。

⑤ 验收后有些商品可根据需要直接进入店铺，有些商品则存入内仓再送入店铺。

（2）验收人员的工作职责有以下三点。

① 保持后场环境整洁，并将相关物品摆放整齐。

② 商品收货时应依照进货单上的内容逐一清点，并检查商品与表单内容是否一致。

③ 商品验收时，发现有拆箱或其他异常情况时，应予以全部清查。

进货作业流程如图11-3所示。

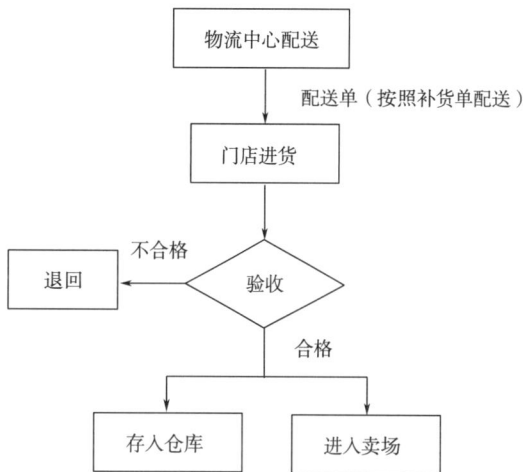

图11-3 进货作业流程

3. 退货管理

退货作业可与企业或总代理的配送中心进货作业相配合，利用进货回程顺便将退货带回。退货原因一般是品质不良、订错货、送错货，还包括顾客反馈的商品或是总部明确规定的滞销品等。

办理退换货时要注意以下两点：一是退调商品也要清点与整理，妥善保存，一般整齐摆放在商品存放区的一个指定地点；二是填写退换货单，注明其数量、品名及退货原因。退货流程如下。

① 申请退货。

② 整理要退货的商品，将需退货的商品整理于退货区，并及时通知服装生产商办理退货事宜。

③ 填写退货单。

④ 退货单核决（根据退货单上的金额找到相应的主管核准）。

正常货品退货作业流程如图11-4所示，次品退货作业流程如图11-5所示。

4. 调货管理

本流程适用于代销商、经销商、专卖店或仓库之间调货或者经营部之间调货。调货作业流程如图11-6所示。

商品部出通告通知店铺具体的退货要求

↓

店铺按退货要求整理需退货品

↓

将货品按款号归类好装箱，并核对好每箱所装款号和件数

↓

清楚填写《退货单》，必须填写清楚该箱内的总件数 → 封好箱，在封条上签名，并在箱面贴《退货单》和标明总件数

↓

于大仓送货日的前1~2天致电通知大仓，有多少箱退货

↓

大仓同事点收退货的箱数，并在退货单上签名确认所退箱数 → 店铺将《退货单》传真至商品部备忘

↓

仓库收退货到仓后拆箱详细盘点，并扫描入机

↓

仓库确认店铺所退货品，并更新退货店铺仓存 → 店铺于3个工作日后确认电脑数据

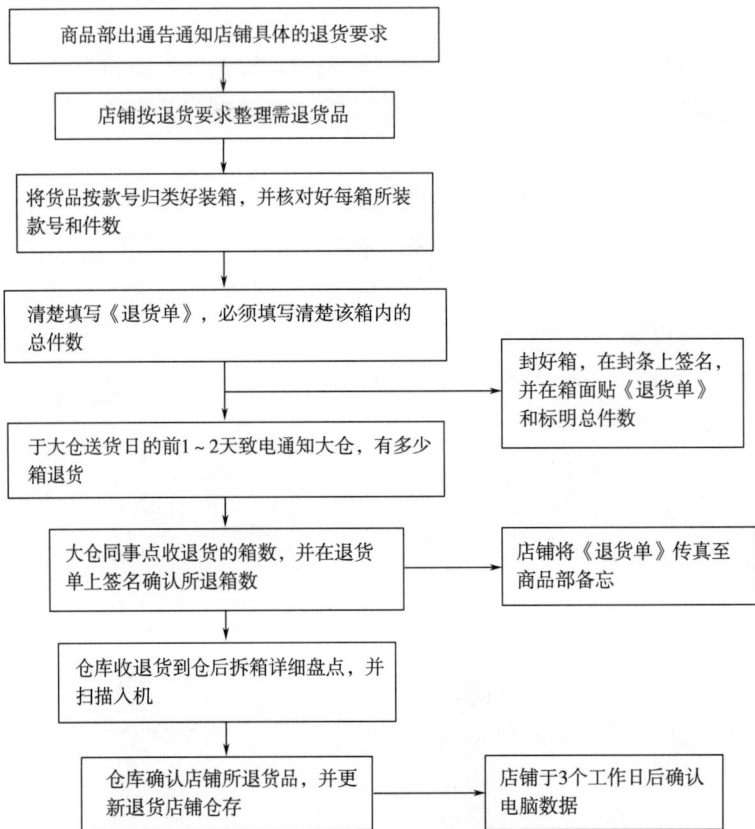

图11-4　正常货品退货作业流程

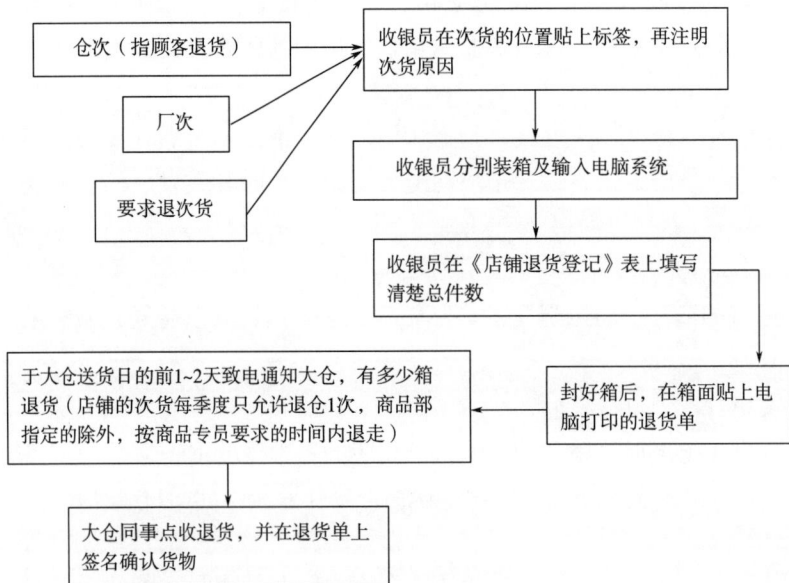

仓次（指顾客退货） → 收银员在次货的位置贴上标签，再注明次货原因

厂次

要求退次货

↓

收银员分别装箱及输入电脑系统

↓

收银员在《店铺退货登记》表上填写清楚总件数

↓

封好箱后，在箱面贴上电脑打印的退货单

↓

于大仓送货日的前1~2天致电通知大仓，有多少箱退货（店铺的次货每季度只允许退仓1次，商品部指定的除外，按商品专员要求的时间内退走）

↓

大仓同事点收退货，并在退货单上签名确认货物

图11-5　次品退货作业流程

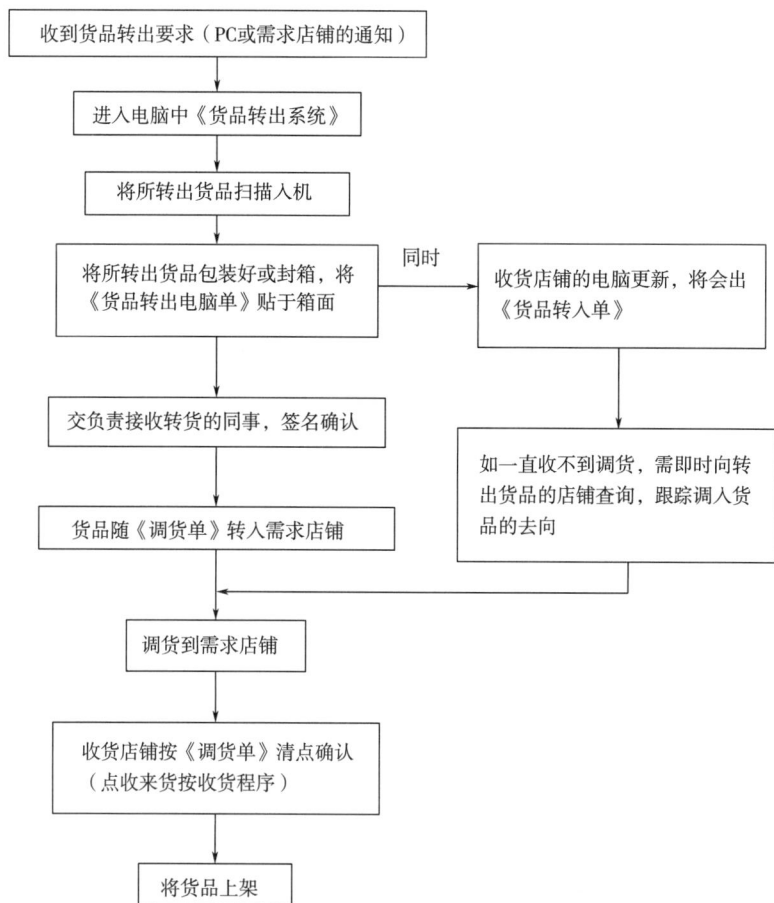

图11-6 调货作业流程

① 两客户、两仓库或者两经营部将信息反馈到商品部，商品部根据信息安排调货。

② 系统操作员根据商品部审核后的调货申请开单。

③ 若调货双方是两客户或专卖店，则开调出客户的退货单（退入仓库为调货周转库）和开调入客户的提货单（提货仓库为调货周转库）。

④ 若调货双方是两仓库，则开调拨单。

⑤ 由相关业务经办人持签字生效后的单据进行调货双方调货。

⑥ 由相关业务经办人负责将调货后的单据返回给商品部，由商品部的系统操作员做单据的确认操作。

（二）服装商品盘点

服装店铺在每日营业结束后要进行商品清点与交接班的各项事务交接，达成账物相符的目的。按企业或总代理要求与规定，在月末进行月度服装商品的盘点，达到保证账物相符的目的，具体流程如图11-7所示，盘点表见表11-1。

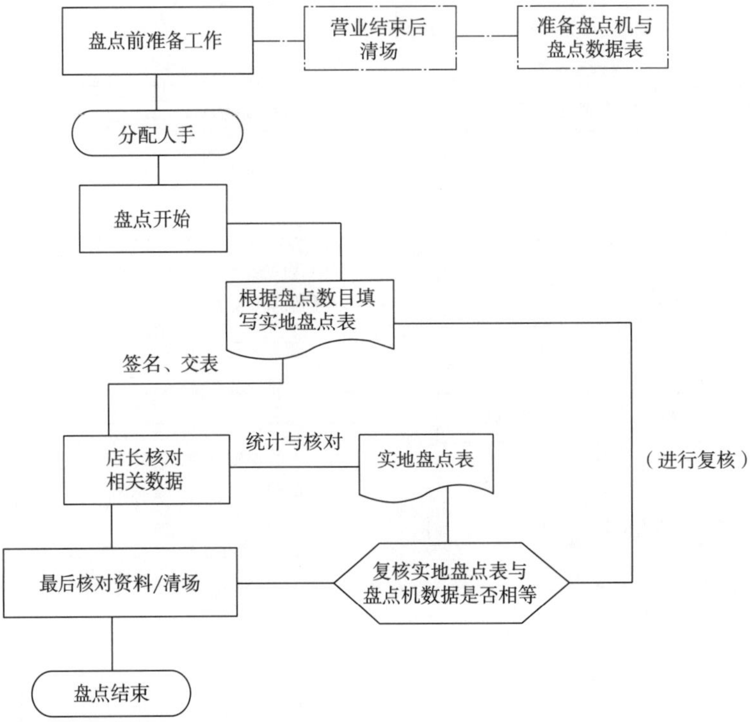

图11-7 服装商品盘点作业流程

表11-1 服装商品盘点表

_____店铺 _____品牌　　商品盘点表

日期：　　年　　月　　日

序号	货号	色号	品名	单位	数量					吊牌价	进价	库存金额
					S	M	L	XL	合计			

审核：　　　　　　　　　　　　　　　　　　　　　　　　　录入：

盘点机：又称条码数据采集器（Barcode Handheld Terminal）、手持终端、掌上电脑，具有一体性、机动性、体积小、重量轻、高性能、适于手持等特点。它是将条码扫描装置与数据终端一体化，带有电池可离线操作的终端电脑设备。工作原理是通过激光头读取商品条码或手工录入商品码来实现货物盘点（图11-8）。具备实时采集、自动存储、即时显示、即时反馈、自动处理、自动传输功能。为服装商品盘点现场数据的真实性、有效性、实时性、可用性提供了保证。

图11-8　盘点机

二、服装商品库存管理

（一）库存控制目标

库存控制是仓储管理的一项内容，作为服装连锁经营的服装仓库管理，库存控制有以下四个目标。

第一，能通过有效的采购管理、商品调配及促销策略的制订，执行跟踪，降低库存。

第二，能及早对库存进行预分析管理，做好库存管理消化计划。

第三，能做好库存货品的仓库及再销售管理。

第四，能在指定的时间，按公司组织协调开拓及运营部门在符合公司销售策略情况下消化完全部库存。

（二）服装商品库存控制与优化

库存量不是越多越好，也不是越少越好，多了会造成积压，少了又会出现不能满足正常所需供应，因此，保持合理的库存是为了在销售过程中保证商品销售能够连续进行。服装商品优化库存的目标：降低库存、加快周转，落实利润商品、促销滞销商品，以及特价商品的销售工作。

库存控制的内容主要有四个方面：一是管控服装商品的进货批量；二是管控服装商品的进货周期；三是管控服装商品的储存数量；四是管控服装商品的储存结构。

三、服装商品促销策略

（一）促销的定义

如果说广告是向消费者提供购买的理由，那么促销战略则提供了购买的刺激。狭义的促销的定义是：在给定的时间和预算内，在某一目标市场中，所采用的能够迅速产生激励作用、刺激需求、达成交易目的的促销措施。

（二）促销的特征与作用

促销的最大特征就在于它是战术性而非战略性的营销工具，它的关键因素是短程激励，并期望成为导致消费者产生购买行为的直接诱因。服装促销涉及的活动是为了增加服装产品的价值、吸引顾客和中间商购买、激励或提高整个销售渠道的运作效率。

对消费者而言，促销活动使其切实受益，提高满意度；对服装店铺而言，促销活动可激发消费者的购买热情，有利于销售利润的提高。概括地说，适当的促销可起到以下作用：一是加速新产品进入市场的进程；二是鼓励消费者重复购买；三是增加消费量，提高销售额；四是有效地击败竞争对手的促销活动；五是带动相关产品的销售等。

（三）促销的目标与工具

1. 确定促销目标

促销目标服务于企业的营销目标。促销目标的确立是制订相关策略的前提。促销的具体目标应当根据目标市场类型、市场变化及产品市场阶段等方面来决定。

概括地说，服装促销的目标可分为两大类。

第一，短线促销。一般可通过三个途径达到此目的：一是提高购买人数，二是提高人均购买次数，三是增加人均购买量。

第二，长线促销。较常用的方法有：会员卡、赠品、参与活动等。

2. 选择促销工具

服装企业在选择促销工具时，必须考虑市场类型、促销目标、竞争条件和环境、产品特性、促销对象的消费心理与消费习惯、竞争对手动态、促销预算水平等因素。针对服装消费者的促销的主要目的包括：消费者教育（如流行趋势、时尚观念、生活方式等），商品、品牌、品质、卖点、风格等信息的传递，唤起消费者需求并刺激购买等。

针对服装消费者的促销工具主要有优惠券、折扣优惠、赠品、奖品、抽奖、游戏等。见表11-2是整体促销计划安排。

表11-2 整体促销计划安排

主要活动	具体工作	负责人
初步确定广告促销的总体预算及分配比例	收集促销费用的历史情况、信息等数据	市场助理/区域市场经理/产品线经理
	确定广告促销总体预算及分配比例	产品经理
设计广告方案	调研了解品牌知名度，收集消费者信息	市场调研经理
	确定广告宣传主题	产品线经理
	选择相应的媒体和投放地区	产品线经理
	制订初步广告方案	产品线经理
设计促销方案	各产品线汇总审议方案	产品经理/产品线经理
	收集促销活动信息	各级市场/销售人员
	制订初步促销方案	产品经理
	汇总审议	分公司/区域经理
汇总确定广告促销计划	落实具体促销活动的执行方案，做出决策	战略营销经理/市场销售总监/事业部总经理

在服装商品营销策略中应该适当比例使用促销战略，否则可能会降低消费者对品牌的忠诚度。另外，还应该注意促销活动的隐藏陷阱，促销费用实际上可能要比预计的更昂贵。因此，服装企业应当对促销活动有正确的认识：第一，促销是催促的推广手段；第二，促销不是"万金油"，无法解决所有的问题；第三，促销犹如特效药，短期有效果，但也可能产生副作用；第四，促销活动要有创意并领先推出；第五，促销的目标要明确，需要谨慎规划，以解决特定的营销问题；第六，促销要能让消费者感到商家实际让利的好处，让消费者期望促销活动能尽早到来。

案例分析

服装商品国庆节促销策划

（一）活动前的准备工作

1. 销售目标制订

因假期时间是固定的，可根据门店当前的销售情况，制订节假日的销售指标，如平时每周业绩为10万元，那么这个国庆黄金周的指标可定在30万元左右，节后的销售会比平时要淡一些，所以本周要完成本月任务的50%左右，10月份的目标完成起来才相应对容易一些，当然30万元这个数字不可一概而论，需根据门店的实际情况做调整。

2. 五至七天目标分解

清楚每天得做出多少业绩，一般前三天的人流量会比后四天要大一些，可以将前三天每天的销售定为后面每天的两倍，那七天的销售目标分别是10月1~3日每天6万元、4~7日每天3万元，同样前三天后四天也不可一概而论，而根据门店所在城市的实际情况做调整。

3. 目标分解到销售人员

让每位销售人员清楚自己每天要销售出多少件商品，假设门店有6名销售人员，她们上月的销售业绩占比分别为：A店员30%、B店员20%、C店员15%、D店员15%、E店员10%、F店员10%，那么她们国庆周的任务分别是：9万元、6万元、4.5万元、4.5万元、3万元、3万元。七天的销售目标分别是她们的业绩比例乘以单日目标，10月份的产品均价如在1500元/件左右，以B店员为例，她七天的销售目标应该是前三天每天12000元，后四天每天6000元，那么B店员前三天的销售件数应该是8件以上，后四天每天销售件数应该是4件以上。

（二）促销相关事项

1. 确定活动主题

策划促销活动主题，如举国欢庆，大放"价"。

2. 确定回款率

要促销，肯定就要让利，让多少？怎么让？是买送？还是买赠？或者是直接打折？不管最终选择什么方式，都要考虑回款率，也就是每卖出100元的产品，有多少钱回到公司。一般商场有活动，算上活动让利和商场扣点，有60%以上的回款率是很不错的，而专卖店一般控制在80%以上的回款率。

3. 氛围布置

门头是否布置花式拱门？门口是否布置大花篮？通往门口的地面是否铺设印有自己品牌LOGO的地毯？员工是否统一穿着品牌的新品服装？店内是否需要布置水果、甜点和饮料等，这些氛围布置需要提前召开管理人员会议，准备好相关物料准备。

4. 制订电话、短信、微信模板

针对性的制订电话、短信、微信模板，供各店铺员工们邀约顾客时使用，如**女士，您好！我是某某，**品牌某某店的员工，下周就是国庆节了，提前祝您节日快乐！这个假期要出去旅游吧？外面天气多变呢，您衣服一定要带够哦！我们店铺刚刚新到了不少款式，欢迎假期来看看哦！

（三）货品准备

1. 确定货品

完成国庆节的销售指标，需要准备哪些货品。有的品牌为配合商场的活动，让利较大，最新产品可能不太方便参加活动，那么要另外准备充足的货品来参加；如果是新品，也要预算好完成这个任务需要销售多少件产品，销售这么多件产品需要准备多少件库存。

2. 主推货品研究会

提前选出每个大类中库存量最大的3~5款产品，如5款风衣、5款连衣款、5款裙子、5款针织衫等，给各门店店长开个货品研究会，产品搭配颜色、款式与组合，适合什么体型特点的顾客等，再让店长围绕这些款式，也给自己的店员开个货品研究会，试穿搭配照片可拍照存档。

（四）商品的陈列展示

1. 重点系列

选出主推商品最多的系列，应陈列在各门店最容易销售的地方，大部分在试衣间附近。

2. 重点款式

选出的主推产品，绝大部分一定出现在各个点挂和模特上。

3. 橱窗模特着装

在陈列展示的同时还得保证备货量充足，避免在人流量大时穿脱模特身上的商品，不仅影响效率，还影响陈列展示效果。

（五）目标顾客的活动邀请

1. 针对的目标顾客群

（1）国庆节散客，包括外地过来游玩的客人。

（2）即将去外地旅游的会员顾客（VIP）。

（3）3~6个月未消费的顾客。

（4）利用赠送礼品的方式，鼓励老顾客带新顾客。

（5）10月份生日的顾客。

针对不同的顾客，要提前准备好相应的沟通与接待方法，比如即将去外地旅游的会员顾客（VIP），邀请她买好衣服再出去旅游。

2. 会员顾客（VIP）选择

因国庆节前是中秋节，在中秋节前要选好哪些会员顾客（VIP）将邀请参加国庆节活动，在中秋节时一定不要打扰他们，不然一个星期后就是国庆节，再给他们打电话就不太好了。如果在中秋节前将所有的会员顾客（VIP）打扰了一遍，那么国庆节的会员顾客（VIP）销售无疑会失败。所以提前给国庆节预留好会员顾客（VIP），这一点至关重要。

3. 会员顾客（VIP）数量

要完成销售指标，除散客外，还需要多少个会员顾客（VIP）到店来购买？要这么多会员顾客（VIP）到店，又需要每名员工邀请几个会员顾客（VIP）顾客？数量在精不在多，为下一次活动预留顾客。

4. 货品搭配的准备

要求每名员工根据自己邀请的会员顾客（VIP）的特点，为每个会员顾客（VIP）准备十几套衣服，方便会员顾客（VIP）试穿和购买。

（六）员工的安排

1. 节日前期

为保证员工在节日活动时精力充沛，要求员工在节日前保证充足的休息时间，并要求店长提前做好节假日的排班表，让员工们早做准备，打一场有准备的仗。

2. 人员安排

活动中，谁负责掌控全局？谁负责激励人心？谁负责信息畅通？谁负责跟进员工的会员顾客（VIP）邀约情况？谁负责货品后勤？谁负责在员工没时间吃饭时准备好牛奶面包等，节假日销售绝不只是店铺几个人的事情，而是一个团队的协作。

3. 激励方式

（1）活动期间，凡有成交率高或销售高价值产品者，要及时给予通报表扬，并将经验进行快速复制。

（2）奖励形式除通报表扬外，需要有物质奖励，可以奖现金、现金券、本品牌的产品，更倾向于奖励本品牌的产品，如当日销售3万元，奖励吊牌价总价2000元以下商品等。

（3）激励项可以有高单奖、高价值产品销售奖、销售件数历史纪录突破奖等。

任务实施

情境设计：请完成T品牌的服装商品促销策划，以下两个子任务二选一完成。

任务1：针对劳动节服装市场进行服装商品促销，制订库存消化计划、新品促销计划。

任务2：针对国庆节服装市场进行服装商品促销，制订库存消化计划、新品促销计划。

任务12 服装商品视觉营销

项目名称	服装商品库存管理及视觉营销	
任务标题	T4-2 服装商品视觉营销	
授课学时	4课时	
知识目标	K1	熟悉服装商品视觉营销企划的工作内容
	K2	熟悉终端陈列形态原则与陈列方式
	K3	熟悉服装零售卖场的构成与基本功能
	K4	掌握服装零售卖场规划设计步骤
	K5	掌握终端陈列管理规范
技能目标	S1	能根据服装品牌风格及橱窗表现方法进行橱窗设计
	S2	能根据特定的空间形式、场地状况以及服装商品陈列方式进行店铺空间陈列设计
素养目标	A1	通过项目化的学习任务安排,培养学生符合企业人才要求的工作习惯
	A2	通过团队协作完成任务,培养学生的团队合作能力、沟通表达能力和汇报展示能力,以及处理工作任务中的问题和解决合作冲突的能力
重点分析及解决措施	重点分析:终端陈列管理	
	解决措施:课前线上预习本任务内容,课堂上教师讲述终端陈列管理规范,引导学生进行服装商品陈列工作内容的主题讨论,教师针对性指导分析	
难点分析及解决措施	难点分析:服装商品视觉营销企划	
	解决措施:教师指导分析,学生通过服装商品视觉营销企划,熟悉服装商品视觉营销企划的工作内容,熟悉服装零售卖场的构成与基本功能,掌握服装零售卖场规划设计步骤	

一、服装商品视觉营销企划

视觉营销(VMD)企划就是对服装产品终端进行一系列因素的考量与策划,VMD是衔接设计与销售的中间环节,也称商品计划视觉化。VMD不仅涉及陈列、装饰、展示、销售的卖场问题,还涉及企业理念以及经营体系等重要战略,需要跨部门的专业知识和技能,并不是通常意义上狭义理解的展示、陈列,而是广义上包含环境以及商品的店铺整体表现。

视觉营销是将商品/商品企划(Merchandising, MD)、卖场设计与布局(Store Design, SD)、陈列技法(Merchandise Presentation,MP),主要包含VP、PP、IP(图12-1),有机结合而营造的一种店铺氛围,完美地展示给目标消费群体的一种视觉表现手法。这种氛围明确表达出品牌风格与定位,同时迎合目标消费者的心理需求与消费需求,达到品牌宣传与商品销售目的的过程。

知识链接

陈列技法（MP）中主要包含VP、PP、IP。

1. 视觉陈列（Visual Presentation，VP）

VP是吸引顾客第一视线的重要演示空间。VP表达店铺卖场的整体印象，引导顾客进入店内卖场，注重以情景氛围营造强调主题。具体位置是橱窗、卖场入口，中岛展台、平面展桌等。

2. 焦点陈列（Point Presentation，PP）

PP是顾客进入店铺后视线主要集中的区域，是商品卖点的主要展示区域。PP表达区域卖场的印象，引导顾客进入商场各专柜或卖场（店铺）深处，展示商品的特征和搭配、与实际销售商品的关联性。具体位置是展柜、展架、模特等。

3. 单品陈列（Item Presentation，IP）

IP是主要的存储空间，是顾客最后形成消费必要触及的空间，也叫作容量区。IP将实际销售商品分类、整理，以商品摆放为主，是清晰、易接触、易选择、易销售的陈列。具体位置是展柜、展架等。

从以上内容可以看出视觉陈列是卖场中展示效果最好的，其次是焦点陈列，最后是单品陈列，但在不同品牌中VP、PP、IP所占的比例各不相同，主要根据品牌定位的不同而各有不同。

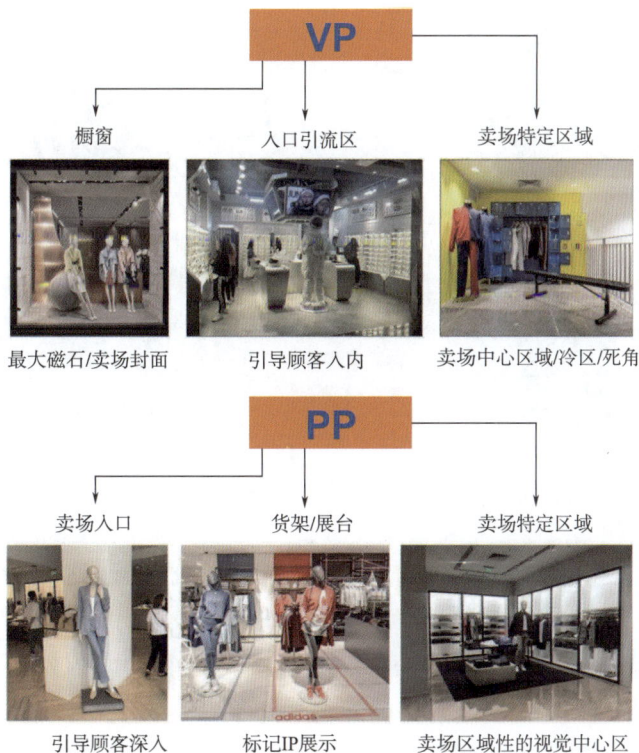

VP		
橱窗	入口引流区	卖场特定区域
最大磁石/卖场封面	引导顾客入内	卖场中心区域/冷区/死角

PP		
卖场入口	货架/展台	卖场特定区域
引导顾客深入	标记IP展示	卖场区域性的视觉中心区

图12-1

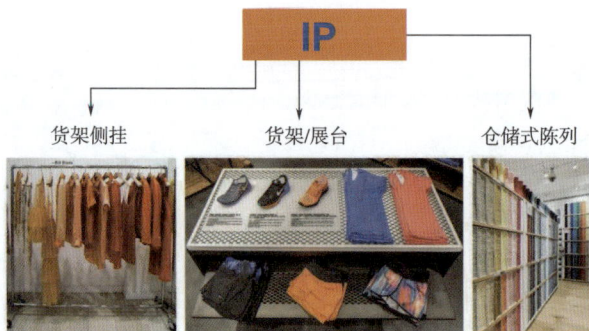

图12-1　陈列技法中的VP、PP、IP

（一）主题规划

服装商品的视觉营销企划中，占主要地位的是主题规划与橱窗设计。主题规划的构成有形象语言、灯光照明设计、色彩设计等。

1. 形象语言

（1）运用特定的色彩：色彩的选择能吸引目标顾客或突出特定的服装，比如适合儿童的色彩应该简单明快；适合十几岁青少年的色彩应是热烈鲜明；女士内衣的颜色应该体现柔和等。另外，在卖场张贴的海报应该运用最能体现服装定位、特色以及季节性的画面（图12-2、图12-3）。

图12-2　形象语言（春季服装海报）

图12-3　形象语言（秋季服装海报）

（2）凸显品牌文化：终端的视觉呈现应该与品牌文化有着密不可分的关系。对终端店铺进行主题化打造，有利于使顾客更加快速地被品牌吸引，乃至调动到文化认同的层面。除此之外，终端的主题化有利于品牌视觉的统一性。如图12-4所示，潮流品牌Supreme的终端始终围绕滑板文化来打造空间。

（3）合理运用标志的印刷字体：合理运用标志的印刷字体对标志的成功来说是非常重要的。不同的印刷字体传递着不同的信息和语言。例如，书写降价标志时，用工整的标准字

图12-4 Supreme门店内部空间视觉

体比草率的书写要好得多，顾客会认为降价不是简单草率的行为，而是有种与众不同的感觉。书写不要使用复杂的难以看懂的字体，因为顾客没有时间去辨认。如想取得变化的效果，可以考虑使用不同但和谐的字体。

（4）为顾客提供信息：顾客到卖场，希望得到产品更多的信息。如不同服装指示牌解释服装是如何生产加工的，以及生产服装的历史，获得过哪些奖项等。有些服装企业会在卖场摆设服装整体穿着效果的模特，或不同服装穿着场合的海报，以及时装秀场视频，很受顾客欢迎。

2. **灯光照明设计**

卖场的内部氛围和空间个性需要靠光源来渲染和控制。好的照明效果会使顾客进入卖场后心情愉快、轻松地购物，所以灯光照明能够直接影响卖场内顾客的购物情绪。

卖场内部空间的光源主要分自然采光和人工采光两大类。自然采光能给卖场制造出富有情感氛围的自然景观。自然光源虽然光色通透、丰富，但是不易控制，所以卖场内基本采用人工采光，它可以根据条件的改变而转换。

卖场灯光照明可以分为基本照明、特别照明和装饰照明。基本照明指保证卖场的基础照明；特别照明是为了表现服装的特质而加强照明，多采用聚光灯、探照灯等定向照射；装饰照明大多采用闪烁灯、霓虹灯等照明设备。图12-5是时下门店中较流行的创意装饰照明，可以增添卖场活跃度和氛围。

3. **色彩设计**

终端可以适当运用和组合色彩，调整卖场内的色彩对比，形成特定的卖场氛围。对卖场进行色彩设计时，主要注意以下两个方面。

（1）色彩契合品牌主题：在终端设计中，色彩需要契合服装品牌主题，因为门店内部空间的主题表达是建立在色彩运用的基础之上，换句话说，终端色彩的运用决定着服装品牌的主题文化。

（2）色彩搭配品牌风格：风格与主题最大的不同之处在于风格是一种主要呈现的视觉效果，而主题一定是包含着某种文化理念，因此在终端空间企划中，色彩搭配服装品牌风格时，首先要规划好主色调。比如，门店呈现比较个性化的工业风格，终端服装商品企划中的色彩搭配选用的主色调就要贴近这种整体风格（图12-6）。

图12-5　门店创意装饰照明

图12-6　工业风格门店展示

（二）橱窗设计

橱窗不仅是终端总体装饰的重要组成部分，而且是卖场的第一展厅，是品牌的一个具体门面，也决定着是否可以吸引顾客（图12-7）。好的橱窗布置既可以起到展示商品、引导消费、促进销售的作用，又可以成为卖场门前吸引过往行人的艺术佳作。

图12-7　橱窗展示

橱窗应该在靠近正门或人流主通道的位置，而且前面没有遮挡物，主推商品的摆放与顾客视线成30°。在设计中运用旋转的道具或垂吊物，可以增强橱窗的动感或空间感。根据顾客群的特点和营销策略，橱窗可采用封闭式、半封闭式和开放式，或者简化橱窗。

在大多数情况下，以服装品牌风格为基石去进行橱窗设计，其表现方法多种多样，主要有以下四种。

1. 展现当季产品式

很多服装品牌终端的橱窗往往是用来展示品牌最新的主打产品，随着系列的更新而不断更换、布置。如著名国际奢侈品牌迪奥联手Atelier Coloco打造了2020年春季女装橱窗设计，由于迪奥当季女装系列灵感来自植物，所以橱窗设计以植物为基础元素（图12-8）。

2. 艺术主题式

橱窗设计是将艺术和商业互相融合。艺术的流行和消费文化都被考虑到视觉陈列范畴中。因此，很多品牌会邀请艺术家前来为终端的橱窗展示进行视觉形象打造。

作为20世纪50年代成功的美国艺术家、印刷家、商业插画师，安迪·沃霍尔（Andy Warhol）曾在1961年4月将自己的几幅画作展示在纽约邦威特·特勒（Bonwit Teller）百货公司的橱窗陈列里（图12-9）。这些画作是根据时下流行的漫画、黑白相间的广告以及模特身上穿着的服装为灵感而创作的。

3. 事件场景式

事件场景式是以一个广告专题为中心，围绕某一个特定的事件，组织不同类型的服装商品进行陈列，向媒体大众传达一个诉求主题。比较多见的有节日主题陈列（图12-10）、事件陈列（如以社会上某项活动为主题，将关联商品组合起来的橱窗陈

图12-8　迪奥橱窗设计

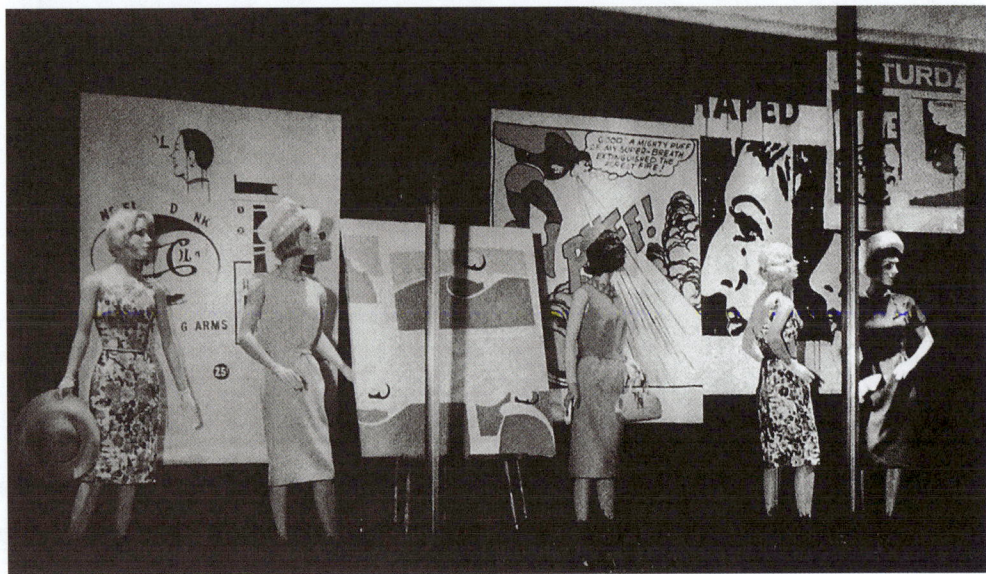

图12-9　1961年安迪·沃霍尔在纽约邦威特·特勒百货公司的橱窗创作

列）、场景陈列（如在橱窗空间中规定人模造型，营造出一个有故事性的场景）（图12-11）。
当媒体以大片的形式为品牌全力推广，拉动各大品牌旗舰店和百货商店的销量时，百货商
店会选择通过视觉陈列这一方式来配合宣传，以达到双方共赢的局面。2012年，荷兰百货
公司蜂巢公司为了促进荷兰版*VOGUE*杂志（图12-12）9月刊的销量，特意为杂志开辟出
以"Romantic Revolution"（浪漫革命）为主题的橱窗系列，这是事件陈列比较常见的典
型案例。

图12-10　节日主题陈列

图12-11　场景陈列

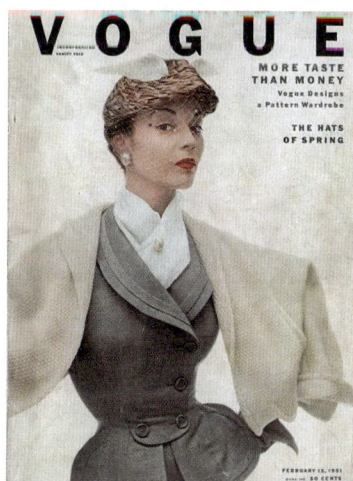

图12-12　荷兰版*VOGUE*杂志

4. 特定橱窗展示

特定橱窗展示指用不同的艺术形式和处理方法，在橱窗内集中介绍某一产品，一般多以品牌的经典款或主打款为主要展示。如路易·威登的很多门店橱窗只摆放品牌的经典皮具包（图12-13）。

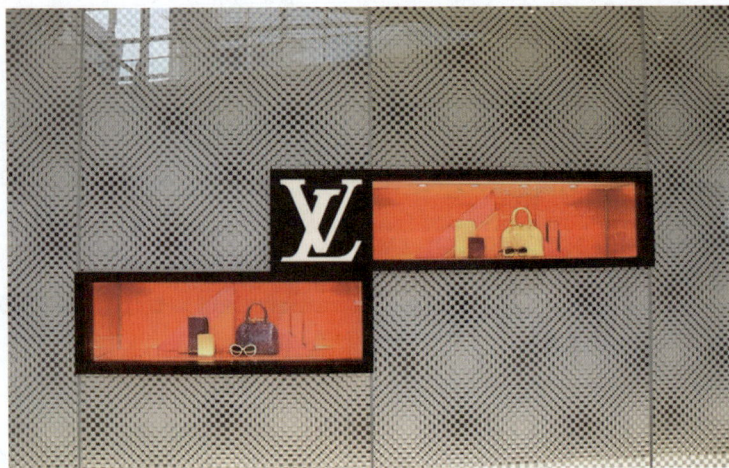

图12-13　路易·威登的橱窗展示

（三）店铺陈列

根据特定的空间形式、场地状况以及服装商品陈列方式可以采用相应的店铺空间陈列设计法。

1. 中心布置法

中心布置法要求陈列可以从四面观看，并且陈列较为重点推广的商品，如图12-14所示。其平面往往可设计成正方形、圆形、半圆形、三角形等。

图12-14　中心布置法

2．网格布置法

网格布置法通常以标准摊位的形式出现，适合在宽敞的大空间里，按照网格构成的方法，以摊位为基本单位进行规整的布置，如图12-15所示。这种形式与使用标准化、通用化的组合道具分不开，是展销会的常用手法。

图12-15　网格布置法

3．临墙布置法

与单向型空间相似，临墙布置法是沿着空间围合界面不断延展布置的一种手法，如图12-16所示。通过横向路径的展开，能产生一种简单、清晰的视觉路线。

图12-16　临墙布置法

4. 悬浮布置法

悬浮布置法是服装或道具在垂直方向上采用悬吊结构，使得上层空间的底界面不是靠墙或柱子支撑，而是依靠吊杆或拉索悬吊，故有一种新鲜有趣的"悬浮"之感，如图12-17所示。因底面没有支撑结构，可保持视觉的通透完整，底层空间的利用也更加自由灵活。

5. 通道布置法

采用通道布置法的通道顶侧往往呈封闭或半封闭状态，可使路线明确，视感集中，便于表现完整的商品展示，如图12-18所示。通道内可以通过光线的幽暗变换给人以神秘的感觉，也可以通过辉煌明亮的灯光给人以殿堂般的感受。但通道布置法占地较多，造价也较高，不宜为一些小型展示所采用。

图12-17　悬浮布置法

图12-18　通道布置法

6. 散点布置法

散点布置法是中心布置法的发展，是将多个或多组四面观看的商品布置在同一个展厅中形成的平面类型，如图12-19所示。它们大小相近、参差有致，有一种轻松活泼的氛围。

7. 色彩规则运用法

在店铺陈列的设计方法中除了空间的协调之外，还可以从视觉中的色彩感官出发，利用一些色彩规则陈列产品，使得产品给顾客留下一个强烈的印象，这也是有效吸引顾客的方法，如图12-20所示。具体方法是适当地运用色彩的渐变、撞色、同类色、互补色来搭配服装商品进行色彩规则陈列。

图12-19 散点布置法

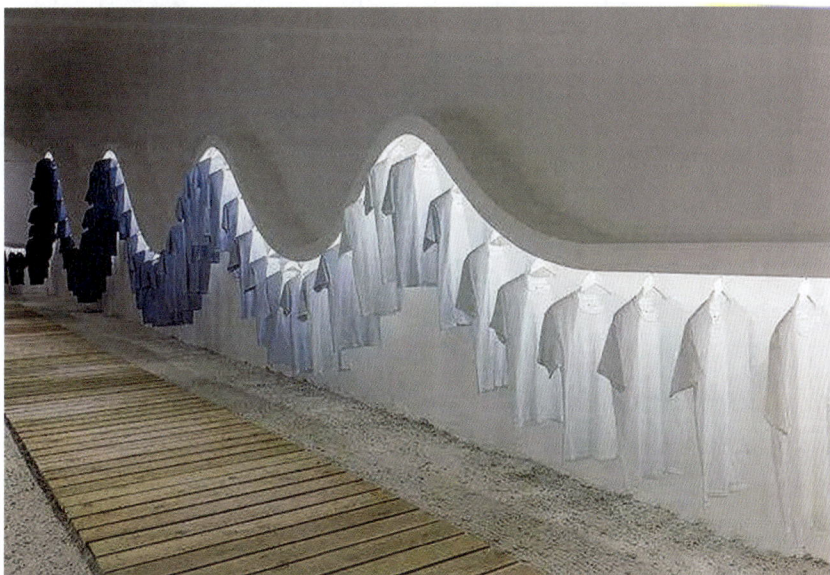

图12-20 色彩规则运用法

二、服装零售卖场陈列规划

服装零售卖场的设计与零售商的整体布局是分不开的，但每个服装企业可以在自己有限的区域内，在不与零售商发生冲突的前提下进行自我设计，使服装零售卖场别具一格、与众不同，以此来吸引顾客，树立企业形象。

（一）终端陈列的作用

终端陈列在服装商品同质化的时代，已成为无言的促销师。越来越多的企业开始意识到终端陈列对品牌传播、销售业绩提升带来各种好处。一是让服装品牌在同类产品中脱颖而出，二是让顾客即时产生强烈的购买欲望，三是提升服装品牌在消费者心中的形象，四是让品牌产品成套成倍地销售出去。

（二）终端陈列形态的原则与陈列方式

不同服装品牌的陈列形态规范和标准可能有一些差别，但是充分展示服装的美感、款式特点以及品牌风格这些关键点始终不能偏离。此外，还应遵循以下五个要点：一是保持序列感，二是体现整体性，三是展示美感，四是符合服装品牌风格，五是满足服装商品的商业排列规则。其主要陈列形态的原则与陈列方式如下。

1. 明亮、舒适、秩序原则

一个能吸引顾客的卖场应该是明亮、舒适、有秩序的。卖场中首先要有一种序列感，不仅货架要规划整齐，服装的陈列形式也要有规则，采用相应的店铺空间陈列设计法。

2. 变化与生动原则

在一个规则的卖场中制造一些变化，使其产生一些生动的效果，从而吸引顾客的目光，常见手法是在店铺中进行局部的点缀性陈列。这种陈列风格的效果比较随意活泼，通常用于流水台、橱窗或货架等细节。

3. 风格穿插与结合原则

两种风格的陈列方式进行合理的穿插和结合，同时要掌握其相互之间的比例。过于规则会显得呆板，过于随意则会显得凌乱。

（三）服装零售卖场的构成与基本功能

首先，在规划服装零售卖场之前，要了解服装零售卖场的主要构成以及基本功能（图12-21）。

服装零售卖场通常根据服装商品营销管理的流程划分，一般可以将它划分为三个部分。

1. 导入部分

导入部分位于服装零售卖场的最前端，是服装零售卖场中最先接触顾客的部分。其功能是在第一时间告知顾客服装零售卖场产品的品牌特色、透露服装零售卖场的商品销售信息，以达到吸引顾客进入服装零售卖场的目的。

（1）店头：通常由品牌标识或图案组成。其主要功能是标识品牌以及吸引顾客。

（2）橱窗：由模特或其他陈列道具组成主题。其功能是形象地表达品牌的设计理念和服装零售卖场的销售信息。

（3）流水台（陈列桌）：流水台是对服装零售卖场中的陈列桌或陈列台的通俗叫法，通常放在入口处或店堂内的显眼位置（图12-22）。其功能是和橱窗里外呼应，直接传递销

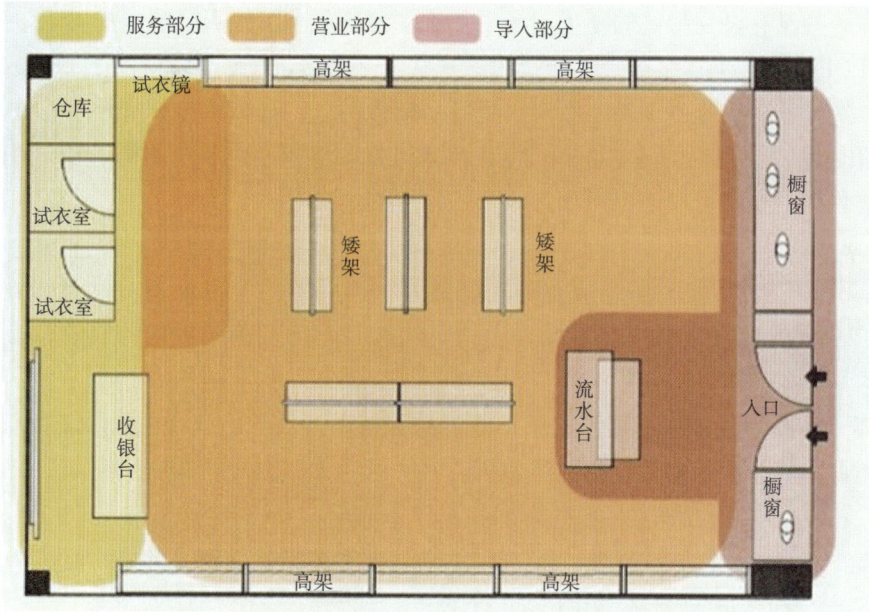

图12-21　服装零售卖场的构成与基本功能

图12-22　流水台（陈列桌）

售信息。在一些没有设立橱窗的零售卖场中，流水台还要承担起橱窗的一些功能。

（4）POP看板、主题海报等：通常用图片和文字结合的平面POP、主题海报放在服装零售卖场入口处。其功能是告知服装零售卖场商品销售信息，宣传品牌形象。

（5）出入口：不同的品牌定位，其出入口的大小和造型也有所不同。由于受面积的限制，通常服装店出入口可以是出口和入口合二为一的。

2. 营业部分

营业部分在服装零售卖场中所占的比例最大，涉及的内容也最多。营业部分是直接进行商品销售活动的地方，也是服装零售卖场中的核心。营业部分规划的成败，直接影响到商品的销售。

营业部分主要由各种展示器具组成。服装品牌根据自己的品牌特色和服装特点会配备不同的展示器具。服装展示器具主要分类如下。

（1）按高低分类。

① 高架/高柜：又称边架/边柜，通常沿墙摆放，高度在200～250cm的展示器具。

② 矮架/矮柜：高度通常限制在130cm以下。

（2）按摆放位置分类。

① 边架/边柜：摆放在服装零售卖场靠墙位置的展示器具。

② 中岛架/中岛柜：摆放在服装零售卖场中间位置的展示器具。

（3）按形状分类。

用框架组成的展示器具通常称为架，两侧封闭的展示器具通常称为柜，如西装的陈列通常用柜式。架除了常规的造型外，还包括以下两种。

① 风车架：造型像风车，用于挂放服装和裤子的架。

② 圣诞树架：造型像圣诞树，用于陈列叠装的三层圆盘架。

（4）按功能分类。

① 饰品柜：用于陈列装饰品的柜子。

② 鞋柜：用于陈列鞋子的柜子。

3. 服务部分

服务部分主要包括试衣室、收银台、仓库等部分。服务部分是为了更好地辅助服装零售卖场的销售活动，使顾客能更多地享受品牌超值的服务。

（1）试衣间：试衣间是提供顾客试衣、更衣的区域。从顾客在整个服装零售卖场的购买行为来看，试衣室是顾客决定是否购买服装的最后一个环节。

试衣室包括封闭式的试衣室和设在货架间的试衣镜。

（2）收银台：收银台是顾客付款结算的地方。从服装零售卖场的商品营销流程上看，它是顾客在服装零售卖场中购物活动的终点。但从品牌的服务角度看，它又是培养顾客忠诚度的起点。

收银台既是收款处也是一个服装零售卖场的指挥中心，通常也是店长和主管在零售卖场中的工作位置。

（3）仓库：在服装零售卖场中附设仓库，可以在最短的时间内完成服装零售卖场的补货工作。

仓库的设置主要视每日服装零售卖场中的补货状态以及面积是否充裕而定。

（四）服装零售卖场规划设计

零售卖场能否吸引顾客进入并引起购物愿望，除商品本身外，合理的服装零售卖场设计、舒适的购物环境也是重要因素。服装零售卖场规划合理会大幅提高服装零售卖场的营业效率和营业设施的使用率。这要求服装零售卖场必须是一个规划合理的空间。

进行服装零售卖场规划设计可以按以下四个步骤进行。

1. 分布区域

一般的思路是先确定服装零售卖场的构成部分，如前面提到的导入、营业和服务三个部分，然后进行更具体的货架和道具的分布。服装零售卖场区域划分要简洁合理，同时各区域之间要有呼应。

服装零售卖场的分区主要从三个方面来考虑。

（1）便于顾客进入卖场购物。

（2）便于商品推销和商品管理，包括有效的货品推销，简洁、安全的商品和货款管理。

（3）便于商品陈列的有效展示。

2. 规划通道

通道是指顾客和销售人员在服装零售卖场中通行的空间。合理的通道规划可以使顾客舒畅地在服装零售卖场内浏览全部商品并产生购物兴趣。

（1）通道规划原则：通道规划的主要原则是便捷、引导消费。这就要求各个通道设计合理、流动通畅，主要通道的宽度如图12-23所示。

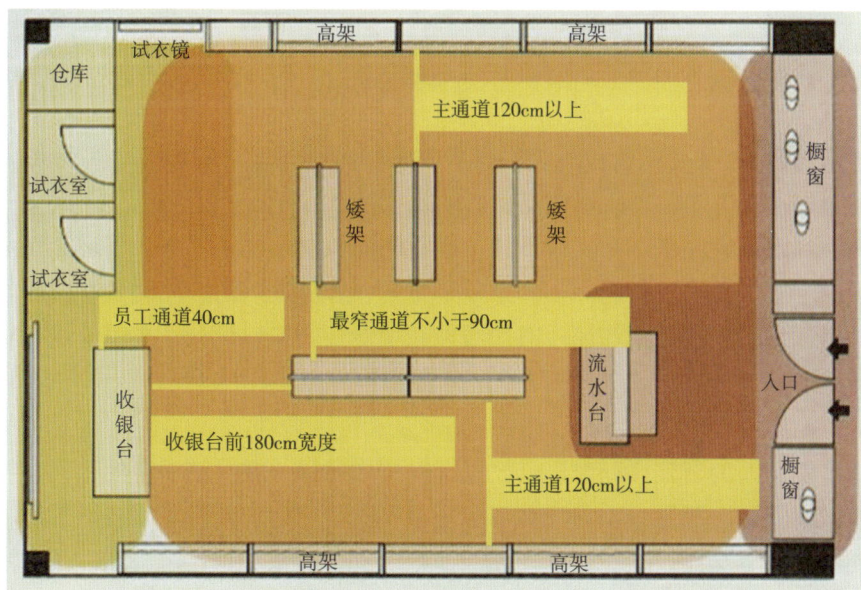

图12-23　零售卖场通道

① 服装零售卖场中的主通道宽度120cm以上。

② 最窄的顾客通道宽度不小于90cm。

③ 仅供员工通过的通道40cm左右。

④ 收银台前一般应保持至少180cm的宽度。

（2）服装零售卖场通道的类型。

① 直线型通道（图12-24）。

② 环绕型通道（图12-25）。

③ 自由型通道（图12-26）。

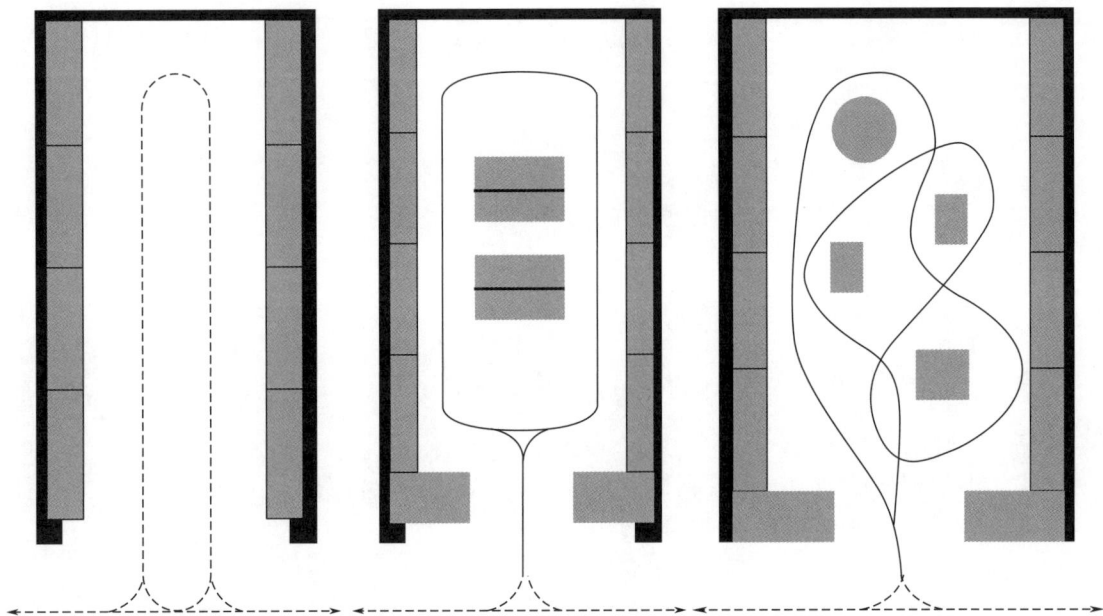

图12-24　直线型通道　　　　　图12-25　环绕型通道　　　　　图12-26　自由型通道

（3）入口设计：中、低价位服装品牌大多采用敞开式且开度较大、平易近人的入口设计。高档品牌大多采用开启式且开度较小、尊贵感觉的入口设计。

此外，根据门面大小来考虑入口设计。通常门面较窄的服装零售卖场适合用敞开式和半敞开式的橱窗形式。无论入口的大小，必须是宽敞、容易进入的，同时要在门口的导入部分留出合理的空间。设立在百货商场内部的服装品牌专柜的入口设计，主通道最好直通顾客流动的方向（图12-27）。

3．**排列货架和道具**

服装零售卖场内的货架排列和道具放置可以构成通道，并对消费者的移动路线具有引导性作用；高架尽量沿墙放置，以充分利用服装零售卖场空间。此外，服装零售卖场中各种货架在形态和功能上可穿插，高、矮架合理组合可形成一组系列销售区，同时服装零售卖场中货架的高低有起伏感，也可增加服装零售卖场的变化自由型通道。值得注意的是，陈列展示是一门科学，它与人体工程学有紧密的关系，了解人体工程学的一些基本原理，有助于品牌

图12-27　百货商场内部的中国李宁专柜的入口设计

有目的地将推荐展示的商品放在有效的陈列空间里，从而达到更好的促销效果。

知识链接

陈列与人体工程学的关系

1. 尺度

服装零售卖场尺度要考虑三个方面的因素。

（1）货架和道具要符合商品展示规格、人体活动与陈列机能高度（图12-28）。

（2）陈列的方式要符合购物的基本特征。

（3）要和整体服装零售卖场的空间比例协调。

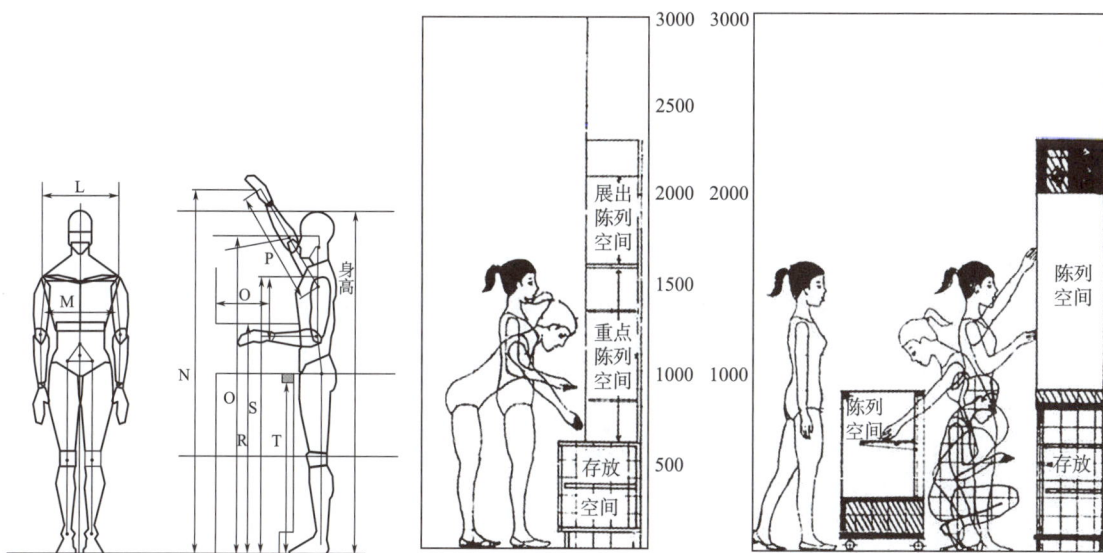

图12-28　人体活动与不同陈列机能高度

2. 视觉

我国人体平均高度为165～168cm；人的眼睛位置为150～160cm。一般情况，163～185cm身高的男子最高可以够到的高度为182～193cm；151～170cm身高的女子最高可以够到的高度为174～182cm。

因此，180cm成为最高可以够到的高度，也就是设计货架的高度。当商品被陈列在高度70～180cm时比较容易被发现，也比较容易拿取，是主要陈列空间；高于180cm的陈列相对容易发现但是拿取不太方便，是印象陈列空间；低于70cm的陈列相对容易发现，而且比较容易拿取，是搭配陈列空间（图12-29）。

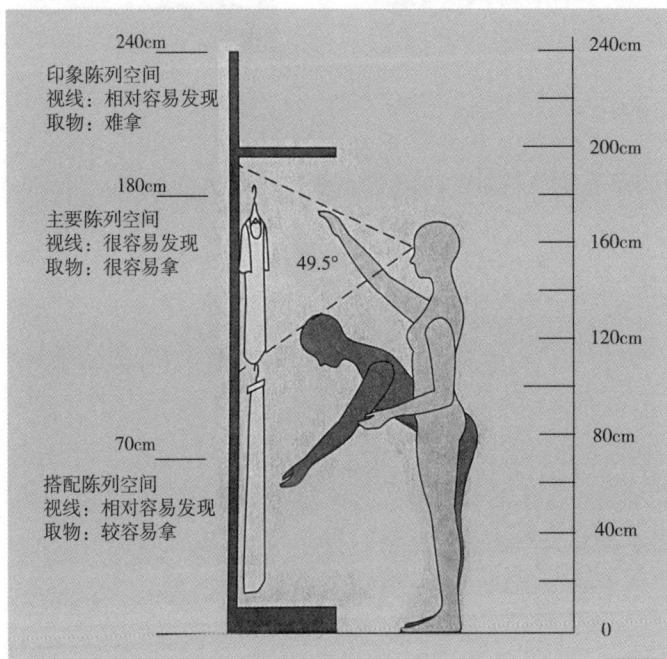

图12-29　人体工程学组合
（印象陈列、主要陈列及搭配陈列空间）

4. 统筹安排服务设施

（1）规划试衣间：试衣室通常设置在服装零售卖场的深处，但位置要方便顾客寻找，在试衣室附近可以多安装几面穿衣镜，便于顾客试衣；试衣室在空间尺寸的设计上要让顾客在换衣时四肢可以舒适地伸展活动，通常其平面的长度和宽度不少于100cm。

（2）规划收银台：收银台通常设置在服装零售卖场的后部；根据不同的品牌定位，收银台前还要留以充足的空间，以满足节假日顾客多的情况；饰品柜可以分布在试衣室或收银台附近，以便管理并增加连带消费。

三、终端陈列管理

（一）陈列展示日常维护

陈列并不只是摆放商品，而是一种科学管理，是对服装产品终端所做的陈列管理。服装商品的陈列设计与市场营销是紧密关联的，而最重要的一条原则就是陈列设计无论多么有创意，都要能够吸引消费者走进店铺，带动销售。服装商品陈列所起到的推销作用比任何媒介都有说服力。因此，服装陈列展示不仅要做好陈列规划，也要做好日常维护。以下是店铺陈列展示日志（表12-1）与服装陈列日常维护（表12-2）。

1．**店铺陈列展示日志**

表12-1　店铺陈列日志

店名： 店长： 陈列指导人员：	日期：　　　年　　月　　日 联系电话： 工作时间：　　时至　　时
（1）陈列目的/主题： （2）陈列前状态： （《陈列展示日常维护检查表》另附） （3）陈列后的效果及影响： （4）店方/顾客对陈列和POP的意见和建议： （5）陈列人员对店铺的评估意见： （6）专题培训开展和评估： （7）竞争品牌动态（POP、展示、销售、推广）： （8）附相关照片及评价：	

2. 服装陈列日常维护

表12-2 陈列展示日常维护检查表

日期： 检查人：

检查内容	周一	周二	周三	周四	周五	周六	周日
POP配置对应相关商品陈列							
POP足量且已规范使用							
店内无残损或过季							
POP橱窗内无过多零散道具堆砌							
展示面视感均匀且各自设有焦点							
货架上无过多不合理空档							
按系列、品类、色系、尺码依次设定整场商品展示序列							
视面出样商品包装需全部拆封							
货架形态完好且容量完整							
商品均已重复对比出样							
叠装纽位、襟位对齐且边线对齐							
挂装纽、链、带就位且配称齐整							
同款型服装不使用不同种衣架							
衣架朝向依据"问号原则"							
整场商品自外向内，由浅色至深色							
服饰展示体现色彩渐变和对比							
独立货架间距不小于1.2m，并且无明显盲区							
同一橱窗内不使用不同种模特							
由内场向外场货架依次增高							
店场光度充足且无明显暗角							
店场无残损光源/灯箱及音响设备正常运作							
照明无明显光斑、炫目和高温							
折价促销以独立单元陈列展示且有明确标识							
展示面内的道具、橱窗、镜面、POP、灯箱整洁明净							

（二）服装商品陈列形态

服装商品组合开始于服装商品企划，表现于服装卖场终端。在营销过程中，合理的组合模式可以在最短的时间内向顾客传递最丰富的商品信息。服装商品的卖场组合是服装零售企业熟练掌握的销售方式。成功的商品组合能够完善服装商品的整体形象，增加服装商品的个性魅力。

服装商品陈列的主要形态有：叠装陈列、挂装陈列、平面展示、模特陈列等。

1. 叠装陈列

叠装陈列，即服装折叠摆放在货架、层板上，或者陈列在陈列台上。

（1）叠装陈列的基本要求。

① 出样商品包装必须全部拆封，服装要熨烫平整。

② 叠装纽位、襟位对齐且边线对齐，吊牌不外露。

③ 叠装尽量将服装的图案和特色展示出来，同时上下服装图案要对齐；尽量将领子和胸部的重要细节完整地展示（领子和前胸通常是上衣设计的重点部位，经过折叠后应能展示其设计风格）。

④ 叠装服装的尺码排列自上向下，由小码至大码。

⑤ 叠装陈列附近应同时展示同款的挂装陈列，使顾客能更详细地观看或试衣。

⑥ 层板上每叠服装的高度应一致，为了方便顾客取放，每叠服装的上方至少要留有三分之一的空间。

⑦ 层板上各叠服装之间的间距，既不要太松，也不要太挤，通常不要少于一个拳头。

（2）上衣叠装规范。

每款服装折叠的规格应统一，并考虑长宽比例的协调。可利用自制的叠衣板辅助折叠使规格统一，一般成人休闲装的叠衣板尺寸为27cm×33cm。有的服装由于面料比较薄，为了增加服装折叠后的效果，作为出样用的叠装还可以在服装内衬叠衣纸（卡纸）。叠衣纸的长度应比叠衣板长，为27cm×39cm（21cm×27cm、22cm×32cm）。女装的叠装尺寸可略小于这个尺寸，但要注意长宽比例的美感，比例要协调。

（3）上衣叠装出样的规范与要求（表12-3）。

① 平叠：指的是上衣平整折叠的方法。

② 加厚叠：指的是在平叠法的基础上加厚折叠的方法。

③ 露袖叠：指的是长袖上衣折叠后左边袖口外露的方法。

④ 斜叠：指的是衣服门襟倾斜折叠的方法。

表12-3　上衣叠装出样的规范与要求

上衣叠装出样的方法	叠装的规范与要求	示范图例
平叠	折叠平整，纽位、襟位对齐且边线对齐	

上衣叠装出样的方法	叠装的规范与要求	示范图例
加厚叠	平叠法的基础上加厚折叠	
露袖叠	长袖上衣折叠后左边袖口外露	
斜叠	衣服门襟倾斜折叠	

（4）裤子叠装出样的规范与要求（表12-4）。

① 叠后袋：指的是裤子后袋展示的叠法。

② 叠侧袋：指的是裤子侧袋展示的叠法。

③ 叠前襟：指的是裤子前襟展示的叠装。

④ 加厚叠：指的是在叠前襟法的基础上加厚折叠的方法。

表12-4 裤子叠装出样的规范与要求

裤子叠装出样的方法	叠装的规范与要求	示范图例
叠后袋	裤子后袋展示的叠法	

裤子叠装出样的方法	叠装的规范与要求	示范图例
叠侧袋	裤子侧袋展示的叠法	
叠前襟	裤子前襟展示的叠装	
加厚叠	叠前襟法的基础上加厚折叠	

|ıll 示范作业

服装商品叠装示范

1. 衬衫叠装

衬衫叠装操作步骤分解如下。

① 先把衬衫摊平，纽扣扣上，领子翻好。

② 再反转衬衫，背后朝上，并把叠衣板放在领口下中央位置。

③ 然后把两侧的袖子向内对齐折好，袖子不外露。

④ 将上衣的下摆向上折3~6cm（根据具体衣长而定）。

⑤ 在衣身向上折好之前把叠衣板抽走，然后将上衣再次向上折叠。

⑥ 最后，将吊牌塞入衬衫内不外露。

2. 休闲裤叠装

休闲裤叠装操作步骤分解如下。

① 先拉好裤子拉链，并把裤子摊平。

② 以裤子的后裆缝为基线，把两条裤管对准裤缝线折好。

③ 再将裤子脚口翻上对折，再对折至裤腰。

④ 最后,将吊牌塞入裤腰内不外露。

3. 三秒叠衣法

三秒叠衣法特别适合快时尚品牌以及服装零售卖场里的上衣叠装,解决了翻乱的服装需要被快速折叠整理的难题,关键操作技巧是"找一线、抓三点",具体操作步骤如图12-30所示。

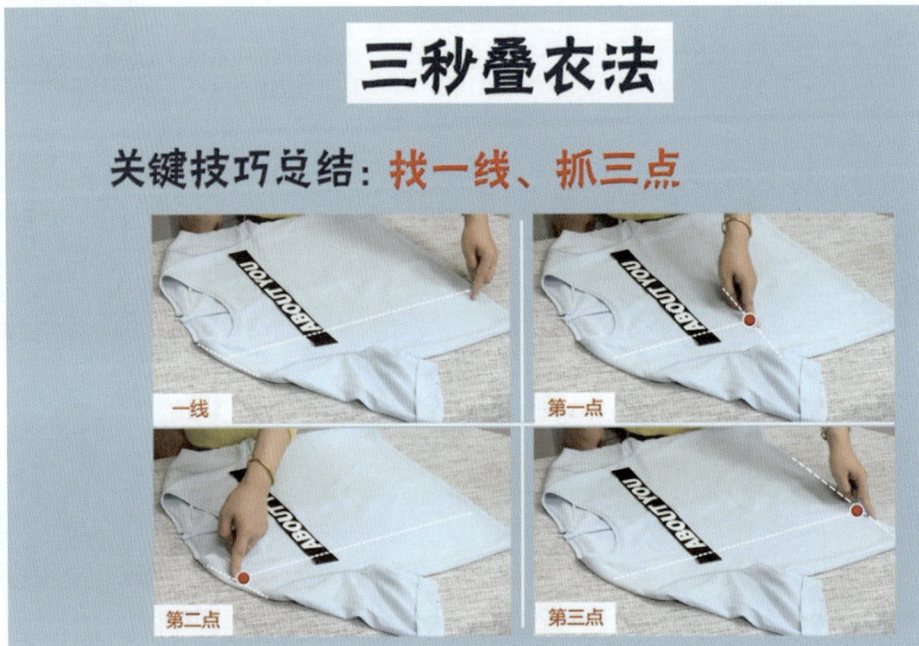

图12-30 三秒叠衣法(教师示范:张虹)

图12-31 挂装陈列规范(衣架需从下摆放入)

2. **挂装陈列**

挂装就是把服装商品挂起来陈列。挂装陈列既节省空间,又能完整展示产品,一般来说,用于正对主通道的墙面陈列上,因为这个位置的销售潜力巨大。挂装主要分为正挂与侧挂。挂装陈列的基本要求与规范有以下八点。

① 挂装纽、链、带就位且配称齐整,应保持整洁无折痕(必要时需整烫)。

② 上衣套衣架需从下摆放入,特别是套头式罗纹领的针织服装,以防止衣领变形(图12-31)。

③ 同款型服装使用同种衣架。

④ 衣架朝向依据"问号原则"(图12-32)。

⑤ 陈列服装时衣架之间要保持同等距离间隔。

⑥ 挂装服装应按色系、尺码依次陈列,吊牌不得外

露，商品售出后马上补齐。

⑦ 当挂装陈列区位置较低时，服装最低处离地面不得少于20cm。

⑧ 正挂陈列服装时不要太挤，至少留有一个拳头的距离。

3. 平面展示

流水台是对服装零售卖场中的陈列桌或陈列台的通俗叫法，通常放在入口处或店堂的显眼位置。陈列台上不仅可以陈列服饰配件，还可以叠装陈列服装（图12-33），或者平铺展示服装（图12-34）。

4. 模特陈列

模特陈列注重风格统一、色彩鲜明、细节符合人性化。使用不同的人体模特材质，可以搭配不同的服装商品（图12-35）。运动品牌可以考虑动感的模特，更适合青春活力的运动风橱窗。而女装品牌则更多选择高雅淑娴的静

图12-32　衣架朝向（问号原则）

图12-33　陈列桌服装叠装陈列

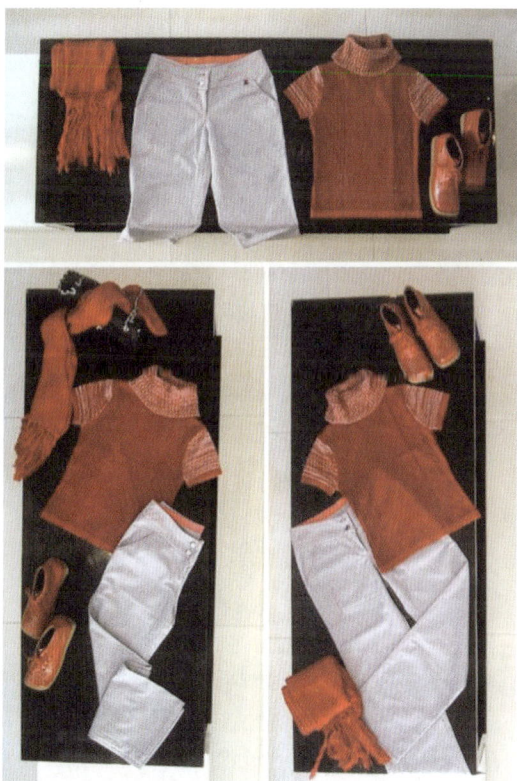

图12-34　陈列桌服装平铺展示

图12-35 模特陈列

态模特。除了根据以上两个分类选择模特外，还可以从模特的架构进行选择。比起"完整"的模特，半身模特和局部模特更能突出商品的细节，用起来感觉十分"高级"。例如，半身模特一般用作上装、大衣或者连衣裙的展示（图12-36），将衣服的细节放大，顾客更能注意到衣服的材质用料等。当半身模特不能满足展示商品的需求时，局部模特是不二选择，它能更好地展示商品，体现商品的特性及功能性（图12-37）。局部模特展示服饰品在橱窗陈列中尤为重要。

（1）模特组合变化：横向位置变化、前后位置变化、身体朝向变化等。

（2）模特着装组合变化：通常在同一橱窗里出现的服装要选用同一系列。这样服装的色彩、设计风格都会比较协调，内容比较简洁。当然，为了使橱窗变得更加丰富，还需要对这个系列服装的长短、大小、色彩进行调整。

图12-36 半身模特

图12-37 局部模特

（3）综合性变化组合：简洁构成式设计、生活场景式设计、奇异夸张式设计、主题设计等。

5. 陈列效果对比

陈列效果与陈列方式有关，如对称法、均衡法、重复法，以及店铺空间陈列设计法，还与服装商品陈列形态有关，其陈列出样的效果对比见表12-5。

表12-5　服装商品陈列出样的效果对比

陈列形态	展示效果	卖场利用率	取放和整理便捷性
模特陈列	★★★★★	★	★
正挂陈列	★★★★	★★	★★★★
侧挂陈列	★★	★★★★	★★★★★
叠装陈列	★★★	★★★★★	★★★

注　五星为效果最佳。

任务实施

情境设计：以新创设目标顾客群22～28岁年轻女性服装品牌，完成以下两个子任务。

任务1：完成服装商品视觉营销（VMD）企划方案。

任务2：根据服装品牌风格完成一组当季商品的橱窗设计。

参考文献

［1］李俊，王云仪. 服装商品企划学［M］. 北京：中国纺织出版社，2010.

［2］刘云华. 服装商品企划理论与实务［M］. 北京：中国纺织出版社，2009.

［3］王巧，徐倩蓝，李正. 服装商品企划实务与案例［M］. 北京：化学工业出版社，2019.

［4］托马斯·索维尔. 经济学的思维方式［M］. 吴建新，译. 成都：四川人民出版社，2018.

［5］卫军英. 营销的律动：卫军英谈营销传播［M］. 北京：首都经济贸易大学出版社，2014.

［6］李雪枫. 服装市场营销［M］. 北京：中国传媒大学出版社，2011.

［7］徐明亮. 服装营销实训［M］. 北京：中国纺织出版社，2019.

［8］高彩凤. 店铺商品管理进、销、存［M］. 北京：中国发展出版社，2009.

［9］韩阳. 卖场陈列设计［M］. 北京：中国纺织出版社，2006.

［10］关键明. 爆款文案［M］. 北京：北京联合出版公司，2017.

［11］兔妈. 短文案卖货：手把手教你卖爆款收到款［M］. 北京：机械工业出版社，2021.

［12］张虹. 服装搭配实务［M］. 北京：中国纺织出版社，2020.